NARAJANA DAŠA

SANĐAJ RATH

Prevela

Branka Larsen

RAMA

Izdavač:
RAMA
Signalvej 125
2860 Søborg
Tel: +45 22965939
www.rama-edu.com

Naslov originala
NARAYANA DASA
Copyright © Sanđaj Rath
Translation Copyright © 2010 za srpsko izdanje, Rama

Prevod:
Branka Larsen

Lektura:
Marija Güngör

Ilustracija na korici:
Mladen Lubura

Štampano u Velikoj Britaniji
Lightingsource

Molitva

श्री कृष्णं जगन्नाथं नत्वा संजय दैवज्ञ।

Ja, Sanđaj Rath, đotiši, klanjam se lotosovim stopalima Šri Krišne, Gospodara Univerzuma, i nudim ovo delo za dobrobit svih astrologa.

POSVETA

॥ श्री सद्गुरु अच्युताय नमः ॥

‖śrī sadguru acyutāya namaḥ‖

*Posvećeno lotosovim stopalima Šri Šri Aćjutananda Dasa,
začetniku Đotiš parampare u Orisi, Indija.*

ॐ नमो नारायणाय

PREDGOVOR

Šankaračarjina molitva[1]

ॐ नारायणः परोऽव्यक्तादण्डमव्यक्तसम्भवम्।
अण्डस्यान्तस्त्विमे लोकाः सप्तदीपा च मेदिनी॥

OM[2]: NARAJANA[3] JE IZNAD (DALEKO IZNAD)
NEMANIFESTOVANOG[4]. BRAHMANDA[5], KOSMIČKO JAJE, SE
RAZVIJA IZ NEMANIFESTOVANOG. BRAHMANDA SADRŽI
SVE SVETOVE, UKLJUČUJUĆI I OVU ZEMLJU SA NJENIH
SEDAM OSTRVA[6].

Ova molitva Adi Šankare preuzeta je iz *smritija* i objašnjava
konačni cilj svakog rođenja na ovom svetu. Otuda je Šri
Ramunučarja dao najbolju mantru koja nas može povesti do
postizanja ovog cilja[7] ili *Om Namo Narajanaja*.

1   Dostupno u Bhagavad Giti sa komentarima Adi Šankare.

2   OM je kosmički slog koji predstavlja Boga.

3   Reč Narajana je sastavljena od dve reči: "Nara" koja znači bilo koje telo
i "ajana" koja znači cilj. Dakle, reč Narajana znači konačni cilj svakog tela, i živog
i neživog, ili pokretnog i nepokretnog. Na finijem nivou, to se odnosi na individualnu
dušu (mikrokosmos) na njenoj putanji ka dostizanju unije (joge) sa univerzalnom dušom
(makrokosmos). Dakle, Narajana takođe znači i "univerzalna duša ili uzvišena ličnost
Gospoda."

4   Nemanifestovano se često naziva 'majom' ili iluzijom, i u Bhagavad Giti se zove i
akšara (slog), postojan Brahma. Dakle, ukoliko se za Narajanu kažo da je čak i iznad ovog
zvuka koji je izvor cele kreacije, tada je Narajana ujedno i Parabrahman ili Sadašiva.

5   Brahmanda: Brahma, Kreator, nastao je iz pupka Narajane gde 'anda' doslovno
znači jaje. Dakle, Brahmanda se odnosi na hiranjagarbu, zlatni embrion koji predstavlja
princip kosmičke evolucije u kome je univerzum kreiran. Zapravo "svi ovi svetovi" iz molitve
odnose se na univerzum "Virat" koji se sastoji iz pet elemenata (ili bolje, pet stanja materije
ili energije). Ovo su: element zemlje (čvrsto stanje), vode (tečno), vazduha (gasovito), vatre
(energija) i prostora (etar).

6   Šankara govori o geocentričnom pogledu (koji se koristi u Vedskoj astrologiji)
sa Zemlje, gde je Zemlja fokus a kretanje sedam tela (Meseca, Merkura, Venere, Sunca,
Marsa, Jupitera i Saturna) uzrokuje sedam ostrva i njihove koncentrične elipse oko Zemlje.
Ovaj redosled planeta, od Meseca do Saturna, brojano unazad, je ujedno i redosled hora
tokom dana (tj. Saturn, Jupiter, Mars, Sunce, Venera, Merkur, Mesec). Ovo takođe formira
osnove za redosled dana u nedelji, budući da je dvadeset peta hora ujedno i vladajuća
planeta za sledeći dan.

7   Višnu Aštakšari, mantra sa osam slogova: Sanskrit ubaciti!

Bha-čakra

Zodijak, koji se zove i Bha-čakra, simboliše telo Narajane u njegovom fizičkom aspektu, viđeno iz ugla središta Zemlje. Bha čakra je podeljena na dvanaest znakova, koji počinju od Ovna, i naziva se još i Brahmin lotos sa dvanaest latica. Budući da je mikrokosmos (Nara) isti kao i makrokosmos (Narajana), Bha čakra takođe predstavlja i individue (žive i nežive objekte). Dakle, sve što mi možemo da pojmimo, predstavljeno je Zodijakom. Ovaj lotos sa dvanaest latica raste iz pupka Narajane, i tačke na 0^0 Ovna, 0^0 Lava i 0^0 Strelca predstavljaju pupak (koji se još zove i Višnu Nabi i Brahma Nabi, na dva različita nivoa merenja vremena) i simbolišu kraj i početak.

Dakle, ove tačke se zovu gandanta, a dve nakšatra pade koje se graniče sa svakim pupkom nose ime gandanta pade. Ovo su: (a) $0^00'$ do $3^020'$ Ovna i $26^040'$ do $30^00'$ Riba u blizini tačke 0^0 Ovna; (b) $0^00'$ do $3^020'$ Lava i $26^040'$ do $30^00'$ Raka u blizini tačke 0^0 Lava i (c) $0^00'$ do $3^020'$ Strelca i $26^040'$ do $30^00'$ Škorpije u blizini tačke 0^0 Strelca. Ovako nastaje i koncept savršene harmonije ili trigona (uglova od po 120^0). Dakle, Zodijak je podeljen na tri tipa znakova tj. na dvojne, pokretne i fiksne.

Slika 1: Narajana podeljen na četiri dela

Podela na četiri dela

Telo Narajane je podeljeno na četiri dela koja nose imena Brahma, Višnu, Šiva i Vasudeva. Ovi delovi se ne mogu razlikovati od celine, a celine su sami za sebe, kao kada podelimo beskonačnost na četiri dela, i dalje dobijamo beskonačnost kao rezultat. Dakle, Narajana sa Šri Šakti zove se Višnu, i čista je satva guna; Narajana sa Bu Šakti se zove Brahma i rađas je guna; dok Narajana sa Kali Šakti nosi ime Šiva i tamas je guna. Ova tri dela Narajane puni su nektra i nevidljivi su. Četvrti deo Narajane se zove Vasudeva. Ovaj deo je istovremeno vidljiv (sa tri Šakti tj. Šri Šakti, Bu Šakti i Kali Šakti i tri ispreplene gune) i nevidljiv (sa dve Šakti: Šri Šakti i Bu Šakti). Kao Vasudeva, Narajana održava Brahmanandu. Dakle, Zodijak koji se koristi u materijalne svrhe predstavlja Vasudevu[8] i znakovi predstavljaju tri gune. Svi znakovi sadrže sve tri gune, a jedna od guna dominira. Dakle, pokretni znakovi imaju dominantnu rađas gunu, fiksni znakovi dominantnu tamas gunu i dvojni znakovi dominantnu satva gunu. Zbog te dominantne gune primarna božanstva dvojnih, pokretnih i fiksnih znakova su Višnu, Brahma i Šiva, datim redom. Kako bi razlikovali ova božanstva od čistog Narajane, kasniji tekstovi su im dodelili imena Maha Višnu, Param Brahma i Sada Šiva, datim redom.

Trimurti (tri vodeća božanstva)

U Vedskoj astrologiji, vidljivi deo Šri Vasudeve i tri devate Višnu, Brahma i Šiva postaju veoma bitni, jer omogućavaju percepciju za savetovanje individualne duše. Sistem daša koji se koristi za određivanje vremena događaja ili za savetovanje pojedinca, a koji koristi tri tipa znakova, naziva se Narajana daša. Ona može imati tri tipa[9] Čara i drugih daša koje se odnose na pokretne, fiksne ili dvojne znakove na ascendentu, i na tri devate, Brahmu, Šivu ili Višnua, datim redom (videti sliku). Dakle, Narajana daša pokazuje uticaj okruženja na osobu, dok Vimšotari daša pokazuje osobinu reakciju ili iskustvo. Bez Narajana daše ne možemo reći u kom pravcu osobu vode sile prirode. Vimšotari daša, budući da je *Udu* daša, pokazuje stanje uma i ličnu spremnost osobe da se nosi sa datim pravcima.

---

8   Dakle, Vasudeva (ili Krišna) pokazuje put spajanja duše pojedinca sa Narajanom. Mantra za mokšu/nirvanu/prosvetljenje data je u *Madhusudana stotri*. Ona se zove i Šri Višnu Dvadašakšari "OM NAMO BHAGAVATE VASUDEVAJA".

9   Odnosi se na poglavlje: "Redosled Narajana daša".

Šakti

Šakti doslovno znači "snaga" ili "moć" i konkretno se odnosi na snagu da se ostvari svrha. Svrha Višnua je da čuva pojedinca i Šri Šakti je njegova moć da to i uradi. Snaga vladara druge kuće predstavlja snagu Šri Šakti, i u odnosu na vladara druge određena je Višnu (ili Hari) joga. Dakle, druga kuća se bavi hranom/konzumiranjem hrane koje je neophodno za preživljavanje i održavanje, kao i bogatstvom koje je neophodno za održavanje dugovečnosti svega ostalog. Vladar lagne predstavlja Bu Šakti i, ukoliko je snažan sa planetama u kendra kućama, daje Brahma jogu. U jednom od svojih aspekata Bu Šakti je Savitur ili Savitri, ona koja daje sredstva za dobro zdravlje i dug život, a ona je i Sarasvati, koja daje moć znanja, govora i inteligencije. Slično tome, vladar sedme kuće predstavlja Kali Šakti i Hara joga zavisi od njega. Odavde izreka "Brahma daje dugovečnost (ajus), Višnu daje bogatstvo (dhana) i Šiva daje brak itd. (Kalijan)". Vimšotari daša se koristi za procenu stanja uma/sopstva osobe, ali je neophodno odrediti i dostupnost sredstava potrebnih da bi se svrha postigla. Varijacije Šri Šakti mogu se ispitati uz pomoć Su daše ili Raši daša, budući da one pokazuju nivo prosperiteta, dok se varijacije u Bu Šakti (Savitri) mogu ispitati iz Šula daše ili bilo koje druge Ajur daše.

Podelne karte

Raši (D-1), navamša (D-9), šastijamša (D-60) i drekana (D-3) su najvažnije podelne karte. Parašara objašnjava da drekanama vladaju deva-riši Narada, maha-riši Agastja i brama-riši Durvasa za dvojne/fiksne/pokretne drekane, datim redom. Slično tome, fiksne, dvojne, pokretne navamše su pod upravom Šive, Višnua i Brahme, datim redom. Na primer, ukoliko je planeta smeštena u Ribama u oba čarta, u rašiju i u navamši, kaže se da je ona *vargotama* (tj. da je dosegla najbolju podelu znaka) i povezuje satva gunu znaka sa Višnuom, koji je glavno božanstvo navamše. Daša sistem kojim ispitujemo guru jogu, mantru, dikšu, samoodricanje itd. zove se Drig daša.

Slika 2: Podela na tri dela

RAŠI	DVOJNI	POKRETNI	FIKSNI
Narajana			
Guna	Satva	Rađas	Tamas
Navamša	Deva	Manušja	Rakšasa
Priroda	Božanska	Ljudska	Demonska
Šakti	Šri (Lakšmi)	Bhu (Sarasvati)	Nila (Gouri/Kali)
Devata	Višnu	Brahma	Šiva
Drekana	Devariši	Brahmariši	Mahariši
Riši	Narada	Durvasa	Agastja

Dakle, za sveobuhvatno proučavanje čarta treba da se ispitaju: Narajana daša, Su-daša, Vimšotari daša, Šula daša i Drig daša. U ovoj knjizi bavićemo se Narajana dašom, i ovaj predgovor ima za cilj da opiše duhovnu osnovu koja stoji iza samog koncepta daše.

U dodatku će biti objašnjena procedura izračunavanja Narajana daše, a takođe ćemo objasniti i njenu široku primenu.

Sanđaj Rath
15B Gangaram Hospital Road
Nju Delhi – 110060
Indija
WebPage: http://srath.com

OM TAT SAT

ॐ नमो नारायणाय

Sadržaj

ॐ नमो नारायणाय
LISTA SLIKA

ॐ नमो नारायणाय

LISTA TABELA

ॐ नमो नारायणाय।

Uvod

Sunčevi znaci - Zodijak

Dvadaša aditja[1] - dvanaest sunčevih znakova. Iz jednog ili drugog razloga, bilo da je u pitanju osvajanje Normana ili rođenje Hrista, početak godine se menjao sa promenama različitih kalendara. U šemama Vedske astrologije solarni kalendar se sastoji od dvanaest kuća od kojih svaka ima po 30 stepeni i koje tako pokrivaju raspon od ukupno 360 stepeni. Oni se nazivaju dvanaest sunčevih znakova (ili dvadaša aditja). Iako su imena i ostala značenja, priroda itd. slična onima koja se koriste u zapadnoj astrologiji, ovi znakovi su fiksni za razliku od znakova koji se koriste u zapadnoj astrologiji.

Tabela 1: Karakteristike znakova

Znak		Podela na tri	Podela na četiri		Pol	Vladar
Br.	Ime		Kretanje	Guna		
1	Ovan	Vatra	Pokretni	Rađas	Muški	Mars
2	Bik	Zemlja	Fiksni	Tamas	Ženski	Venera
3	Blizanci	Vazduh	Dvojni	Satva	Muški	Merkur
4	Rak	Voda	Pokretni	Rađas	Ženski	Mesec
5	Lav	Vatra	Fiksni	Tamas	Muški	Sunce
6	Devica	Zemlja	Dvojni	Satva	Ženski	Merkur
7	Vaga	Vazduh	Pokretni	Rađas	Muški	Venera

---

1   Aditja je ime Boga Sunca koga je rodila Aditi (majka bogova ili deva, a deva je izvedeno iz diva, što znači onaj koji daje svetlo ili prosvetljenje). Postoji dvanaest aditja ili bogova Sunca, po jedan za svaki od dvanaest meseci sunčevog tranzita kroz dvanaest znakova. Kako bi pronašli svog Boga Sunca ili aditju, pogledajte "Vedske remedijalne mere u astrologiji", Sanđaja Ratha.

8	Škorpija	Voda	Fiksni	Tamas	Ženski	Mars i Ketu[1]
9	Strelac	Vatra	Dvojni	Satva	Muški	Jupiter
10	Jarac	Zemlja	Pokretni	Rađas	Ženski	Saturn
11	Vodolija	Vazduh	Fiksni	Tamas	Muški	Saturn i Rahu[2]
12	Ribe	Voda	Dvojni	Satva	Ženski	Jupiter

Karakteristike znakova

Znaci Zodijaka se mogu klasifikovati na različite načine. Bitne podele su navedene u nastavku:

(a)　　Pol: znak može biti pozitivan "muški" ili negativan "ženski". Svi neparni znakovi (brojano od Ovna) su muški, dok su svi parni znaci ženski.

(b)　　Vladajući element: svaki znak pripada jednom od elemenata Vatre, Vazduha, Zemlje i Vode (odnosi se na tatvu ispod). Trojstvo se odnosi na tri ponavljanja znakova istog elementa. Drevni mudraci su im dali ime trostruka vatra (Ovan, Lav i Strelac), zato što su u pitanju tri zodijačka znaka za svaki element. Mi ćemo se držati ove terminologije umesto nešto prefinjenijeg termina "energija". Budući da su ovi znaci slični, ova trostrukost, trigon ili trikona (u đotiš terminologiji) predstavlja harmoniju ili sličnost u prirodi i u interesima. Ovi znaci su udaljeni jedan od drugog za 120 stepeni.

(c)　　Kretanje: svaki znak je ili kardinalan (pokretni ili čara), fiksan (stira) ili promenljiv (dvojni ili dvišbava). Dakle, svaki četvrti znak, brojano od Ovna, je pokretan, svaki četvrti brojano od Bika je fiksan, i svaki četvrti brojano od Blizanaca je dvojan po svojoj prirodi. Ova sličnost svakog četvrtog znaka naziva se kvadrat znaka. Pokretni znaci imaju ogromnu količinu energije i lako se kreću što pokazuje dominantnu rađas gunu. Fiksni znaci imaju nisku energiju i stoga se ne mogu kretati ukazujući time na predominantnu tamas gunu. Dvojni znaci imaju balans između preterane pokretljivosti pokretnih znakova i nepokretljivosti fiksnih, pokazujući time dominantnu satva gunu. Guna je unutrašnji atribut znaka, a ta unutrašnja priroda znaka spolja se manifestuje na različite načine, pokretljivost je samo jedna od njih.

Ajanamša[2]

Razlika između tropskog i sideralnog Zodijaka, zapadne i Vedske astrologije, svodi se na to da Vedska astrologija uzima u obzir astronomske činjenice precesije solarnog sistema oko tačke koja se zove 'Nabhi' ili pupak, gde sistem pravi precesiju brzinom od 50.18 sekundi za godinu dana[3] (ostali uzimaju prosek koji varira između 50" i 54" za godinu dana, što je zasnovano na vremenu od 26 000 godina ili 24 000 godina za precesiju celog kruga od 360 stepeni). Rezultat ove precesije je matematička korekcija koja se zove AJANAMŠA. Viskont Čeiro piše[4]: "Ne smemo zaboraviti da su Indusi bili ti koji su otkrili ono što znamo kao precesiju ekvinocija, i da se, po njihovoj kalkulaciji, ovakva pojava javlja svakih 25 827 godina. Današnja moderna nauka, nakon stotina godina rada, samo je potvrdila njihovu tačnost".

Sankranti

Datumi dodeljeni znacima Zodijaka formiraju se na osnovu ulaska Sunca u sami znak. U zavisnosti od vrednosti ajanamše koja se koristi, ovaj datum može da odstupa i po nekoliko dana i različiti "astrolozi" dodeljuju za nijansu različite datume zasnovano na njihovom verovanju o datumu konjukcije na nultoj tački precesije i Ovna (ono što zovemo početkom Kali Juge), kao i vrednosti precesije. Vlada je oformila komitet koji se zove Komitet za kalendarske reforme kako bi korigovali anomalije i razlike između različitih Vedskih kalendara. Rezultat je ono što popularno zovemo Raštrija pančang (nacionalni kalendar) i Lahiri ajanamša. Datum na koji Sunce uđe u znak zove se sankranti. Dakle, imamo dvanaest sankrantija na osnovu datuma Sunčevog ulaska u svaki od dvanaest znakova od Ovna do Riba. Iskusni Vedski astrolozi će računati datume na osnovu dana u odnosu na sankranti, isto kao i tithi. Vedski Sunčevi znaci imaju veoma bitan uticaj na želje duše, koja je zapravo osoba, i tek ukoliko se čartovi poklapaju na

---

2   Ajanamša je precesija solarnog sistema i ona se dodaje ili oduzima od nulte tačke Ovna u zapadnom horoskopu kako bi se dobio Vedski horoskop. Na primer, ulazak Sunca u znak Ovna je početak meseca Ovna, a to je u zapadnoj astrologiji 21. mart,. Pošto je trenutna ajanamša (2000 PK) 23 stepena, dodavanjem 23 dana na 21.mart dobijamo 14. april kao datum ulaska Sunca u znak Ovna u Vedskoj astrologiji.

3   Na osnovu tradicionalnog perioda od 25827 godina da bi se pokrilo 360 stepeni Zodijaka.

4   Čeiro: Knjiga brojeva, str.19.

osnovu Sunčevih znakova u dodatku na znak Meseca može se potvrditi istinska kompatibilnost. Dakle, na neki način, oni koji imaju isti Sunčev znak mogu se nazvati "srodnim dušama".

Tithi

Tithi je Vedski datum mesečevog kalendara i u pitanju je mera udaljenosti između Sunca i Meseca, počevši od pratipada, kada su u konjukciji, do purnime, kada se nalaze jedno nasuprot drugom, na rastojanju od 180 stepeni. Postoji petnaest tithija u šukla pakši (rastuća faza) i petnaest tithija u krišna pakši (opadajuća faza), videti tabelu 1. Svaki tithi ima ugao od 12 stepeni. Ovaj ugao se matematički može predstaviti kao:

Ugao = Longituda Meseca – Longituda Sunca, i tithi = Ugao /12 stepeni.

Tabela 2: Tithi ili Vedski datum (svi uglovi u stepenima)

Pakša	Tithi	Ugao	Tithi	Ugao	Tithi	Ugao
Šukla pakša	Pratipad-1	0 -12	Dvitija-2	12-24	Tritija-3	24-36
	Čaturti-4	36-48	Pančami-5	48-60	Šasti-6	60-72
	Saptami-7	72-84	Aštami-8	84-96	Navami-9	96-108
	Dašami-10	108-120	Ekadaši-11	120-132	Dvadaši-12	132-144
	Trajodaši-13	144-156	Čaturdaši-14	156-168	Purnima-15	168-180
Krišna pakša	Pratipad-1	180-192	Dvitija-2	192-204	Tritija-3	204-216
	Čaturti-4	216-228	Pančami-5	228-240	Šasti-6	240-252
	Saptami-7	252-264	Aštami-8	264-276	Navami-9	276-288
	Dašami-10	288-300	Ekadaši-11	300-312	Dvadaši-12	312-324
	Trajodaši-13	324-336	Čaturdaši-14	336-348	Amavasja-0	348-360

Tatva

Postoji pet osnovnih elemenata, ili stanja postojanja materijalnih tela, koji se zovu TATVE. Ovo su: (1) čvrsto stanje pod imenom PRITIVI ili zemlja; (2) tečno stanje pod imenom ĐALA ili voda; (3) gasovito stanje pod imenom VAJU ili vazduh; (4) stanje energije pod imenom AGNI ili vatra i (5) vakum koji se zove AKAŠ. Svaki znak predstavlja jedan od četiri osnovna elementa Agnija (u slobodnom prevodu vatra), Vaju (u slobodnom prevodu vazduh),

Pritivi (u slobodnom prevodu zemlja) i Đala (u slobodnom prevodu voda). Ipak, peti element ili Akaš tatva (u slobodnom prevodu nebo) prožima sve znakove i predstavlja Višnua koji je sveprožimajući iako je nevidljiv smrtnom oku.

Ostale osnove mogu se proučiti iz standardnih tekstova. Kod korištenja Narajana daše, čitalac treba da razvije bliskost sa određenim đotiš principima poput argale, raši drištija, aruda pada (odnosi se i na raši i na graha aruda pade), čara karaka, itd, a koji su detaljno objašnjeni u Brihat Parašara Hora Šastri i drugim standardnim tekstovima. Neki od pomenutih alata su navedeni u nastavku dok se ostali mogu naučiti iz mojih knjiga[5].

Drišti (pogled)

Planete i znaci imaju pogled ili sposobnost uticaja na delovanje drugih tela (znakova, zvezda i planeta) stacioniranih na određenoj poziciji u odnosu na njih same i odgonetanja tog delovanja. Pravila za graha drišti (pogled planeta) i raši drišti (pogled znakova) su:

1)   Graha drišti (pogled planete) je izraz želje, dok je raši drišti (pogled znaka) izraz znanja.

2)   Sve planete, osim Ketua koji nema glavu, imaju graha pogled.

3)   Sve planete aspektuju sedmu kuću od svoje pozicije.

4)   Spoljne planete, Mars, Jupiter i Saturn, imaju specijalne aspekte na znakove, pored onog na sedmu od sebe. Tako i Rahu ima specijalne aspekte. Baš kao što orao može da vidi sve tokom svog visokog leta, tako su i spoljašnje planete na nešto višoj poziciji u odnosu na Zemlju (gledano sa Sunca) i time stiču sposobnost specijalnih pogleda.

5)   Nijedna planeta ne može da aspektuje drugu ili dvanaestu kuću od sebe, osim Rahua koji može da vidi drugu kuću od sebe, brojano zodijački, ili dvanaestu, brojanu unazad (što pokazuje isto mesto).

6)   Nijedna planeta ne može da aspektuje šestu i jedanaestu

---

5   Osnove Vedske astrologije (1998), Vedske remedijalne mere u astrologiji (2000), Mahariši Đaimini Upadeša Sutre (1997), Sagar Publikacije, Delhi.

kuću budući da su ovo mesta Dande (kazne) i Hare (uklanjanja sa ove planete)[6]. Planete/tela nemaju želju za kaznom ili za odlaskom sa ovog, materijalnog, sveta. Jedino Ketu, koji je ujedno i Mokša karaka (onaj koji daje prosvetljenje), daje tu želju da se ode sa materijalnog sveta.

7)   Dakle, uklanjanjem drugog i dvanaestog, kao i šestog i jedanaestog i prvog i sedmog znaka, koji su prethodno objašnjeni, ostaje da spoljne planete imaju posebne aspekte na preostale znakove (treći, četvrti, peti, osmi, deveti i deseti).

a)   Mars aspektuje čaturašra (četvrti i osmi znak).

b)   Jupiter i Rahu aspektuju prarabdha/purvapunja (na dobro ili zlo urađeno u prethodnom životu ukazuju peta i deveta kuća). Jupiter pokazuje punju (ukupnu dobru karmu iz prethodnog života), a Rahu pokazuje papa (ukupnu lošu karmu iz prethodnog života).

c)   Saturn aspektuje upačaje[7] (kuće rasta, ili treću i desetu kuću) i pokazuje sredstva koja se troše za ispunjenje ličnih želja ili slabosti (te slabosti se zovu šadripu[8]).

8)   Raši drišti je trajna odlika znakova. Oni su poput građevina na nebu, okrenuti jedni prema drugima.

a)   Pokretni znaci aspektuju sve fiksne, osim prvog do sebe.

b)   Fiksni znaci aspektuju sve pokretne, osim prvog do sebe.

c)   Dvojni znaci se međusobno aspektuju.

9)   Svaki znak koji prima aspekt ujedno i uzvraća aspekt. Dakle, ako Bik aspektuje Vagu, tada i Vaga takođe aspektuje Bika.

10)   Planete smeštene u znacima takođe aspektuju planete i znakove, na osnovu raši drištija. Ovo pokazuje da oni poseduju znanja jedno o drugom i/ili su umešani u slične aktivnosti.

---

6   Tanou Tana Danda Hara (Đaimini Sutre). Tanou je šesta kuća i Tanou-Tana je šesta od šeste ili jedanaesta kuća.
7   Iako postoje četiri upačaja kuće, treća, šesta, deseta i jedanaesta, šesta i jedanaesta su isključene uz obrazloženje.
8   Šadripu ili šest slabosti.

Uvod

Čart 1: Odrediti aspekte u primeru br. 1 (osoba rođena 7. avgusta 1963. godine, vreme rođenja: 21:15 h, Sambalpur, Indija (21N28' 84E01').

Rashi (D-1) General

AsJp	**Ra**
Mo	**Ve** **Su**
Sa	Čart 1. **Me**
	Wed. 7/8/1963 21:15:00 21°28' 0"N 84° 1' 0"E
Ke AL	**Ma**

Rashi (D-1) General

Horoskop je prikazan u čartu 1. Graha drištiji su prikazani u tabeli 3. i na slici 3, dok su raši drištiji prikazani u tabeli 4. i na slici 4, datim redom.

Tabela 3: Graha drišti

Planeta	Aspektovani znak	Apektovana planeta	Komentar
Sunce	Jarac	Saturn	7. kuća
Mesec	Lav	Merkur	7. kuća
Mars	Strelac	Ketu	4. kuća, spec.
	Ribe	Jupiter	7. kuća
	Ovan	-	8. kuća, spec.
Merkur	Vodolija	Mesec	7. kuća
Jupiter	Rak	Sunce, Venera	5. kuća, spec.
	Devica	Mars	7. kuća
	Škorpija	-	9. kuća, spec.
Venera	Jarac	Saturn	7. kuća
Saturn	Ribe	Jupiter	3. kuća, spec.
	Rak	Sunce, Venera	7. kuća
	Vaga	-	10. kuća

Rahu	Rak	Sunce, Venera	2. kuća, spec.
	Vaga	-	5. kuća, spec.
	Strelac	Ketu	7. kuća
	Vodolija	Mesec	9. kuća, spec.

Slika 3: Graha drišti

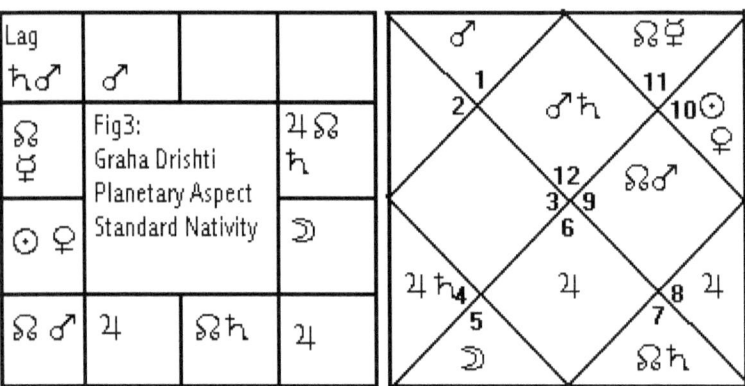

Na slici 3, prikazani su znakovi sa simbolima graha koje ih aspektuju. Simboli su dati u tabeli ispod:

Sunce	Mesec	Mars	Merkur	Jupiter	Venera	Saturn	Rahu
A	E	F	B	K	C	L	P

Tabela 4: Raši drišti

Raši (sedište planeta)	Znak koji aspektuje (i planete u aspektovanom znaku)	Komentari
Ovan	Lav (Merkur), Škorpija, Vodolija (Mesec)	Ovan je pokretni znak i aspektuje tri fiksna znaka ali ne i Bika, koji mu je susedni znak.
Bik	Rak (Sunce, Venera), Vaga, Jarac (Saturn)	Bik je fiksni znak i aspektuje tri pokretna, ali ne i Ovna koji je susedni znak.
Blizanci (Rahu)	Devica (Mars), Strelac (Ketu), Ribe (Jupiter)	Blizanci su dvojni znak i aspektuju sve ostale dvojne znakove. Slično tome, Rahu koji je smešten u Blizancima takođe aspektuje dvojne znakove i planete u njima smeštene.
Rak (Sunce, Venera)	Škorpija, Vodolija (Mesec), Bik	Rak je pokretni znak i aspektuje tri fiksna znaka a ne aspektuje Lava, koji je susedni znak. Slično tome, Sunce i Venera takođe aspektuju ove znakove, kao i Mesec koji je u Vodoliji.

Lav (Merkur)	Vaga, Jarac (Saturn), Ovan	Lav je fiksni znak i aspektuje tri pokretna znaka, osim Raka, koji je susedni. Slično tome, Merkur takođe aspektuje ove znakove, kao i Saturna u Jarcu.
Virgo (Mars)	Strelac (Ketu), Ribe (Jupiter), Blizanci (Rahu)	Devica je dvojni znak i aspektuje ostale dvojne znakove. Mars, smešten u Devici, takođe aspektuje dvojne znakove i planete u njima.
Vaga	Vodolija (Mesec), Bik, Lav (Merkur),	Vaga je pokretni znak i aspektuje tri fiksna znaka a ne aspektuje Škorpiju, susedni znak. Vaga aspektuje Mesec u Vodoliji i Merkura u Lavu.
Škorpija	Jarac (Saturn), Ovan, Rak (Sunce, Venera)	Škorpija je fiksni znak i aspektuje tri pokretna znaka, osim Vage, susednog znaka. Škorpija aspektuje i Saturn u Jarcu, i Sunce i Veneru u Raku.
Strelac (Ketu)	Ribe (Jupiter), Blizanci (Rahu), Devica (Mars)	Strelac je dvojni znak i aspektuje ostale dvojne znakove. Slično tome, Ketu, koji je smešten u Strelcu, takođe aspektuje dvojne znakove i planete u njima smeštene.
Jarac (Saturn)	Bik, Lav (Merkur), Škorpija	Jarac je pokretni znak i aspektuje tri fiksna znaka osim Vodolije, koja je susedni znak. Jarac ujedno aspektuje i Merkura u Lavu.
Vodolija (Mesec)	Ovan, Rak (Sunce, Venera), Vaga	Vodolija je fiksni znak i aspektuje tri pokretna znaka ali ne i Jarca, koji je prvi susedni znak. Ona ujedno aspektuje i Sunce i Veneru u Raku.
Ribe (Jupiter)	Blizanci (Rahu), Devica (Mars), Strelac (Ketu)	Ribe su dvojni znak koji aspektuje ostale dvojne znakove. Jupiter u Ribama takođe aspektuje dvojne znakove i planete u njima smeštene.

Slika 4: Raši drišti - primer

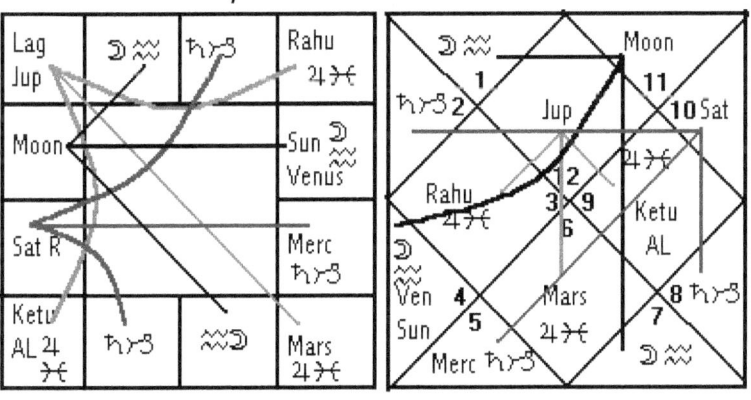

Aspekti Riba (l) i Jupitera (K) na dvojne znakove, osim na Ribe, aspekti Jarca (j) i Saturna (L) na fiksne znakove, osim na Vodoliju i aspekti Vodolije (k) i Meseca (y) na pokretne znakove, osim na Jarca, pokazani su na slici 4.

Argala

Argala znači planetarna intervencija ili intervencija znaka. Lično smatram da je ovo jedno od najvećih učenja Mahariši Parašare, bez kojeg je nemoguće objasniti skrivene ili suptilne uticaje planeta u horoskopu. Veličanstvena teorija argala predviđa sledeće:

(a)   Svaka planeta ima moć da utiče na pitanja svih ostalih planeta ili kuća. Tako na primer, čak i u slučaju kad planeta nema dodirnih tačaka sa drugom kućom bilo preko vladarstava, aspekata, konjukcije i sl, ne znači da će osoba prestati da jede tokom daše pomenute planete. Ovde koncept argale nudi rešenje i objašnjava na koji način ova planeta ima suptilne uticaje i na drugu kuću kao i na vladara druge kuće.

(b)   Tela (planete, znaci, upagrahe, itd) smeštena u drugoj, četvrtoj i jedanaestoj kući od bilo koje planete ili znaka imaju PRIMARNU ARGALU (direktan uticaj) na pitanja koja se tiču tih kuća.

(c)   Tela (planete, znaci, upagrahe, itd) smeštena u dvanaestoj, desetoj i trećoj kući prave VIRODA ARGALE (opstrukcije argala) na tela (planete/znakove) u drugoj, četvrtoj i jedanaestoj kući, datim redom.

Primer: Odredite primarne argale i viroda argale na lagnu u primeru br. 1.

Slika 5: Primarne argale (A) i opstrukcije ili viroda argale (O)

Lag Jup	A₂	O₃	Rahu A₄
Moon O₁₂ / A₁₁ Sat R	Primary Argala (On Lagna / Jup) Standard Nativity		Sun Venus / Merc
Ketu AL Q₁₀			Mars

(Right chart, North Indian diamond): A₂ · Moon O₁₂ · O₃ · 1 · 11 · A₁₁ Sat · 2 · Jup · 10 · A₄ · 12 · O₁₀ · Rahu · 3 9 · Ketu AL · 6 · Ven 4 · Mars · 8 · Sun 5 · 7 · Merc

Lagna u datom primeru je znak Riba. Lagna prima argalu Ovna (druga kuća ili A2) koju sprečavaju Vodolija i Mesec (dvanaesta kuća ili O12). Više planeta je pokazatelj snage. Dakle, opstrukcija je jača od argale.

Primarna argala dolazi i od Rahua u Blizancima, iz četvrte kuće (A4), a opstruira je Ketu iz desete kuće, iz Strelca (O10). I planete i znaci su jednako snažni. Ipak, aspekt Jupitera na Strelca čini ga jačim od Blizanaca. Dakle, Rahuova primarna malefična argala je do kraja poražena zbog Jupitera.

Primarna argala dolazi i od Saturna iz jedanaeste kuće, iz znaka Jarca (A11). Budući da nema planeta u znaku viroda argale (O3), opstrukcija je daleko slabija od argale i prevladaće intervencija Saturna na pitanja lagne.

(d)   Tela (planete, znaci, upagrahe, itd) smeštene u petoj i osmoj kući od bilo koje planete ili znaka prave SEKUNDARNE ARGALE (direktna intervencija, ali slabijeg intenziteta od primarnih argala) na data pitanja.

(e)   Tela (planete, znaci i upagrahe, itd) smeštene u devetoj i šestoj kući prave VIRODA ARGALE (opstrukcije argala) na tela (planete ili znakove) u petoj i osmoj kući, datim redom.

Primer: Odredite sekundarne argale i viroda argale na lagnu u primeru br. 1.

Slika 6: Sekundarne argale (A) i njihove opstrukcije (O)

Lag Jup			Rahu	
Moon	Secondary Argala (On Lag /Jup) Standard Nativity	Sun A_5 Venus		
Sat R		Merc O_6		
Ketu AL	O_9	A_8	Mars	

Peta kuća je Rak sa Suncem i Venerom, i oni vrše sekundarne argale (A5) na lagnu. Ovo sprečava Škorpija (O9) iz devete kuće. Ipak, argala koju formiraju dve planete snažnija je od opstrukcije bez podrške planeta.

Sekundarna argala je takođe prisutna, iz osme kuće (A8), ali je posve sprečena iz šeste kuće gde se nalazi znak Lava (O6) sa Merkurom, jer je Lav sa jednom planetom snažniji od Vage bez podrške planeta.

(f)   Specijalna argala je takođe prisutna u slučaju malefika u trećoj kući.

Ranije smo videli da se treća kuća ponaša kao opstrukcija argale iz jedanaeste kuće. Ipak, ukoliko treća kuća ima malefične planete, tada one mogu formirati argale. Ova vrsta argale nema kontra argalu.

(g)   Specijalna argala je takođe prisutna u slučaju planeta ili znakova u sedmoj kući. Ipak, ona se može ukloniti planetama ili znakovima na lagni koje formiraju viroda argale.

(h)   Brojanje argala od Ketua vrši se u obrnutom pravcu[9].

Ukoliko se Ketu nalazi u znaku iz kojeg određujemo argale, ili ukoliko želimo da vidimo koje argale postoje u odnosu na Ketua (duhovne svrhe), tada se kuće/znaci

---

9   Vipritam Ketoh (J.S.1.1.8)

broje unazad.

Primer: Odredite preostale argale i viroda argale na lagnu u primeru br. 1.

Slika 7: Ostale argale (A) i njihove opstrukcije (O)

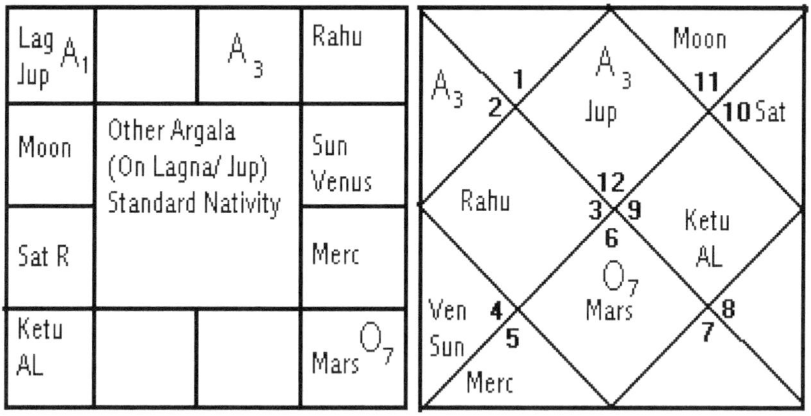

Lag
Jup
A1
A3
Rahu
Moon
Other Argala
(On Lagna/ Jup)
Standard Nativity
Sun
Venus
Sat R
Merc
Ketu
AL
Mars
O7
A3
1
2
A3
Jup
Moon
11
10 Sat
Rahu
12
3
9
6
Ketu
AL
O7
Mars
Ven
Sun
4
5
Merc
8
7

Nema planeta u trećoj kući, a samim tim nema ni malefika. Znak u trećoj kući je benefični znak (Bik). Dakle, specijalna argala (A3) nije prisutna.

Sedma kuća ima Marsa u Devici i formira argalu (A7) koju sprečava prisutnost Jupitera na lagni (O1). Oba znaka su jednako snažna zbog broja planeta, ali Ribe su daleko snažnije budući da je Jupiter u svom znaku. Dakle, Jupiter opstruira argalu. Na ovaj način se mogu proceniti uticaji različitih znakova i planeta na svaki drugih znak i planetu.

(i) Ukoliko su argala (intervencija) i viroda (opstrukcija) jednako snažne, nastaje bandana joga (ropstvo). Ukoliko su i argala i viroda argala malefične i jednake snage, bandana joga može biti veoma nepovoljna, poput zatvoreništva posle nesreće (ako su druga i dvanaesta kuća umešane one pokazuju nesreće, budući da je druga kuća maraka[10] a dvanaesta kuća pokazuje bolnice). Ovo može ukazati i na nepovoljne situacije u vezi sa obrazovanjem i karijerom, ukoliko su četvrta i deseta kuća umešane. Ukoliko su planete dijametralno suprotne po svojoj prirodi, tada obrazovanje ne mora imati dodirnih tačaka

10 Maraka ili ubica

sa karijerom, kao u situacijama kad kvalifikovani doktor radi kao birokrata. Peta i deveta kuća pokazuju veoma nepovoljne situacije koje mogu doneti velike nesreće, zatvorske kazne, i sl. Ukoliko su u pitanju benefici, tada je izolacija u vezi sa pisanjem knjiga, meditacijom ili je uzrokuju drugi pozitivni razlozi. Neophodno je pažljivo proučiti prirodu planeta, znakova i sl.

(j)   Ukoliko je planeta koja vrši argalu neprijateljska prema kući ili planeti koju analiziramo, ona će stati na put ostvarenju svrhe i ciljeva date kuće ili planete, pokazujući različite smerove manifestacije. Ovo nije primenljivo na specijalnu argalu iz treće kuće gde je samo prisustvo malefika dovoljno da bi se argala oformila. Na primer, na slici 5, argala Rahua na Jupitera smatra se nepovoljnom usled prirodnog neprijateljstva pomenutih planeta. Budući da je Rahu u četvrtoj kući, ova argala daje obrazovanje u engleskoj državnoj školi i nastoji da udalji osobu od tradicionalnog učenja ili sistema vrednosti (Jupiter). Pošto Ketu sprečava tu argalu (a on pokazuje ezoterična znanja, astrologiju[11], ganitu, itd) znanje iz tradicije je nastavilo da teče neformalnim putevima, poput učenja Vedske astrologije. Pošto su obe planete jednake snage, oba uticaja su delovala istovremeno. Ipak, Jupiterov uticaj ide u prilog Ketuu, i osoba konačno velikim koracima kreće put Đotiša.

(k)   Specijalna argala iz treće kuće daje uspeh u bitkama i takmičenjima, dok argala iz sedme kuće može biti najveći blagoslov, poput voljenog partnera, ili kletva, poput beskarakterne žene.

Aruda Pada

Aruda doslovno znači planina i odnosi se na iluziju (maja) koju stvara refleksija znaka u odnosu na vladara tog znaka, i obrnuto (tj. slika vladara reflektovana u odnosu na raši kojim vlada). Prva se naziva raši aruda, ili kratko bava pada, dok se druga naziva graha aruda. Bez ulaska u detalje u vezi sa njihovom primenom, mi ćemo se dotaći njihovog računanja. Najbitnija stavka koju treba <u>imati na umu</u> jeste ono što ja zovem, SATJA PRINCIP. Prema

---

11   Ukoliko su Ketu i Jupiter u vezi sa lagnom ili svamšom, tada osoba stiče tradicionalno znanje poput ganite, Đotiša, itd.

ovom principu, prva i sedma kuća od bilo kog znaka predstavljaju SATJU ili istinu, koja predstavlja Brahmu i Šivu, datim redom[12]. Maja (iluzija) je asat (neistina), i odvojena je od Sat (istine). Dakle, aruda pada predstavlja iluziju koja se nikad ne može naći u prvom i sedmom znaku. Prema oba autora, Mahariši Parašari i Đaiminiju, data su sledeća pravila za računanje aruda:

1. Za raši arude, brojimo od samog znaka do znaka u kom se nalazi njegov vladar. Tada izbrojimo jednak broj znakova od vladara. Znak koji dobijemo je raši aruda.

2. Za graha arude, brojimo od planete do njenog znaka. Tada izbrojimo jednak broj znakova od tog znaka. Znak koji dobijemo je graha aruda.

3. Ukoliko se aruda znaka ili planete nađe u istom znaku, tada je deseta kuća odatle mesto arude.

4. Ukoliko se aruda znaka planete nađe u sedmom znaku odatle, tada se četvrta kuća odatle tretira kao njegova aruda.

Primer: Nacrtajte raši aruda čakru za čart br. 1. Simbol korišten za oznaku aruda u ovom čartu je "A" sa indeksom koji pokazuje kuću ili planetu (ili oboje[13]). Ponekad je Aruda lagna (A1) označena kao AL, a aruda dvanaeste kuće kao (A12) koja nosi ime i upapada lagna ili UL. U nastavku su navedeni primeri računanja (videti sliku 8):

1. AL: Aruda lagna u Strelcu. Lagna je znak Riba a vladar, Jupiter, je također smešten u Ribama. Brojano od Riba do znaka u kom se nalazi njegov vladar dobijemo '1'. Sada odbrojimo '1' od Jupitera, i ponovo dobijamo Ribe kao arudu. Pošto aruda ne može biti u istom znaku, primenićemo prethodno navedeno pravilo 3. i deseti znak od Riba (Strelac) postaje Aruda lagna.

2. A2: Dana pada je u Vodoliji. Druga kuća je Ovan, a njegov vladar je Mars, smešten u Devici. Brojano od Ovna do Device dobijemo '6'. Sada odbrojimo '6' znakova od Device. Znak

---

12   U Hari-Hara-Brahma jogi, vladar lagne predstavlja Brahmine blagoslove, dok vladar sedme kuće predstavlja blagoslove Šive (izvor: 300 bitnih kombinacija, Dr. B. V. Ramana).

13   Ovo je veoma napredan koncept i početnici ga mogu ignorisati.

dobijen je (Vodolija) aruda druge kuće (A2).

3. A12: Upapada je u Vagi. Dvanaesta kuća je Vodolija koja ima dva vladara. Odredićemo snažnijeg od ova dva, koristeći pravila data u petom paragrafu drugog poglavlja. U navedenom primeru Rahu je egzaltiran i u dvojnom znaku, i zato je snažniji od Saturna. Brojimo od Vodolije do Blizanaca (pozicija Rahua) i dobijamo pet znakova. Odbrojimo '5' znakova od Rahua (Blizanci) i dolazimo do znaka Vage, u kojoj se nalazi aruda pada dvanaeste kuće (A12) ili UL.

Slika 8: Raši aruda čakra

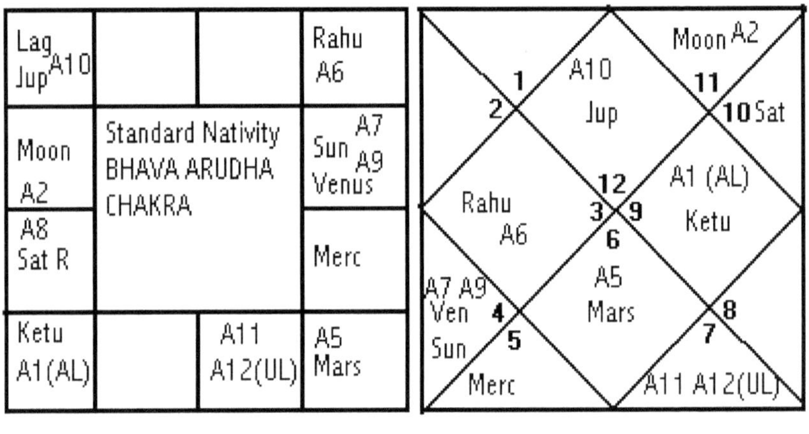

Primer: Nacrtajte aruda čakru za primer br. 1.

Nomenklatura korištena za označavanje graha aruda u čartu je 'ime planete' sa brojem koji ukazuje na znak. Ovo nije neophodno za svetleća tela (Sunce i Mesec) i čvorove (Rahu i Ketu) budući da svako od njih vlada po jednom kućom. Graha aruda čakra za ovaj čart prikazana je na slici br. 9.

Primeri:

1. Sunce: Sunce je u Raku i vlada Lavom. Brojano od Sunca do Lava dobijamo '2'. Sada brojimo '2' od Lava i dobijamo Devicu kao znak u kome se nalazi Sunce u graha aruda čakri.

2. Jupiter – 9: Jupiter vlada Strelcom. Ako brojimo od Jupitera (u Ribama) do Strelca dobijamo '10' znakova. Sada odbrojimo '10' znakova od Strelca kako bismo dobili arudu u Devici. Dalje, aruda ne može biti u prvoj ili sedmoj kući od natalne pozicije. Pošto je Devica u sedmoj kući, primenjujemo pravilo 4. i četvrta kuća od natalne pozicije, Blizanaca, postaje graha aruda.

3. Primetite da su graha arude Rahua i Ketua uvek u istom znaku. U ovom primeru je to Vaga.

Slika 9: Graha aruda čakra

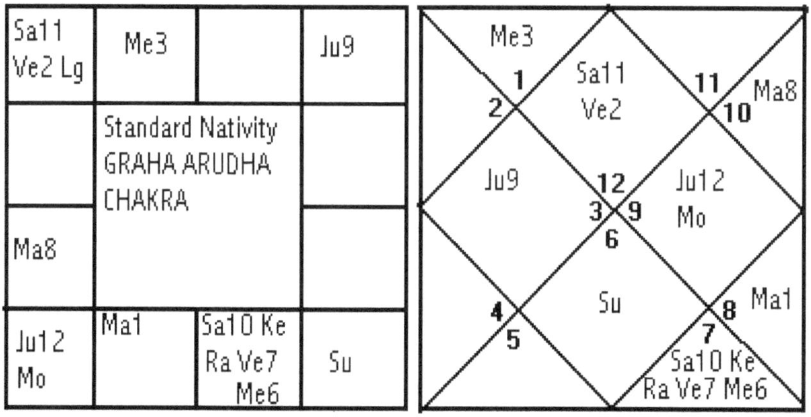

Čara Karaka

Karaka znači signifikator, dok čara znači privremeni. Dakle, čara karaka se odnosi na privremena značenja koje planete stiču na osnovu svojih longituda u znaku. I Parašara i Đaimini se slažu u tvrdnjama da osam planeta, isključujući Ketua, imaju funkciju čara karaka. Čara karaka se odnosi na značenja u trenutnom rođenju i promeniće se u sledećem u zavisnosti od longitude planeta. Ketu je isključen, budući da je mokša karaka, pošto je samo rođenje indikator izostanka mokše.

Postoji sedam stira karaka (fiksnih signifikatora), isključujući senke, Rahua i Ketua. Stira karake se koriste za dugovečnost ili za preživljavanje fizičkog tela, a čvorovi su bez tela, budući da su u pitanju tačke u prostoru. Dakle, sedam planeta, od Sunca do Saturna, su stira karake (fiksni signifikatori). Ovaj koncept se koristi u ajur dašama.

Svih devet planeta imaju prirodna (naisargika) značenja i zovu se naisargika karake. Ovaj koncept od sedam stira karaka, osam čara karaka i devet naisargika karaka je suština Vedske astrologije, i ovi brojevi se koriste i kod perioda Stira daša. Pravila za određivanje čara karaka data su u tabeli 5.

Tabela 5: Određivanje čara karaka

	Pravila	Čara karakatve	Naznake
1	Planeta na najvišem stepenu, nezavisno od znaka	Atmakaraka	Sopstvo, kralj
2	Planeta na sledećoj longitudi	Amatjakaraka	Savetnik, ministar
3	Planeta na trećem mestu po longitudi	Bratrikaraka	Brat, guru
4	Planeta na četvrtom mestu po longitudi	Matrikaraka	Majka
5	Planeta na petom mestu po longitudi	Pitrikaraka	Otac
6	Planeta na šestom mestu po longitudi	Putrakaraka	Deca
7	Planeta na sedmom mestu po longitudi	Gnatikaraka	Rođaci
8	Planeta na najnižem stepenu	Darakaraka	Supružnik
9	U ovu svrhu, longituda Rahu se računa sa kraja znaka		

Primer: Nacrtajte čara karaka čakru za primer br. 1. Kalkulacije su prikazane u tabeli ispod.

Planeta	Longitude	Stepen u znaku	Redosled	Čara karaka
Sunce	3z21004'	21004'	3	Bratri
Mesec	10z19059'	19059'	4	Matri
Mars	5z13040'	13040'	6	Putra
Merkur	4z13323'	13323'	7	Gnati
Jupiter	11z26007'	26007'	2	Amatja
Venera	3z14055'	14055'	5	Pitri
Saturn	9z26050'	26050'	1	Atma
Rahu	2z25045'	300 - 25045' = 4015'	8	Dara

Tabela 6: Čara karaka čakra

Atma	Amatja	Bratri	Matri	Pitri	Putra	Gnati	Dara
Saturn	Jupiter	Sunce	Mesec	Venera	Mars	Merkur	Rahu

Snaga znakova

Iako postoje različiti matematički modeli za određivanje snage znakova i planeta, Mahariši Parašara podučava različite metode u Brihat Parašara Hora Šastri (poglavlje 46, šloka 161- 164)[14]. Isto podučava i Mahariši Đaimini, kao prvi izvor snage. Postoje ČETIRI različita izvora snage znakova. Oni su komparativni i koriste se za različite svrhe. Ovi izvori snaga su međusobno isključivi i samo kada jedan ne uspe da identifikuje snažniji znak, koristimo drugi izvor. U Narajana daši se koriste samo dva izvora snaga, i oni su ovde i navedeni.

Svaki izvor snage sadrži određena pravila za procenu relativne snage dva znaka. Ukoliko je prvo pravilo primenljivo i u stanju smo da identifikujemo snažniji znak, tada možemo ignorisati ostala pravila. Ukoliko su znaci jednake snage nakon što smo primenili prvo pravilo, tada treba da primenimo drugo pravilo. Ukoliko su i dalje jednaki, primenjujemo treće pravilo, i tako redom. Dakle, ova pravila se slede hijerarhijski i niže pravilo se koristi samo ukoliko više pravilo nije od pomoći za identifikovanje snažnijeg znaka.

Prvi izvor snage

Pravilo (1)   Znak u kom se nalazi atmakaraka smatra se najsnažnijim.

Pravilo (2)   Znak sa planetom (ili više planeta) se smatra snažnijim od znaka bez planeta (ili sa manjim brojem planeta).

Pravilo (3)   Ukoliko znak ima jednak broj planeta, tada status planete, poput egzaltacije, multrikona, svakšetre, itd. treba da se uzme u obzir za određivanje snažnijeg znaka.

---

14   Dostupna verzija Brihat Parašara Hora Šastre navodi samo jedan izvor snage koji deluje iskvaren pošto dve šloke nedostaju. Ipak, ovde su navedena sva pravila pomenuta u BPHS, kao i u Mahariši Đaimini Upadeša Sutrama (izvor: prevod Đaimini sutra Sanđaj Ratha).

Pravilo (4)   *Ukoliko su i dalje jednake snage, ili bez planeta, tada su, po svojoj prirodi, dvojni znaci snažniji od fiksnih, i fiksni snažniji od pokretnih.*

Pravilo (5)   *Znak čiji je vladar atmakaraka je snažniji.*

Pravilo (6)   *U slučaju da nijedan od posmatranih znakova nema atmakaraku za svog vladara, tada se uzimaju u obzir stepeni njihovih vladara. Vladar na višem stepenu (čara karaka sistem) pokazuje snažniji znak.*

Pravilo (7)   *Ukoliko dva znaka imaju istog vladara ili ukoliko njihovi vladari imaju jednake longitude (nezavisno od znaka), tada je za parne znakove mesto vladara u muškom znaku izvor snage, a za neparne znakove mesto vladara u parnom znaku.*

Pravilo (8)   *Znak koji daje duži daša period je snažniji[15].*

Iako prvi izvor snage ima osam pravila za procenu snage znaka, pravila (1) i (5) se ne mogu uzeti u obzir za Narajana dašu i druge slične daše koje se pokreću od lagne umesto od atmakarake. Tako Parašara daje listu preostalih pravila za falita daša periode.

Dakle, pravila (2), (3), (4), (6) i (7) ili (8) se uzimaju u obzir za računanje Narajana daše.

Drugi izvor snage

U ovom izvoru snage postoji samo jedno pravilo i ovo pravilo treba da se primeni za Čara dašu, Narajana dašu, Navamša dašu, itd.

Pravilo (1)   *Znak koji prima aspekte Merkura, Jupitera ili svog vladara je snažniji.*

Na osnovu iskustva, ali i učenja[16], dajem prioritet primeni ovih

---

15   Ovaj izvor snage nije pomenut u dostupnoj verziji Đaimini sutri, ali je dat u Brihat Parašara Hora Šastri.

16   Parašara daje objašnjenje prvog izvora snage u najkraćim crtama u šloki 46.161-164. Za procenu snage znakova kod računanja Narajana daše treba uzeti u obzir pravila 2, 3, 4 ili prvi izvor snage, u dodatku na drugi izvor snage. Zašto Parašara zaobilazi pravilo 1? Ovo se odnosi na poziciju atmakarake i "veto" moći koje je primenljivo samo u dašama koje se procenjuju od atmakarake, poput Atmakaraka i Kendradi raši daše, itd. U Narajana daši, ascendent je polazna tačka, umesto atmakarake, i u pitanju je falita daše koja se više bavi svetovnim pitanjima i životom pojedinca nego duhovnim razvojem. U svrhu procene duhovnog rasta i psihičkog razvoja, daše koje se pokreću od atmakarake ili od devete kuće (poput Drig daše) su daleko bitnije.

pravila koja su se uvek pokazala uspešnim kod procene Narajana daše.

Prvo probati pravilo (2) prvog izvora snage,
potom probati pravilo (1) drugog izvora snage,
potom probati pravilo (3) prvog izvora snage,
potom probati pravilo (4) itd. prvog izvora snage.

Primeri

1. Odredite snažnijeg između lagne i sedme kuće u primeru.

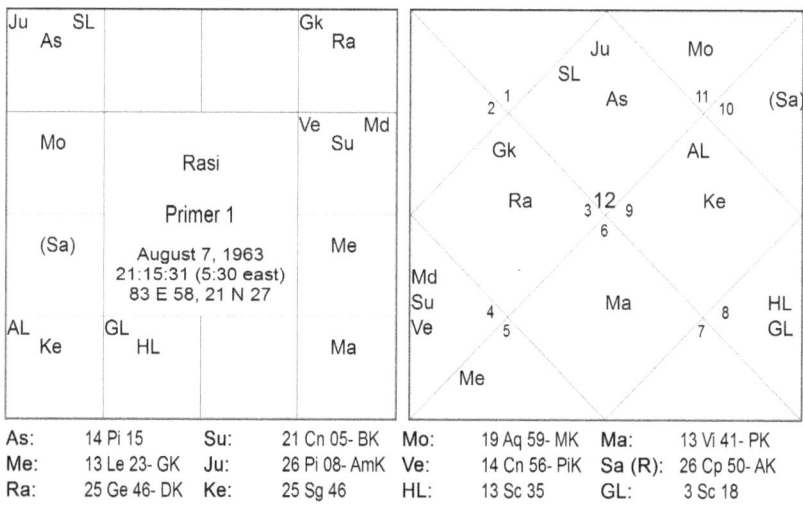

As:	14 Pi 15	Su:	21 Cn 05- BK	Mo:	19 Aq 59- MK	Ma:	13 Vi 41- PK
Me:	13 Le 23- GK	Ju:	26 Pi 08- AmK	Ve:	14 Cn 56- PiK	Sa (R):	26 Cp 50- AK
Ra:	25 Ge 46- DK	Ke:	25 Sg 46	HL:	13 Sc 35	GL:	3 Sc 18

Primeniti pravilo (2) prvog izvora snage. I lagna i sedma kuća imaju po jednu planetu i zbog toga su jednake snage.

Primeniti pravilo (1) drugog izvora snage. U pitanju je horoskop sa Riba lagnom, a tu se nalazi i Jupiter, vladar lagne (dva faktora od ukupno tri). Sedma kuća je Devica i aspektuje je Jupiter (jedan od tri faktora). Lagna je snažnija i dalja analiza pravila nije neophodna.

2. Koju ulogu igraju Mahatma Gandi i Subaš Ćandra Bose u životu Pt. Džavaharlal Nehrua? Uporedite njihov značaj uz pomoć graha aruda čakre.

Horoskop Pt. Džavaharlal Nehrua je čart 2. i graha aruda

čakra je data na slici 10. Poznato je da je Mahatma (Mohandas Karamćand) Gandhi rođen sa Vaga lagnom i Venerom na lagni, što definiše Malavja mahapuruša jogu, dok je Subaš Ćandra Bose, koji je bio ratoborni patriota na čelu Nacionalne Vojske Indije tokom bitke za slobodu, rođen sa Ovan lagnom. Bio je odličan borac i vođa.

Čart 2: Pt. Džavaharlal Nehru

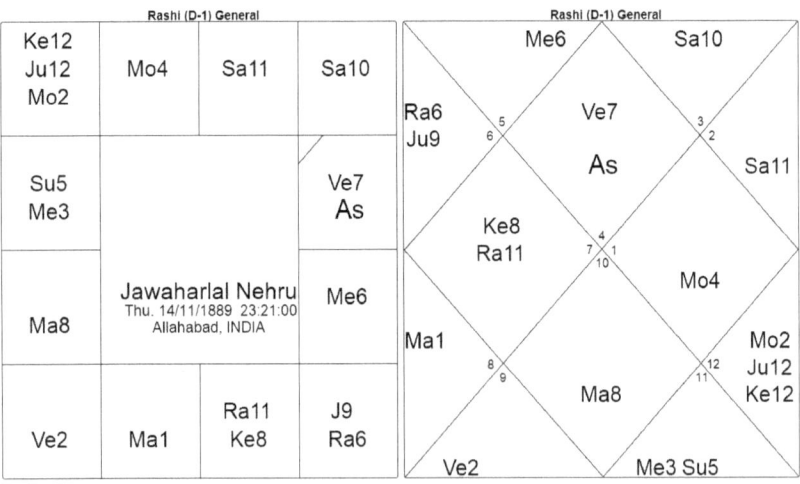

Rashi (D-1) General		
a11 a7	AL	Ra a9
a10 UL		MoAs a4
a5	Jawaharlal Nehru Thu. 14/11/1889 23:21:00 Allahabad, INDIA	Sa
Jp Ke	a3 a2 Su	Me a8 Ve a6 Ma

Rashi (D-1) General — Sa / a9 Ra / Mo a4 / As / Ma a6 / Ve Me a8 / AL / Su a3 / a5 / a7 / a2 / KeJp / UL a10

Slika 10: Graha aruda čakra, Pt. Džavaharlal Nehrua

Rashi (D-1) General		
Ke12 Ju12 Mo2	Mo4 Sa11	Sa10
Su5 Me3		Ve7 As
Ma8	Jawaharlal Nehru Thu. 14/11/1889 23:21:00 Allahabad, INDIA	Me6
Ve2	Ma1 Ra11 Ke8	J9 Ra6

Rashi (D-1) General — Me6 / Sa10 / Ra6 Ju9 / Ve7 / As / Sa11 / Ke8 Ra11 / Mo4 / Ma1 / Mo2 Ju12 Ke12 / Ma8 / Ve2 / Me3 Su5

40

Obično bi pretpostavili da će Mesec, koji upravlja Džavaharlal Nehruom, budući da je njegov lagneš[17], jer je lagna Rak, biti veći prijatelj Marsu (S. Ć. Bose) umesto Veneri (Mahatma Gandi). Međutim, bitno je primetiti da je Pt. Nehru takođe rođen sa Malavja mahapuruša jogom, poput Gandhija, a opšte je poznato da "svaka ptica svome jatu leti". U nastavku, sedma kuća je kapija za uspeh u ovom svetu maje (iluzije). Aruda lagna je u Ovnu i snažna Venera u sedmoj kući odatle pokazuje da će Venera (u vezi sa Vagom) odigrati ključnu ulogu u njegovom usponu do pozicije prvog premijera Indije. Druge joge, poput Maha padma joge, donele su destrukciju Kala Amrita joge koja je takođe prisutna, pored retke Graha malika joge, koja obećava ovu visoku poziciju, poziciju prvog premijera Indije.

Graha aruda čakra pokazuje 'Ve7' u prvoj kući i 'Ma1'u petoj. Graha aruda na lagni pokazuje one ljude sa kojima u vezi osoba doživljava uspon i postiže cilj rođenja. Dakle, 'Ve7' pokazuje osobe sa snažnom Venerom, one rođene sa Vaga (7) lagnom, poput Mahatma Gandija, koji će odigrati ključnu ulogu i pomoći mu da dostigne željeni uspeh. 'Ma1' predstavlja osobe pod snažnim uticajem Marsa, one rođene sa Ovan (1) lagnom, poput Subaš Bose kome će Pt. Nehru biti privržen (jer je smešten u petoj kući), ali kome ne može dati prioritet u odnosu na 'Ve7'. Ukoliko je neophodno poređenje između 'Ve7' i 'Ma1' (u Škorpiji u petoj kući) i 'Ju9' (u Devici u trećoj kući), tada bi 'Ma1' bio uticajniji. U ovom primeru, lagna je ujedno i znak Meseca i lične naklonosti i nenaklonosti se lako mogu videti iz prve kuće.

Ključ ispravne procene leži u smeštanju planete u posmatranu kuću (nezavisno od znaka), a potom u tumačenju dobijenih rezultata. U gornjem primeru, treba da poredimo 'Veneru na lagni' sa 'Marsom u petoj kući'.

OM TAT SAT

---

[17]   Vladar lagne/prve kuće

Narajana Daša

2

ॐ नमो नारायणाय।

Daša periodi

Vimša i sama pada

(1) Mešadi – Tritribhairgyeyam Padaojapada Kramat. Dasabdanayane Karya Ganana Vyutkramat same. (BPHS 46.1561)

Svaka grupa od po tri znaka, brojano od Ovna, je naizmenično vimsapada raši (neparan broj nogu) i samapada raši (paran broj nogu). Dakle, u grupama od po tri znaka Ovan, Bik i Blizanci su vimsapada; Rak, Lav i Devica su samapada; Vaga, Škorpija i Strelac su vimsapada i Jarac, Vodolija i Ribe su samapada. Kod procene daša perioda, brojanje je zodijačko za vimsapada znakove (neparan broj nogu) i obrnuto za samapada znakove (paran broj nogu).

Tabela 7: Vimsapada i samapada raši

Raši	Vimsapada/samapada			Vimsa/sama	
	(paran broj nogu ili neparan broj nogu)			(neparni ili parni)	
Ovan	Vimsapada	neparan broj nogu	Zodijački smer	Vimsa	Neparni
Bik	Vimsapada	neparan broj nogu	Zodijački smer	Sama	Parni
Blizanci	Vimsapada	neparan broj nogu	Zodijački smer	Vimsa	Neparni
Rak	Samapada	paran broj nogu	Obrnuti smer	Sama	Parni
Lav	Samapada	paran broj nogu	Obrnuti smer	Vimsa	Neparni

---

1   Prači Vrutirvišemešu. (J.S. 1.1.25); Para Vrutajorešu. (J.S. 1.1.26); Na Kvačit. (J.S. 1.1.27)

Devica	Samapada	paran broj nogu	Obrnuti smer	Sama	Parni
Lav	Vimsapada	neparan broj nogu	Zodijački smer	Vimsa	Neparni
Škorpija	Vimsapada	neparan broj nogu	Zodijački smer	Sama	Parni
Strelac	Vimsapada	neparan broj nogu	Zodijački smer	Vimsa	Neparni
Jarac	Samapada	paran broj nogu	Obrnuti smer	Sama	Parni
Vodolija	Samapada	paran broj nogu	Obrnuti smer	Vimsa	Neparni
Ribe	Samapada	paran broj nogu	Obrnuti smer	Sama	Parni

Pomenutu nomenklaturu, vimsapada (neparan broj nogu) i samapada (paran broj nogu), ne treba pomešati sa vimsa (neparni) i sama (parni) rašijem (videti tabelu br. 7).

Daša period

(2)   Lagnadivyayaparyantam Bhanam Charadasam bruveh. Tasmat Tadeshaparyantam Sankhyamatra Dasam Viduh.

(BPHS. 46.155) Nathantaha Samaha Prayena (J.S. 1.1.28)

Period trajanja raši daše u godinama uglavnom odgovara broju pređenih znakova, brojano zodijački ili obrnuto, u zavisnosti od toga da li je raši vimsapada (neparan broj nogu) ili samapada (paran broj nogu), datim redom. Brojanje kreće od znaka do njegovog vladara, a taj broj se potom umanji za jedan.

Na primer, ukoliko računamo daša period Lava, tada iz tabele br. 2 vidimo da je Lav samapada raši (paran broj nogu) i da se broji unazad. Ukoliko je Sunce u Strelcu, brojanjem od Lava do Strelca u obrnutnom smeru dobijamo broj devet, koji, umanjen za jedan, daje da period Lav daše traje ukupno osam godina.

Izuzeci

(3)   "Na Kwachit" (J.S1.1.27)

Daša periodi

Postoje izuzeci od ovog generalnog pravila za određivanje Narajana daša perioda. U nastavku sledi lista tih izuzetaka:

(a)   Ukoliko je vladar znaka egzaltiran njegova daša je produžena za godinu dana, a ukoliko je debilitiran, skraćena za godinu dana. Stepeni egzaltacije za svaku od planeta dati su u tabeli.

Na primer, Sunce je egzaltirano na 10 stepeni Ovna. Ipak, kod Narajana daše, Sunce se u Ovnu, na bilo kom stepenu, računa kao egzaltirano i daša je produžena za godinu dana. Brojano od Lava do Ovna (obrnutim smerom, jer je Lav samapada raši – videti tabelu) dobijamo 5 znakova, i ako oduzmemo 1 dobijamo osnovni period od 4 godine. Pošto je Sunce egzaltirano u Ovnu, dodajemo jednu godinu i dobijamo da daša Lava traje 5 godina. Slično tome, Sunce je debilitirano u Vagi i brojanjem unazad od Lava do Vage dobijamo 11 znakova. Umanjeno za 1, dobijamo osnovni period od 10 godina. Ipak, Sunce je debilitirano i moramo oduzeti godinu dana i tako dobijamo da period daše Lava traje 9 godina. Egzaltacija, debilitacija i vladarstva znacima data su u tabeli 8.

Tabela 8: Egzaltacija itd. za falita daše

Graha	Egzaltacija	Debilitacija	Svoj znak
Sunce	Ovan	Vaga	Lav
Mesec	Bik	Škorpija	Rak
Mars	Jarac	Rak	Ovan, Škorpija
Merkur	Devica	Ribe	Blizanci, Devica
Jupiter	Rak	Jarac	Strelac, Ribe
Venera	Ribe	Devica	Bik, Vaga
Saturn	Vaga	Ovan	Jarac, Vodolija
Rahu	Blizanci	Strelac	Vodolija
Ketu	Strelac	Blizanci	Škorpija

Postoje različita mišljenja na temu egzaltacije/multrikona znakova za Rahua i Ketua. Oni su sumirani i prikazani u tabeli 9.

Tabela 9: Egzaltacija, itd. Rahua i Ketua

Autor/Tekst	Graha	Egzaltacija	Debilitacija	Mulatrikona	Svoj znak
	Planeta	Rast	Pad	Kancelarija	Kuća

Narajana Daša

1. Upendra čakra	Rahu	Blizanci	Strelac	_	Devica
	Ketu	Lav	Vodolija	_	Škorpija
2. Đaimini Gyana Pradeepika	Rahu	Škorpija	Bik	_	Vodolija
3.Ostali pogledi	Rahu	Blizanci	Strelac	Vodolija	Devica
	Ketu	Strelac	Blizanci	Lav	Ribe
4. Parašara itd.	Rahu	Bik	Škorpija	Devica	Vodolia
	Ketu			Ribe	Škorpija

Mi prihvatamo poglede Mahariši Parašare po pitanju svakšetre (doma) kao i multrikona znaka (kancelarije), kako za procene daša, tako i za određivanje perioda daša. Ipak, znaci egzaltacije koje Parašara daje koriste se za ajur daše, ali ne i za falita daše poput Narajana daše. Umesto njih, Blizanci i Strelac se smatraju znacima egzaltacije za Rahua i Ketua, kao što to Mantrešvara i drugi autori navode. Može se primetiti da su Devica i Ribe, multrikona znaci za Rahua i Ketua, ujedno i znaci koji upravljaju ometanjem mokše i mokšom, datim redom. Njihove svakšetre (svoj znak) su Vodolija i Škorpija, znaci od kojih prirodno dolaze opstrukcije (badak Ovnu) i okultizam, datim redom. Pada Škorpije[2] je Blizanac i pada od Vodolije[3] je Strelac. Tako je Blizanac jako dobar za Rahua u ovom materijalnom svetu, a Strelac za Ketua. Prema većini autora, ovo su njihovi znaci egzaltacije kod procene falita daša, poput Narajana daše. Ipak, Rahu biva egzaltiran i u Biku (koji je suprotan Škorpiji) i Ketu u Lavu (koji je suprotan Vodoliji). Njihove debilitacije nalaze se u suprotnim znacima od znakova egzaltacije. Ova egzaltacija/debilitacija se može koristiti u ajur dašama.

(b)   Maksimalan period znaka može iznositi 12 godina.

Na primer, ako je Merkur u Devici, daša Device treba da traje 12 godina, na osnovu pravila (2) od ranije, daša je potom produžena godinu dana prema pravilu (3), što daje ukupno 13 godina. Ipak, ovo nije dozvoljeno i umesto toga, period Device dobija maksimalnih 12 godina.

2   Pada pokazuje 'brojanje jednakog broja znakova od' ili 'refleksiju znaka'. Škorpija je u osmoj kući prirodnog Zodijaka, tako osmi znak od Škorpije postaje treći znak Blizanaca.
3   Vodolija je jedanaesti znak prirodnog Zodijaka, a jedanaesti znak od Vodolije je Strelac.

Dvojna vladarstva

Daše Škorpije i Vodolije zahtevaju detaljniji pregled, koji je numerisan u nastavku.

(a)   Dwinathakshetrayoratra Kriyate Niryanodhuna Dwavevadhipati Vipra Yuktou Swarakshe Stithai Yadi. Varsha dwadasakam tatra na chedekadi chintayet (BPHS 46.158, 159 ½)

Škorpija ima dvojnu vladavinu, Marsa i Ketua, dok Vodolijom vladaju Saturn i Rahu. Ako se oba vladara nalaze u tom znaku, daša znaka će trajati 12 godina[4]. Dakle, Mars i Ketu u Škorpiji ili Saturn i Rahu u Vodoliji daju period od 12 godina Škorpiji ili Vodoliji, datim redom.

(b)   Ekaswaskhetragonyastu Paratrayadi Samsthitah. (BPHS 46. 159 ½,)

Ako su oba vladara zajedno smeštena u drugom znaku, treba brojati od posmatranog znaka do znaka u kom se oni nalaze. Dakle, Mars i Ketu ili Saturn i Rahu zajedno u drugom znaku, osim Škorpije ili Vodolije, datim redom, dodeljuju daši trajanje u skladu sa pravilom (2) od ranije.

(c)   Tadanyatra Sthitam Natham Parigruha Dasam Nayet. (B.P.H.S. 46. 160 ½).

Ako je jedan od vladara smešten u samom znaku, a drugi se nalazi negde drugo, trajanje daše je određeno na osnovu tog drugog vladara. Dakle, ako je bilo koji od vladara, Mars ili Ketu, ili Saturn ili Rahu, smešten u Škorpiji ili Vodoliji, datim redom, dok se drugi nalazi u nekom drugom znaku, daša period se određuje brojanjem od Škorpije ili Vodolije do znaka u kom se nalazi taj drugi vladar. Na primer, ako je Mars u Škorpiji i Ketu u Biku, Škorpija daša se računa u odnosu na Ketua i dobija se 6 godina.

(d)   Dwavapyanyarkshegou tou chet Tamourmadhye Cha Yo bali. (B.P.H.S. 160 ½).

---

4   Neki astrolozi smatraju da period daše ne treba umanjiti za jedan, ali ovo pokazuje maksimalan period daše od 12 godina koji vladar dobije u svom znaku. U ovom slučaju brojimo od znaka do vladara i dobijamo period od 13 godina, koji umanjujemo za jedan, i to daje period od 12 godina. Ovo ujedno daje i gornji limit daša periodu i isključuje dodavanje jedne godine u slučaju Merkura egzaltiranog u Devici.

Ako se oba vladara nalaze u nekom drugom znaku, tada se za određivanje trajanja daše uzima snažniji od njih. Dakle, ako su Mars i Ketu smešteni u drugim znacima osim Škorpije; ili Saturn i Rahu u ostalim znacima osim Vodolije, u obzir treba uzeti DRUGI IZVOR SNAGE[5] znakova u kojima se ovi vladari nalaze. Snažniji među njima određuje trajanje daše.

(e)   *Rasisattwasamanatve Bahuvarsho Bali Bhavyet. (B.P.H.S. 46. 163 ½).*

Ako su znaci u kojima se vladari nalaze jednake snage, prioritet se daje onom koji daje duži daša period. Na primer, ako je Ketu u Strelcu a Mars u Devici i bez konjukcija, Škorpija daša određena u odnosu na Ketua daje 1 godinu, dok ona određena u odnosu na Marsa daje 10 godina. U tom slučaju treba uzeti 10 godina kao period Škorpija daše.

Drugi ciklus daše

Drugi ciklus Narajana daše

Pitanje koje se prirodno javlja jeste, šta u slučaju kada ukupni period daša svih 12 znakova traje kraće od dugovečnosti (ajur) horoskopa. U takvim slučajevima, trinaesta daša, nakon što smo pokrili sve znakove, jeste daša ascendenta. U drugom ciklusu, periodi se računaju tako što se prethodni period pojedinačnih znakova oduzima od 12. Dakle, ako je ascendent bio Ovan i Mars je bio u Devici, prva daša Ovna će trajati 5 godina a trinaesta daša Ovna će trajati 7 godina, pod uslovom da je Ovan bio početni znak.

---

5   Videti stranicu 19, poglavlje 1 – izvori snage.

Daša periodi
Primer

Čart 3: Periodi daša, primer br. 1

Odredite periode daša za prvi primer.

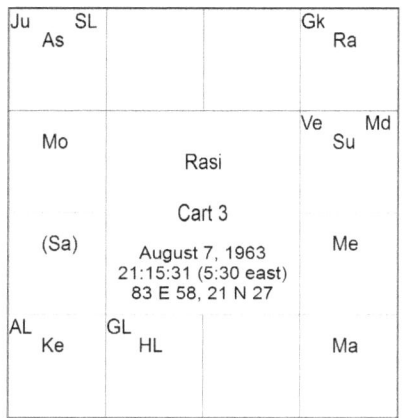
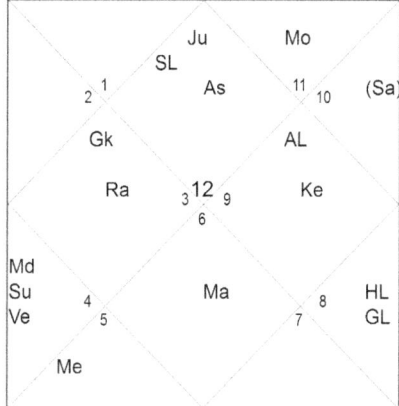

Raši	Vladar	Osnovni period	Egzaltacije / Debilitacija	Prvi ciklus	Drugi ciklus
A	B	C	D	E= (C+D)	F=(12-E)
Ovan	Mar	6-1=5	0	5	7
Bik	Ven	3-1=2	0	2	10
Blizanci	Mer	3-1=2	0	2	10
Rak	Mes	6-1=5	0	5	7
Lav	Sun	2-1=1	0	1	11
Devica	Mer	2-1=1	0	1	11
Vaga	Ven	10-1=9	0	9	3
Škorpija	Mar	11-1=10	0	10	2
Strelac	Jup	4-1=3	0	3	9
Jarac	Sat	13-1=12	0	12	0
Vodolija	Rah	9-1=8	+1	9	3
Ribe	Jup	13-1=12	0	12	0

Beleška: Rahu i Saturn su sami, ali se Saturn nalazi u svom znaku Jarcu – pravilo 5 (c).

Čart 4: Bhagavan Šri Rama Ćandra

Shri Rama

Ve	Su	Me	Mo Ke
			AsJp
Ma			
Ra		Sa	

Shri Rama

Dva vladara Vodolije, Rahu i Saturn, nalaze se u Strelcu i Vagi, datim redom. Oba su sami u znaku i zbog toga jednako snažni po broju. Sledeće pravilo: Saturn je pod aspektom Merkura, ali ne i Jupitera ili svog dispozitora, Venere. Rahu nije ni pod aspektom Merkura ni Jupitera, svog dispozitora. Dakle, Saturn je snažniji. Slično tome, od dva vladara Škorpije, Marsa i Ketua, Mars je snažniji i koristićemo ga za određivanje daša perioda za Škorpiju.

Raši	Vladar	Osnovni period	Egzaltacija / Debilitacija	Prvi ciklus	Drugi ciklus
A	B	C	D	E= (C+D)	F=(12-E)
Ovan	Mar	10-1=9	+1	10	2
Bik	Ven	11-1=10	+1	11	1
Blizanci	Mer	12-1=11	0	11	1
Rak	Mes	13-1=12	0	12	0
Lav	Sun	5-1=4	+1	5	7
Devica	Mer	5-1=4	0	4	8
Vaga	Ven	6-1=5	+1	6	6
Škorpija	Mar	3-1=2	+1	3	9
Strelac	Jup	8-1=7	+1	8	4
Jarac	Sat	4-1=3	+1	4	8
Vodolija	Sat	5-1=4	+1	5	7
Ribe	Jup	9-1=8	+1	9	3

Čart 5: Albert Ajnštajn

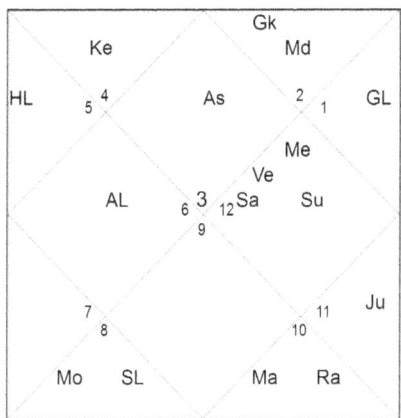

Me Ve Su GL Sa	Gk Md	As
Ju	Rasi Cart 5 March 14, 1879 11:30:00 (0:40 east) 10 E 0, 48 N 24	Ke
Ra Ma		HL
SL Mo		AL

Rođen: 14. marta 1879. godine, u 11:30h, u Nemačkoj (10E00', 48N24').

Lagna je dvojni znak Blizanaca a u čartu su prisutne mnoge joge, uključujući i moćnu Dimanta jogu za inteligenciju. Kalkulacije Narajana daša perioda za pojedinačne periode date su u nastavku.

Mars i Venera su egzaltirani i znaci Ovan, Vaga, Škorpija i Bik dobijaju po jednu godinu (+1) u prvom ciklusu. Slično tome, Mesec i Merkur su debilitirani i njihovi znaci Rak, Blizanci i Devica gube po jednu godinu (-1) u prvom ciklusu.

Mars je u Jarcu i Ketu je u Raku. Poređenjem snaga znakova Jarca i Raka, nalazimo da je Jarac snažniji jer ima dve planete, dok Rak ima samo jednu. Dakle, Mars je snažniji za određivanje daša perioda. Ponovo, Saturn je u Ribama sa još tri planete, dok je Rahu sa još jednom planetom u Jarcu. Dakle, Saturn je snažniji za određivanje perioda Vodolija daše.

Raši	Vladar	Osnovni period	Egzaltacija / Debilitacija	Prvi ciklus	Drugi ciklus
A	B	C		D= (B+C)	E=(12-D)
Ovan	Mar	10-1=9	+1	9+1=10	12-10=2
Bik	Ven	11-1=10	+1	10+1=11	12-11=1
Blizanci	Mer	10-1=9	-1	9-1=8	12-8=4

Narajana Daša

Rak	Mes	9-1=8	-1	8-1=7	12-7=5
Lav	Sun	6-1=5	0	5-0=5	12-5=7
Devica	Mer	7-1=6	-1	6-1=5	12-5=7
Vaga	Ven	6-1=5	+1	5+1=6	12-6=6
Škorpija	Mar	3-1=2	+1	2+1=3	12-3=9
Strelac	Jup	3-1=2	0	2+0=2	12-2=10
Jarac	Sat	11-1=10	0	10+0=10	12-10=2
Vodolija	Rah	12-1=11	0	11+0=11	12-11=1
Ribe	Jup	2-1=1	0	1+0=1	12-1=11

OM TAT SAT

3

ॐ नमो नारायणाय।

Redosled Narajana daše

1. Pitrulabha Pranitohyam (J.S. 2.4.7)

Daša počinje od ascendenta ili od sedme kuće, koja god je snažnija[1].

Narajana daša prati ustaljeni red u zavisnosti od aramba rašija[2]. Početni znak Narajana daše je uvek prva ili sedma kuća. Ovo je bazirano na satja principu (videti aruda pada, poglavlje 1). Gotovo sve raši daše koriste ovaj princip za određivanje početnog znaka, ili znaka od koga daša kreće. Ipak, neki astrolozi preferiraju početak od ascendenta za muški horoskop, i od sedme kuće za ženski horoskop, dok drugi preferiraju da se odabere snažniji znak između ascendenta i sedme kuće, za muški čart, ili četvrte i desete kuće, za ženski čart. Sve pomenute devijacije nisu deo pravila.

Slično tome, početni znak za antardaše se određuje u dva koraka. Prvo treba odrediti snažnijeg između: (1) daša znaka ili (2) sedme kuće od daša znaka. Potom treba odrediti znak u kom se nalazi vladar znaka. U slučaju znakova sa dva vladara treba odrediti snažnijeg na osnovu pravila datih u poglavlju 2, paragraf (5).

Dwiteeyam Bhavabalam Chara Navamshe. (J.S. 2.4.1)

Drugi izvor snage, tj. konjukcije ili aspekti Jupitera, Merkura ili vladara znaka, treba primeniti u odnosu na relativnu snagu početnog znaka ili sedme odatle.

---

1   Za određivanje snažnijeg znaka, videti stranicu 19 poglavlja 1 u vezi sa izvorima snaga.
2   Početni znak ili znak od kojeg kreće daša.

Napomena: treba uzeti samo raši drišti (pogled znaka).

Redosled daša

Redosled daša koje slede opisuje sledeća šloka Đaimini Upadeša Sutra:

(1) *Prathame Prak Pratyaktwam (J.S. 2.4.8)*

Ako je ascendent pokretni znak, daše imaju redovan redosled. Napomena: ovo se ujedno zove i Čara daša.

(2) *Dwiteeye Ravitah. (J.S. 2.4.9)*

Ako je ascendent fiksni znak, sledeća daša je daša znaka u šestoj kući, i tako redom.

Beleška: Mahariši Đaimini koristi katapajadi varge za broj bava. Ra = 2 i Va = 4; kada okrenemo brojeve i sklonimo umnoške od 12; ostatak koji dobijemo daje bavu na koju se šloka odnosi. Dakle, Ravi = 24; 42/12=3 i 6/12; ostatak od 6 daje bavu na koju se šloka odnosi. Za više detalja čitaoci se mogu osvrnuti na autorov prevod *Mahariši Đaimini Upadeša Sutra.*

(3) *Pruthak Kramena Truteeye Chatustayadi (J.S 2.4.10)*

Ako je ascendent dvojni znak, daša znaka na ascendentu (ili u sedmoj kući) praćena je dašama znakova u trigonu (tj. petoj i devetoj kući). Sledeća daša posle daša u trigonu je daša znaka u desetoj kući, praćena njenim trigonima. Ovaj redosled se ponavlja sve dok se ne pokriju svi znaci.

Beleške: [Prutak = 161/12 = ostatak 5; Kramena = 5 od 5 od 9 bava; Čatušta = 166/12 = ostatak 10]. Ovo se za nijansu razlikuje od Trikona daše zato što kod Narajana daše, nakon što smo pokrili sva tri znaka u trigonu, sledi daša znaka u kendra kući; dok je u slučaju Trikona daše, daša u trigonu praćena dašom u drugoj kući (redovnim ili obrnutim brojanjem).

(4) *Kramadut Kramato Vapi Dharma bhavapada kramat*

Lagnarasim SamarabhyaVigyecharadasaam Nyyet. (BPHS 46.167)

Pravac brojanja je zodijački ili obrnut, u zavisnosti od znaka u kući darme, devetoj kući. Ukoliko je deveta kuća vimsapada raši, brojanje daša je direktno, a ukoliko je samapada raši, obrnuto.

Antardaša

(5) *Yavadwi Vekamavri Hirbhanam (J.S. 1.1.34)*

Period daše je jednako podeljen na 12 antardaša od kojih svaka pripada jednom od 12 znakova. Smer antardaša zavisi od toga da li je daša raši neparni ili parni znak.

Beleške: za utvrđivanje smera antardaša pomatra se parnost znaka, a ne i to da li je u pitanju vimsa ili samapada znak. Dalje, darma bava (deveta kuća) se ne posmatra za pravac antardaša. Đaimini ovo dodatno objašnjava.

(6) *Swavaishamye Yathaswam Karmavyuth Kramou (J.S. 2.4.31-32)*

Kada je daša znak neparan ili se njegov vladar nalazi u neparnom znaku, antardaše se računaju zodijački. Ukoliko su u pitanju parni znaci, antardaše se računaju obrnuto.

Beleške:

Mahariši Đaimini daje generalne principe za brojanje antardaša kod različitih raši daša, kako ajur tako i falila. Daša je ravnomerno podeljena na dvanaest antardaša od kojih svaka pripada jednom od dvanaest znakova, i smer treba da je zodijački ili obrnut, u zavisnosti od toga da li je daša raši ili njen vladar neparni ili parni znak, datim redom. Ovo daje dve opcije započinjanja antardaša, jedna je da antardaše počinju od daša rašija, a druga da počinju od znaka u kom se nalazi vladar daša rašija.

Parašara uklanja naše nedoumice u sledećoj strofi: **Dasasha kramtahbhavar kshy darabhya Dwadasarakshakam. Bhaktwa Dwadasarasinam Dasabhukti Prakalpyyet (BPHS 50. 30-31)**. Svaka od daša se sastoji od 12 antardaša od kojih svaka pripada jednom od 12 znakova. Ove antardaše su jednake dužine koja odgovara dvanaestini daša perioda. Potrebno je odrediti snažnijeg između daša rašija ili sedme kuće odatle. Znak u kom se nalazi vladar snažnijeg znaka pokreće prvu antardašu. One će uvek imati redovan sled dok će pravac biti zodijački ili obrnut, u zavisnosti od toga da li je daša znak neparni ili parni znak. Ovu opciju da se izabere sedma kuća podržava i Đaimini (**Antarbhktiyamsayoretath J.S. 2.4.34**). Navedeni metod računanja antardaša treba primeniti kod svih falita daša.

Izuzeci

(7) *Sanou Chetyeke (J.S. 2.4.33)*

Ako se Saturn nalazi u početnom znaku, pravac daša koje slede je zodijački i pravilan.

Beleške: ovo je bitan izuzetak zbog snage uticaja Saturna na dati znak. U vezi sa ovim pravilom javljaju se sledeće pouke:

1) Pravac Narajana daša:

(a)   Ako se Saturn nalazi na ascendentu ili u sedmoj kući od mesta iniciranja daše, tada je redosled određen ascendentom, a ne devetom kućom, kao što je to navedeno u pravilu (6) od ranije. Moguće je da je ovo bazirano na činjenici da je Saturn uvek suprotan Suncu koje je karaka za ascendent i za devetu kuću.

(b)   Redosled daša će biti redovan. Dakle, pravilo (3) za čara daše je tada primenljivo na sve tri vrste ascendenata, umesto pravila (4) i (5) tj. sledeća daša neće imati skok na šestu kuću ili trigone, u zavisnosti od prirode ascendenta (mogući razlog leži u tome što Saturn predstavlja Brahmu, prema Mahariši Parašari, i kao što je to ranije objašnjeno, pokretni znaci imaju rađa gunu budući da pokretnim navamšama vlada Brahma).

2) Pravac antardaša: ako se Saturn nalazi na daša znaku, brojanje antardaša od vladara daša znaka je uvek redovno. Ipak, pošto su antardaše uvek redovne, prisustvo Saturna na daša rašiju ne menja redosled antardaša. On tu samo potvrđuje da one uvek prate smer Zodijaka.

(8) *Vipareetam Ketou (J.S. 1.1.8)*

Ako se Ketu nalazi na daša rašiju, brojanje Narajana daša ili antardaša od daša znaka ili vladara daša znaka, datim redom, suprotan je onom koji pokazuje daša rašije ili paka rašije (znak u kom se nalazi vladar). Ketu ima čudan efekat pod imenom "viparitam", što znači suprotno, navodi Đaimini.

Beleške:

1) Ketu okreće pravac kretanja zbog svoje pozicije u daša ili antardaša znaku. Tada pravilo (6) od ranije, gde deveta kuća određuje pravac, biva obrnuto (ali ne i ignorisano, kao u slučaju kada je Saturn na polaznom znaku).

2) Ketu ne menja kretanja poput prelaza u svaki šesti znak (za fiksne znakove) ili kretanja po trigonima (za dvojne znakove). On samo menja pravac ovog brojanja.

Tabela 12. je napravljena da prikaže redosled daša, na osnovu pravila (1) i (6) za svaki od dvanaest znakova kao znak početne daše. Ipak, ako je Saturn na ascendentu ili u sedmoj kući, koje god od njih se pokaže kao snažniji, redosled daša se menja na osnovu pravila (9). Slično tome, ako je Ketu na ascendentu ili u sedmoj kući, koje god da se pokaže snažnijim, redosled daša se menja na osnovu pravila (10) od ranije.

Tabela 10: Opšti redosled Narajana daša

Početak Aramba	I	II	III	IV	V	VI	VII	VIII	IX	X	XI	XII
1. Ovan	1	2	3	4	5	6	7	8	9	10	11	12
2. Bik	2	9	4	11	6	1	8	3	10	5	12	7
3. Blizanci	3	11	7	6	2	10	9	5	1	12	8	4
4. Rak	4	3	2	1	12	11	10	9	8	7	6	5
5. Lav	5	10	3	8	1	6	11	4	9	2	7	12
6. Devica	6	10	2	3	7	11	12	4	8	9	1	5
7. Vaga	7	8	9	10	11	12	1	2	3	4	5	6
8. Škorpija	8	3	10	5	12	7	2	9	4	11	6	1
9. Strelac	9	5	1	12	8	4	3	11	7	6	2	10
10. Jarac	10	9	8	7	6	5	4	3	2	1	12	11
11. Vodolija	11	4	9	2	7	12	5	10	3	8	1	6
12. Ribe	12	4	8	9	1	5	6	10	2	3	7	11

Narajana Daša

Obrazac:	K	P	A	K	P	A	K	P	A	K	P	A
	K	A	P	K	A	P	K	A	P	K	A	P

K: Kendra ili kvadrat; **P**: Panapara ili naredna kuća; **A**: Apoklima ili kuća koja prati panapare. Brojevi u tabeli predstavljaju znakove od Ovna do Riba.

Iako se na prvi pogled čini da je u pitanju nasumični redosled daša, pažljivije posmatranje okriva savršeni obrazac. Iz tabele se mogu jasno videti sledeće odlike:

(a)   Redosled Narajana daša prati jasan obrazac na osnovu kuća.

Za zodijački redosled, prati se obrazac "kendra – panapara – apoklima" i on se ponavlja četiri puta. Za obrnuti redosled, prati se obrazac "kendra – apoklima – panapara" i on se ponavlja četiri puta.

(b)   Redosled Narajana daša prati jasan obrazac na osnovu znakova.

Za zodijačku Narajana dašu, primenjen je obrazac "čara – stira – dvišabava – čara…" tj. fiksni znak prati pokretni, pokretni prati dvojni i dvojni znak uvek prati fiksni znak. Slično tome, za obrnuti redosled PKD, primenjen je obrazac "čara – dvišabava – stira – čara…" tj. fiksni znak prati dvojni, pokretni prati fiksni i dvojni znak prati pokretni.

Tabela 11: Saturn na početnom znaku (daša i antardaša)

Početak ARAMBA	I	II	III	IV	V	VI	VII	VIII	IX	X	XI	XII
1. Ovan	1	2	3	4	5	6	7	8	9	10	11	12
2. Bik	2	3	4	5	6	7	8	9	10	11	12	1
3. Blizanci	3	4	5	6	7	8	9	10	11	12	1	2
4. Rak	4	5	6	7	8	9	10	11	12	1	2	3
5. Lav	5	6	7	8	9	10	11	12	1	2	3	4
6. Devica	6	7	8	9	10	11	12	1	2	3	4	5
7. Vaga	7	8	9	10	11	12	1	2	3	4	5	6
8. Škorpija	8	9	10	11	12	1	2	3	4	5	6	7
9. Strelac	9	10	11	12	1	2	3	4	5	6	7	8

Redosled Narajana daše

10. Jarac	10	11	12	1	2	3	4	5	6	7	8	9
11. Vodolija	11	12	1	2	3	4	5	6	7	8	9	10
12. Ribe	12	1	2	3	4	5	6	7	8	9	10	11
Obrazac:	K	P	A	K	P	A	K	P	A	K	P	A

Napomena: samo u slučaju kada je Saturn na aramba rašiju, prisutni su zodijački obrasci (a) kuća: kendra – panapara – apoklima (ponovljeno četiri puta) i (b) znakova: pokretni – fiksni – dvojni (ponovljeno četiri puta).

Prethodna tabela, tabela 11. može da se primeni na daše i antardaše kada se Saturn nalazi u početnom znaku ili u daša znaku, datim redom. Ipak, za Ketua u početnom znaku ili u daša znaku, neophodna je zasebna tabela za daše i antardaše, datim redom. Upravo iz tog razloga prikazane su tabela 12. i tabela 14.

Tabela 12: Ketu na početnom znaku (daša)

Početak ARAMBA	I	II	III	IV	V	VI	VII	VIII	IX	X	XI	XII
1. Ovan	1	12	11	10	9	8	7	6	5	4	3	2
2. Bik	2	7	12	5	10	3	8	1	6	11	4	9
3. Blizanci	3	7	11	12	4	8	9	1	5	6	10	2
4. Rak	4	5	6	7	8	9	10	11	12	1	2	3
5. Lav	5	12	7	2	9	4	11	6	1	8	3	10
6. Devica	6	2	10	9	5	1	12	8	4	3	11	7
7. Vaga	7	6	5	4	3	2	1	12	11	10	9	8
8. Škorpija	8	1	6	11	4	9	2	7	12	5	10	3
9. Strelac	9	1	5	6	10	2	3	7	11	12	4	8
10. Jarac	10	11	12	1	2	3	4	5	6	7	8	9
11. Vodolija	11	6	1	8	3	10	5	12	7	2	9	4
12. Ribe	12	8	4	3	11	7	6	2	10	9	5	1
Obrazac:	K	P	A	K	P	A	K	P	A	K	P	A
	K	A	P	K	A	P	K	A	P	K	A	P

Napomena: I zodijački i obrnuti obrasci kuća i znakova ponavljaju se četiri puta u tabeli 12. ali su suprotni normalnom daša obrascu prikazanom u tabeli 10.

Tabela 13: Narajana antardaše

Početak ARAMBA	I	II	III	IV	V	VI	VII	VIII	IX	X	XI	XII
1. Ovan	1	2	3	4	5	6	7	8	9	10	11	12
2. Bik	2	1	12	11	10	9	8	7	6	5	4	3
3. Blizanci	3	4	5	6	7	8	9	10	11	12	1	2
4. Rak	4	3	2	1	12	11	10	9	8	7	6	5
5. Lav	5	6	7	8	9	10	11	12	1	2	3	4
6. Devica	6	5	4	3	2	1	12	11	10	9	8	7
7. Vaga	7	8	9	10	11	12	1	2	3	4	5	6
8. Škorpija	8	7	6	5	4	3	2	1	12	11	10	9
9. Strelac	9	10	11	12	1	2	3	4	5	6	7	8
10. Jarac	10	9	8	7	6	5	4	3	2	1	12	11
11. Vodolija	11	12	1	2	3	4	5	6	7	8	9	10
12. Ribe	12	11	10	9	8	7	6	5	4	3	2	1
Obrazac:	K	P	A	K	P	A	K	P	A	K	P	A
	K	A	P	K	A	P	K	A	P	K	A	P

Napomena: I zodijački i obrnuti obrasci kuća i znakova ponovljeni su četiri puta u tabeli 13.

Tabela 14: Ketu na daša znaku (samo za antardaše)

Početak ARAMBA	I	II	III	IV	V	VI	VII	VIII	IX	X	XI	XII
1. Ovan	1	12	11	10	9	8	7	6	5	4	3	2
2. Bik	2	3	4	5	6	7	8	9	10	11	12	1
3. Blizanci	3	2	1	12	11	10	9	8	7	6	5	4
4. Rak	4	5	6	7	8	9	10	11	12	1	2	3
5. Lav	5	4	3	2	1	12	11	10	9	8	7	6
6. Devica	6	7	8	9	10	11	12	1	2	3	4	5
7. Vaga	7	6	5	4	3	2	1	12	11	10	9	8
8. Škorpija	8	9	10	11	12	1	2	3	4	5	4	3
9. Strelac	9	8	7	6	5	4	3	2	1	12	11	10
10. Jarac	10	11	12	1	2	3	4	5	6	7	8	9
11. Vodolija	11	10	9	8	7	6	5	4	3	2	1	12

Redosled Narajana daše

12. Ribe	12	1	2	3	4	5	6	7	8	9	10	11
Obrazac:	K	P	A	K	P	A	K	P	A	K	P	A
	K	A	P	K	A	P	K	A	P	K	A	P

Napomena: I zodijački i obrnuti obrazci kuća i znakova ponavljaju se četiri puta u tabeli 14, ali su suprotni normalnom obrascu Narajana antardaša iz tabele 13.

Tok daše

Pravilo jedne trećine

Jedan od metoda procene toka daša/perioda jeste njegova podela na tri dela. Ako je daša znak malefičan, njegovi efekti će se osetiti na kraju, dok će se, ukoliko je znak benefičan, njegovi efekti osetiti na početku. Znak Riba je jedini izuzetak i njegova daša se oseti u srednjem delu. Preostala dva dela treba proceniti u odnosu na vladara znaka i na planete koje aspektuju znak ili su u njemu smeštene.

Primeri

Čart 6: Pokretni znak (lagna) [ČARA DAŠA]

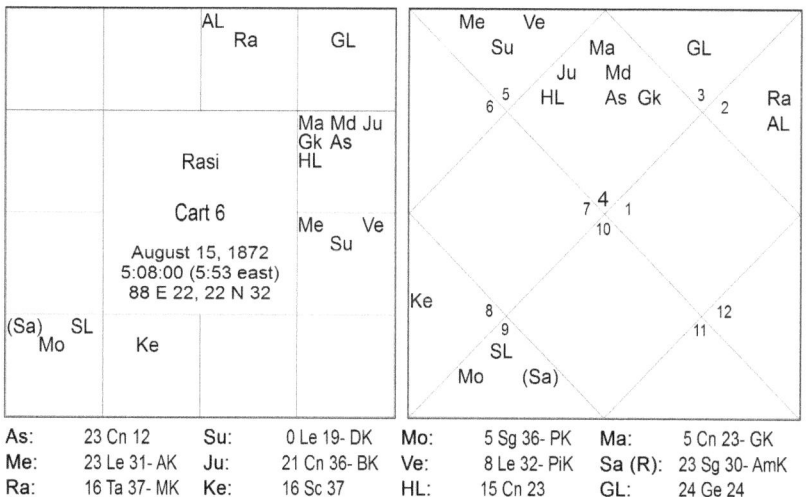

As:	23 Cn 12	Su:	0 Le 19- DK	Mo:	5 Sg 36- PK	Ma:	5 Cn 23- GK
Me:	23 Le 31- AK	Ju:	21 Cn 36- BK	Ve:	8 Le 32- PiK	Sa (R):	23 Sg 30- AmK
Ra:	16 Ta 37- MK	Ke:	16 Sc 37	HL:	15 Cn 23	GL:	24 Ge 24

Šri Aurobindo Goš; rođen 1. gati pre izlaska sunca (5:08h korigovano vreme); 15. avgusta 1872. godine (88E22', 22N32).

Narajana Daša

Korak 1: Utvrđivanje početnog znaka

Početni znak se određuje između lagne (Bik) i sedme kuće (Škorpija), na osnovu njihove snage (videti Poglavlje 1, Izvori snaga).

Sri Aurobindo

a) Pravilo br. dva prvog izvora snage: na lagni je egzaltirani Jupitera, dok u sedmoj kući nema planeta. Dakle, lagna je snažnija i Narajana daša počinje od lagne.

Korak 2: Određivanje perioda znakova

Škorpija: Ketu se nalazi u svom znaku tako da Mars određuje daša period. Osim toga, Mars je u jutiju sa egzaltiranim Jupiterom, dok je Ketu sam. Dakle, Mars je snažniji.

Vodolija: Saturn je u jutiju sa Mesecom, dok je Rahu sam, zbog čega je Saturn snažniji za određivanje daše. Ni jedna od pomenutih planeta nije smeštena u svom znaku.

Raši	Vladar	Osnovni period	Egzaltacija / Debilitacija	Prvi ciklus	Drugi ciklus
A		B	C	D= (B+C)	E=(12-D)
Ovan	Mar	4-1=3	-1	2	10
Bik	Ven	4-1=3	0	3	9
Blizanci	Mer	3-1=2	0	2	10
Rak	Mes	8-1=7	0	7	5
Lav	Sun	13-1=12	0	12	0
Devica	Mer	2-1=1	1	0	11
Vaga	Ven	11-1=10	0	10	2
Škorpija	Mar	9-1=8	-1	7	5
Strelac	Jup	8-1=7	+1	8	4
Jarac	Sat	2-1=1	0	1	11
Vodolija	Sat	3-1=2	0	2	10
Ribe	Jup	9-1=8	+1	9	3

Korak 3: Proveriti da li se Saturn ili Ketu nalaze na početnom znaku.

Početni znak je Rak. Ni Saturn ni Ketu se ne nalaze u Raku.

Dakle, tabela 11. i tabela 12. nisu primenljive. Za redosled daša treba videti tabelu 10.

Korak 4: Nacrtajte tabelu koja pokazuje dva ciklusa Narajana daše.

Tabela 15: Šri Aurobindo, Narajana daša

Daša	Period	Od	Do
Rak	07	1872-08-15	1879-08-15
Blizanci	02	1879-08-15	1881-08-15
Bik	03	1881-08-15	1884-08-15
Ovan	02	1884-08-15	1886-08-15
Ribe	09	1886-08-15	1895-08-15
Vodolija	02	1895-08-15	1897-08-15
Jarac	01	1897-08-15	1898-08-15
Strelac	08	1898-08-15	1906-08-16
Škorpija	07	1906-08-16	1913-08-16
Vaga	10	1913-08-16	1923-08-16
Devica	01	1923-08-16	1924-08-15
Lav	12	1924-08-15	1936-08-15
Drugi ciklus			
Rak	05	1936-08-15	1941-08-15
Blizanci	10	1941-08-15	1951-08-16

Kratka analiza

1879. godine, na samom početku daše Blizanaca, zajedno sa svoja dva brata Šri Aurobindo odlazi u Englesku na školovanje. Blizanac je znak u dvanaestoj kući i pokazuje putovanja u inostranstvo, a njegov vladar, Merkur, je u konjukciji sa Venerom (putovanja) koja je i vladar četvrte (obrazovanje). Njegov otac je gajio ambiciju da će on postati ICS službenik i nije hteo da se on "zatruje" Indijcima.

Blizanci, Bik i Ovan obeležili su period njegovog obrazovanja, dok je daša Riba obeležila visoko obrazovanje. Sa blagoslovima egzaltiranog Jupitera[3], kompletirao je fakultetsko obrazovanje

---

3   Jupiter je umešan u Guru-Mangala jogu, koja je ujedno i darma karamadipati rađa joga (konjukcija vladara 9. i 10. kuće), kao i joga za vrhunsko znanje koje uključuje vladare dve vitalne trikona bave, pete i devete.

na Kembridžu, i usavršio je dva klasična i tri moderna evropska jezika. **Deo standardne prakse jeste podela daše na tri dela, kako bi se odredio njen trend.** Daša Riba se može podeliti na tri dela na sledeći način: prvi deo 1886-89, drugi deo 1889-92. i treći deo 1892-95. Pošto su Ribe ubajodaja[4] znak, prva dva dela će doneti rezultate Jupitera, vladara Riba, i devete kuće, Riba, budući da je u pitanju benefičan znak. Posle toga slede rezultati aspekata Meseca i Saturna na Ribe. Zbog svega pomenutog, kao i zbog Jupiterovog uticaja na Ribe, kompletirao je studije između 1886-92. godine. Sa dolaskom trećeg dela daše, a zbog aspekta Meseca, vladara lagne (mesto rođenja ili dom), i Saturna iz šeste kuće (kuća službe), on se 1892. godine vraća u Indiju gde se zapošljava u carinskom sektoru, u rodnoj državi Baroda. Ovo se nastavlja tokom cele daše Vodolije i Jarca, sve do 1898. godine. Posle toga, u daši Strelca, koji je šesta kuća, uticaj Saturna se nastavlja, ali je služba ovoga puta u vezi sa obrazovanjem, on ima funkciju zamenika direktora Baroda koledža. Istovremeno se dešavaju i određene političke aktivnosti u korist *Svadeši* (proindijske industrije/dobara) zbog konjukcije Jupitera, vladara Strelca, sa Marsom.

Sa dolaskom daše Škorpije, 1906. godine, vraća se u Bengal. Ketu je u Škorpiji pod aspektom Marsa, i pokazuje ratoborni patriotizam. Posle toga on se zapošljava kao urednik "Vandemataram", magazina u Kalkati. Bio je krivično gonjen za pobunu 1907. godine, ali je kasnije oslobođen. Predsedavao je Nacionalnom Konferencijom u Suratu, 1907. godine, u vreme kada su kroz sukob dve jednake grupe podelile Kongres. Kasnije, u maju 1908. godine, umešan je u bombaški napad u Mudžafarpuru (neslavna Alipore zavera), u kome su život izgubile dve Britanke. Ketu u petoj kući vrši neopstruiranu papargalu na lagnu, i zbog Marsovog aspekta, ukazuje na pisača badak. Zatvoren je u izolaciju, u premalu ćeliju. Upravo je tokom ove godine u izolaciji, imao viziju Šri Krišne. Ketu je mokšakaraka i prima aspekt egzaltiranog Jupitera iz Raka. Pored toga, Ketu je vladar pete kuće, kuće molitvi, gde se i nalazi. Ova vizija najavljuje početak Jupiterovih blagoslova, božanskog učenja povezanog sa Jupiterom, Ketuom i petom kućom, i potpunu

---

4   Postoje tri tipa znakova: širšodaja ili oni koji se uzdižu glavom; prištodaja ili oni koji se uzdižu zadnjim delom i ubajodaja ili oni koji se uzdižu istovremeno. Ribe su predstavljene sa dve ribe, kojima su rep i glava povezani, i kad se uzdižu, uzdižu se istovremeno jedna glava i jedan rep. Zbog toga je ovo ubajodaja znak.

transformaciju koja vodi ka njegovom oslobođenju[5]. Nakon što je pušten na slobodu, u maju 1909. godine, počinje da objavljuje engleski nedeljnik, Karmajogin, i Bengali nedeljnik, Darma. Potom napušta Britansku Indiju i odlazi u Pondičeri, u februaru 1910. godine. Povlači se iz aktivnog političkog života i fokusira se na jogu. Posle toga propada još jedan britanski pokušaj tužbe protiv njega zbog njegovog pisanja u nedeljniku Karmajogin[6].

Sa dolaskom Narajana daše Vage, 1914. godine (nakon četiri godine joge u tišini, 1910-1914), on počinje sa objavljivanjem mesečnog filozofskog magazina pod imenom Arja. Ovaj magazin nastavlja da izlazi sve do 1921. godine, a i njegove velike knjige ovde bivaju objavljene u formi serije eseja. Ovi zapisi predstavljaju sveobuhvatan rad na temu moderne Hindu filozofije[7]. Vaga prima aspekt Merkura (slova/pisanje), Sunca (duhovnost) i Venere. Kasnije, tokom Devica, Lav i Rak (drugi ciklus) daše, on osniva i ašram za propagiranje joge.

Šri Aurobindo je napustio telo 5. decembra 1950. godine, u daši Blizanaca. Znak Blizanac se nalazi u drugoj kući (maraka) od Aruda lagne, u Biku, i njegov vladar se nalazi u drugoj kući od lagne, u jutiju sa vladarom druge, Suncem.

Gore navedena analiza uz pomoć Narajana daše pokazuje preciznost u predskazivanju glavnih promena u životu Šri Aurobinda. Važnost Narajana daše leži u prikazivanju ovih glavnih promena i od pomoći je đotišiju za tačnu predikciju događaja. Narajana daša, za razliku od drugih daša koje mogu predskazati i višestruke događaje što predstavlja

---

5   Šri Aurobindo opisuje svoju situaciju tako što navodi da je tonuo sve dublje u indijsku politiku. Jednog dana je primio božansku poruku koja ga je usmerila da napusti Kalkatu i da odmah ode u Ćandangore. Nije poslušao jer nije imao dovoljno poverenja u glas sa neba koji mu kaže da napusti svoj politički angažman. Zatvor je usledio kao kazna za neposlušnost. U zatvoru je meditirao, a tu ga je božanska moć poučila jogi. Ova božanska moć, ili entitet, uverili su ga da politika nije za njega već da treba da se usmeri na jogu i filozofiju. Postao je uveren da nezavisnost Indije sledi, a dobio je i poruku da uskoro dolazi pogodan lider koji će preuzeti vlast (što je i bila istina, Gandi je tada bio u svom usponu!).

6   Snažan Jupiter na lagni je pravi blagoslov u bilo kom čartu, budući da uvek štiti reputaciju osobe. To ukazuje na božanske blagoslove.

7   Moj prijatelj Gautam-da piše: "Ovo je jedinstven slučaj, nijedan od političkih lidera, poput Gandhija i sl, nije zatvaran za navodno nasilje. Nijedan od jogija nije zatvaran. Dodatno, duhovno iskustvo u britanskom zatvoru takođe je jedinstveno. Ipak, Britancima nije pošlo za rukom da dokažu optužnicu protiv njega. Nalazim da je ovu filozofiju teško razumeti. Ali pesnici, poput Tagore, i filozofi, poput Dr. Radhakrišnana, ga hvale. Dr. Radhakrišnan ga zove najoriginalnijim filozofom posle Šankare!"

poteškoću jer pomenute opcije treba da se svedu, pokazuje najverovatniju i definitivnu promenu koja će se desiti. Ona pokazuje efekte uticaja koje okolina ima na osobu, i veoma je determinisana po svojoj prirodi. Ona nije poput Udu daše (poput Vimšotari daše) koja može pokazati primarne uticaje na um, kao i to kako se oni manifestuju na životni pravac. Svako poređenje ovih daša je suvišno, jer svaka od njih ima svoje prednosti i manjkavosti. Ipak, za pronicljivog đotišija, ovo je nezamenljiv alat za okvirno određivanje događaja i davanje predikcija.

Čart 7: Fiksni znak (lagna)

Bhagavan Šri Krišna (20. juli 3228 pre Hrista tj. noć 19. jula na osnovu Hindu kalendara; 77E42', 27N35')

Nakon čarta Šri Aurobinda, prikladno je uzeti čart Bhagavana Šri Krišne. Ovde ne nudimo analizu čarta pošto to prevazilazi planirani obim ove knjige.

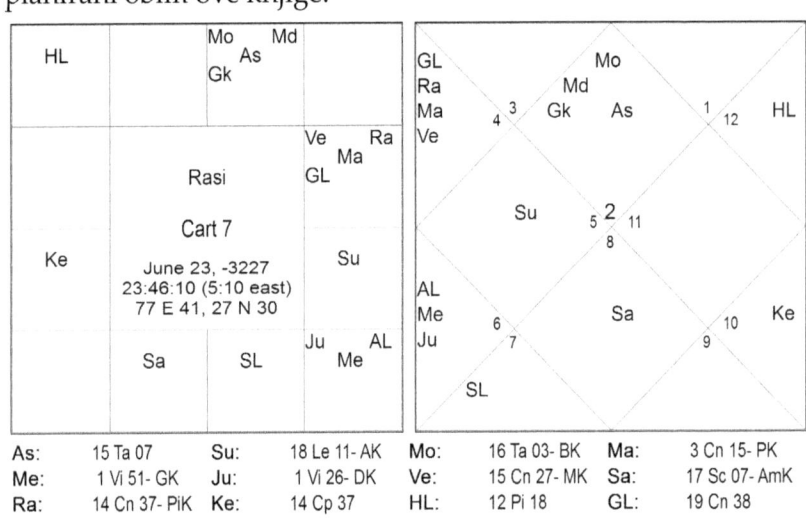

As:	15 Ta 07	Su:	18 Le 11- AK	Mo:	16 Ta 03- BK	Ma:	3 Cn 15- PK
Me:	1 Vi 51- GK	Ju:	1 Vi 26- DK	Ve:	15 Cn 27- MK	Sa:	17 Sc 07- AmK
Ra:	14 Cn 37- PiK	Ke:	14 Cp 37	HL:	12 Pi 18	GL:	19 Cn 38

Korak 1: Određivanje početnog znaka

Početni znak se treba odrediti birajući između lagne (Bika) i sedme kuće (Škorpija), na osnovu njihove snage (videti poglavlje 1, izvori snaga).

a) Pravilo (2) prvog izvora snage: oba znaka imaju po jednu planetu, te su zbog toga jednake snage. Pogledajmo sledeće pravilo.

a) Pravilo (1) drugog izvora snage: oba znaka primaju aspekte svojih vladara (Venera se nalazi u pokretnom znaku i aspektuje Bik, fiksni znak, raši drištijem[8] a Mars i Ketu takođe aspektuju Škorpiju raši drištijem). Nijedan od znakova ne prima aspekt Jupitera ili Merkura (ovde posmatramo isključivo raši drišti), budući da se ove dve planete nalaze u dvojnom znaku. Oba znaka su i dalje jednako snažna te treba da primenimo sledeće pravilo.

b) Pravilo (3) prvog izvora snage: Mesec je u Biku egzaltiran, dok se Saturn nalazi u neprijateljskom znaku, u Škorpiji. Bik je snažniji od Škorpije i zato predstavlja početak Narajana daše.

Korak 2: Odredite periode znakova

Raši	Vladar	Osnovni period	Egzaltacija / Debilitacija	Prvi ciklus	Drugi ciklus
A		B	C	D= (B+C)	E=(12-D)
Ovan	Mar	4-1=3	-1	2	10
Bik	Ven	3-1=2	0	2	10
Blizanci	Mer	4-1=3	+1	4	8
Rak	Mes	3-1=2	+1	3	9
Lav	Sun	13-1=12	0	12	0
Devica	Mer	13-1=12	+1	12 (Max)	0
Vaga	Ven	10-1=9	0	9	3
Škorpija	Mar	9-1=8	-1	7	5
Strelac	Jup	10-1=9	0	9	3
Jarac	Sat	3-1=2	0	2	12
Vodolija	Rah	8-1=7	0	7	5
Ribe	Jup	7-1=6	0	6	6

Korak 3: Proveriti da li se Saturn ili Ketu nalaze na početnom znaku.

Početni znak je Bik i nijedna od pomenutih planeta nije u njemu smeštena. Dakle, tabele 11. i 12. nisu primenljive. Videti tabelu 10. za redosled daša.

---

8   Pogled znaka.

Korak 4: Nacrtajte tabelu sa dva ciklusa Narajana daše.

Tabela 16: Šri Krišna Narajana daša

Daša	Period	Od (pne)	Do (pne)	Napomene
Bik	02	3228-07-20	3226-07-20	Šri Krišna je na ovom sve-
Str	09	3226-07-20	3217-07-19	tu živeo 125 godina (istori-
Rak	03	3217-07-19	3214-07-20	jska literatura poput Višnu Purane i Bhagavatama
Vod	07	3214-07-20	3207-07-20	potvrđuje ovu činjenicu).
Dev	12	3207-07-20	3195-07-20	Dakle, za ovaj čart nije moguće primeniti bilo
Ova	02	3195-07-20	3193-07-19	koju dašu sa ograničenim
Ško	07	3193-07-19	3186-07-20	periodom trajanja. Ovo
Bli	04	3186-07-20	3182-07-20	pokazuje nadmoć i uni- verzalnu primenljivost
Jar	02	3182-07-20	3180-07-19	Narajana daše.
Lav	12	3180-07-19	3168-07-19	
Rib	06	3168-07-19	3162-07-20	
Vag	09	3162-07-20	3153-07-19	
Drugi ciklus				
Bik	10	3153-07-19	3143-07-19	Šri Krišna je napustio
Str	03	3143-07-19	3140-07-19	ovaj svet na ulasku u Kali Jugu, 3102. pne, tokom
Rak	09	3140-07-19	3130-07-19	Narajana daše Jarca. Bio
Vod	05	3130-07-19	3126-07-19	je ranjen u levo stopalo
Dev	00	3126-07-19	3126-07-19	(Saturn je u trećoj od AL, u marsovom znaku, znaku
Ova	10	3126-07-19	3116-07-19	insekta, u Škorpiji). Jarac
Ško	05	3116-07-19	3111-07-19	predstavlja Kali perod, a
Bli	08	3111-07-19	3103-07-19	njime vlada Saturn koji aspektuje Škorpiju. Saturn
Jar	10	3103-07-19	3093-07-19	pokazuje stopala, dok
Lav	00	3093-07-19	3093-07-19	Mars ukazuje na rane.
Rib	06	3093-07-19	3087-07-20	
Vag	03	3087-07-20	3084-07-20	

Čart 8: Dvojni znak (lagna)

Odredite daša periode u primeru br. 1. Muškarac rođen 7. avgusta 1963. godine, u 21:15′, u Sambalpuru, Indija (21N28′, 84E01′).

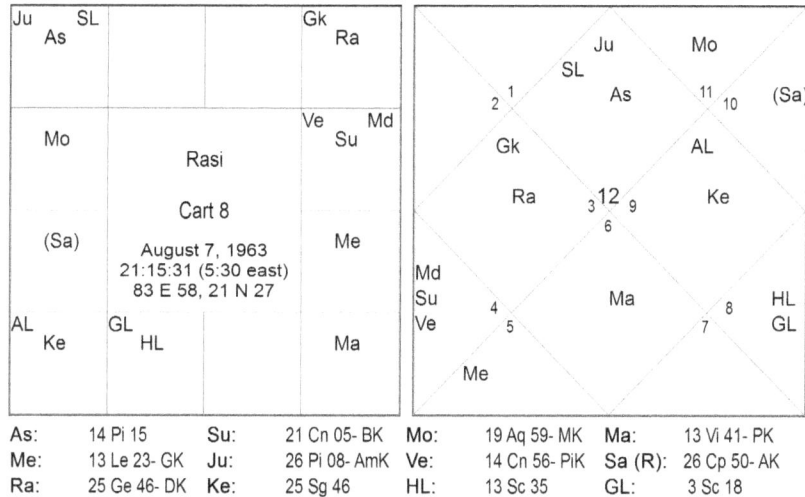

As:	14 Pi 15	Su:	21 Cn 05- BK	Mo:	19 Aq 59- MK	Ma:	13 Vi 41- PK
Me:	13 Le 23- GK	Ju:	26 Pi 08- AmK	Ve:	14 Cn 56- PiK	Sa (R):	26 Cp 50- AK
Ra:	25 Ge 46- DK	Ke:	25 Sg 46	HL:	13 Sc 35	GL:	3 Sc 18

Korak 1: Odredite snažnijeg između ascendenta i sedme kuće.

a) Pravilo (2) prvog izvora snage: Lagna je znak Riba sa jednom planetom, a sedma kuća, Devica, takođe ima jednu planetu. Oba znaka su jednake snage. Pokušajmo sa sledećim pravilom.

c) Pravilo (1) drugog izvora snage: lagna je zajedno sa Jupiterom, koji je ujedno i njen vladar (2 faktora), dok sedma kuća samo prima aspekt Jupitera (jedan faktor). Lagna je zbog toga snažnija i Narajana daša počinje od znaka Riba.

Korak 2: Odredite periode znakova.

Ovo je urađeno u prethodnom poglavlju.

Korak 3: Proverite da li se Saturn ili Ketu nalaze na početnom znaku.

Početni znak su Ribe, i u njima se ne nalaze ni Saturn ni Ketu. Dakle, tabele 11. i 12. nisu primenljive. Videti tabelu 10. za redosled daša. Izaberite relevantnu seriju sa kraja tabele 10. a ona glasi: Ribe – Rak – Škorpija – Strelac – Ovan – Lav – Devica – Jarac – Bik – Blizanci – Vaga – Vodolija.

Narajana Daša
Korak 4: Pripremite tabelu Narajana daše.

Tabela 17: Prethodni primer, Narajana daša

Daša	Godine	Od	Do	Napomene
Ribe	12	1963	1975	Jupiter je u Ribama
Rak	5	1975	1980	Obrnite brojanje od Raka ka Vodoliji minus '1' tj. 6 – 1= 5
Škorpija	10	1980	1990	Mars i Ketu imaje jednake konjukcije i aspekte, ali Mars daje 10 godina, dok Ketu daje 1. godinu (Pravilo – 8, prvi izvor)
Strelac	3	1990	1993	Jupiter u Ribama; 4-1=3
Ovan	5	1993	1998	Mars u Devici; direktno brojanje; 6-1=5
Lav	1	1998	1999	Obrnuto brojanje od Lava do Raka; 2-1=1
Devica	1	1999	2000	Obrnuto brojanje; Merkur u Lavu; 2-1=1
Jarac	12	2000	2012	Saturn u Jarcu
Bik	2	2012	2014	Direktno brojanje; Venera u Raku; 3-1=2
Blizanci	2	2014	2016	Direktno brojanje; Merkur u Lavu; 3-1=2
Vaga	9	2016	2025	Direktno brojanje; Venera u Raku; 10-1=9
Vodolija	8	2025	2033	Rahu je snažniji u dvojnom znaku od Saturna u pokretnom znaku; obrnite brojanje; 9-8=8

Ukoliko je dugovečnost osobe duža od ukupnog perioda prvog ciklusa daša, tada je neophodno izračunati i drugi ciklus. Redosled daša ostaje isti kao u prvom ciklusu, ali se trajanje perioda određuje tako što od 12 oduzimamo period prvog ciklusa za svaku od daša. Hajde da odredimo drugi ciklus Narajana daše za gore navedeni čart.

Prvi primer, Narajana daša (Drugi ciklus)

Daša	Godine	Od	Do	Napomene
Ribe	0	2033	2033	12-12=0
Rak	7	2033	2040	12-5=7
Škorpija	2	2040	2042	12-10=2
Strelac	9	2042	2051	12-3=9
Ovan	7	2051	2058	12-5=7
Lav	11	2058	2069	12-1=11
Devica	11	2069	2070	12-1=11
Jarac	0	2070	2070	12-12=0

Redosled Narajana daše

Daša	Godine	Od	Do	Napomene
Bik	10	2070	2080	12-2=10
Blizanci	10	2080	2090	12-2=10
Vaga	3	2090	2093	12-9=3
Vodolija	4	2093	2097	12-8=4

Čart 9: Saturn na početnom znaku

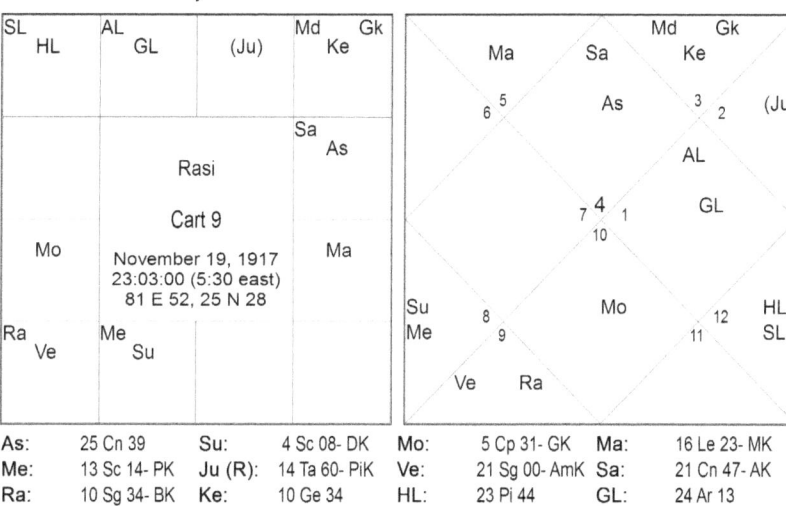

As:	25 Cn 39	Su:	4 Sc 08- DK	Mo:	5 Cp 31- GK	Ma:	16 Le 23- MK
Me:	13 Sc 14- PK	Ju (R):	14 Ta 60- PiK	Ve:	21 Sg 00- AmK	Sa:	21 Cn 47- AK
Ra:	10 Sg 34- BK	Ke:	10 Ge 34	HL:	23 Pi 44	GL:	24 Ar 13

Pokojna Indira Gandhi (bivša premijerka Indije); rođena 19. novembra 1917. godine u 23:07':41" (korigovano vreme) (81E52, 25N28).

Korak 1: Odredite snažnijeg između ascendenta i sedme kuće.

a) Pravilo (2) prvog izvora snage: lagna (Rak) i sedma kuća (Jarac) imaju po jednu planetu svaka, i jednako su snažne. Proverite sledeće pravilo.

d) Pravilo (1) drugog izvora snage. I lagna i sedma kuća, budući da su pokretni znaci, primaju aspekt Jupitera i Merkura, ali ne i svojih vladara. Dakle, dva od ukupno tri faktora su prisutna za oba znaka, što im daje jednaku snagu. Pokušajmo sa sledećim pravilom.

e) Pravilo (3) prvog izvora snage: Saturn (u Raku) i Mesec (u

71

Jarcu) nisu egzaltirani, ili u svom znaku, itd, dakle, jednako su snažni. Pokušajmo sa sledećim pravilom.

f) Pravilo (4) prvog izvora snage: oba znaka, i Rak i Jarac, su pokretni znaci, i zbog toga su jednake snage. Pokušajmo sa sledećim pravilom.

Indira Gandhi (PM-India)

g) Pravilo (7) takođe ne može identifikovati snažnijeg, budući da su oba znaka parni znaci čija se oba vladara se nalaze u drugim parnim znacima.

h) U ovakvoj situaciji se moramo osloniti na čara karakatve (ili na stepen planeta) na osnovu pravila (5) i (6). U datom primeru, Saturn je atmakaraka i nalazi se na najvišem stepenu. Dakle, možemo uzeti Rak kao početni znak za Narajana dašu.

Korak 2: Određivanje perioda znakova.

Raši	Vladar	Osnovni period	Egzaltacija / Debilitacija	Prvi ciklus	Drugi ciklus
A		B	C	D= (B+C)	E=(12-D)
Ovan	Mar	5-1=4	0	4	8
Bik	Ven	8-1=7	0	7	5
Blizanci	Mer	6-1=5	0	5	7
Rak	Mes	7-1=6	0	6	6
Lav	Sun	10-1=9	0	9	3
Devica	Mer	11-1=10	0	10	2
Vaga	Ven	3-1=2	0	2	10
Škorpija	Mar	10-1=9	0	9	3
Strelac	Jup	6-1=5	0	5	7
Jarac	Sat	7-1=6	0	6	6
Vodolija	Rah	3-1=2	-1	1	11
Ribe	Jup	11-1=10	0	10	2

Škorpija: Ketu je debilitiran, i prema pravilu (3) prvog izvora snage, slabiji od Marsa. Vodolija: Rahu je u jutiju sa Venerom i samim time je snažniji od Saturna, prema pravilu (2) prvog izvora snage.

Korak 3: Proveriti da li se Saturn ili Ketu nalaze na početnom znaku.

Početni znak je Rak i Saturn se nalazi u tom znaku, dakle, tabela 11. je primenljiva. Odredite redosled daša na osnovu tabele i dobićete redosled Rak – Lav – Devica – Vaga, itd.

Korak 4: Pripremite tabelu Narajana daša.

Tabela 18: Narajana daša Indire Gandhi

Daša	Period	Od	Do	Napomene
Rak	06	1917-11-19	1923-11-20	Otpočinje aktivan politički život sa Kvit pokretom, 1942. godine.
Lav	09	1923-11-20	1932-11-19	
Dev	10	1932-11-19	1942-11-20	
Vag	02	1942-11-20	1944-11-19	Sedma kuća od Gatika lagne i čara pitrikarake sa Suncem. Njen otac, Pt. Džavarlal Nehru postaje prvi premijer nezavisne Indije, 1947. godine, pored toga što je postao i predsednik Kongresa u vreme vitalnog spajanja 1945. godine.
Ško	09	1944-11-19	1953-11-19	
Str	05	1953-11-19	1958-11-19	
Jar	06	1958-11-19	1964-11-19	
Vod	02	1964-11-19	1966-11-19	
Rib	10	1966-11-19	1976-11-19	Postaje Premijer Indije i uživa neograničenu moć sve do perioda vanrednog stanja. Vladar Jupiter je pitri karaka (otac) i nalazi se na Gatika lagni. Od svog oca nasleđuje odoru.
Ova	04	1976-11-19	1980-11-19	Tokom perioda vanrednog stanja gubi moć – Ovan nema vezu sa Gatika lagnom.
Bik	07	1980-11-19	1987-11-19	U Biku se nalazi Gatika lagna i ona dobija moć nazad, posle vanrednih izbora. Venera je u šestoj kući od lagne, sa Rahuom (šasta Šukra marana karaka). Indiru su ubili lični telohranitelji u oktobru 1984. godine.
Bli	05	1987-11-19	1992-11-19	N.A.

Napomena: Drugi ciklus nije neophodan, jer je celokupna dugovečnost pokrivena prvim ciklusom.

Čart 10: Ketu na početnom znaku

Žena rođena 26. novembra 1946. godine u 6:55′; 77E35′ 12N59 Indija.

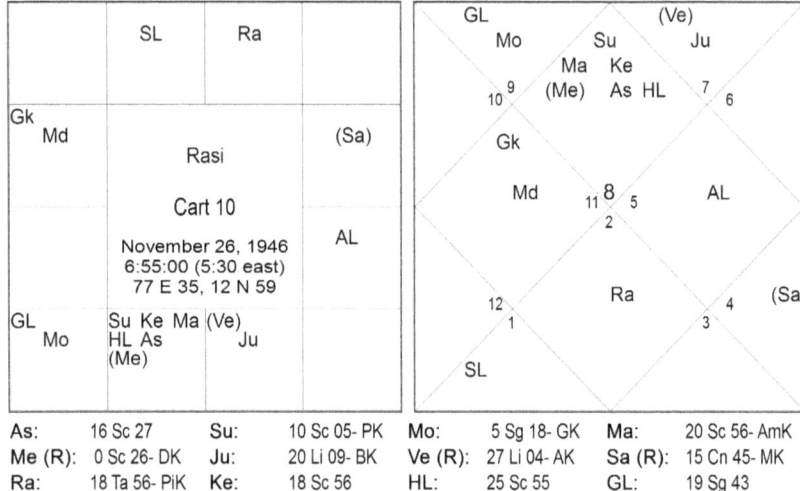

As:	16 Sc 27	Su:	10 Sc 05- PK	Mo:	5 Sg 18- GK	Ma:	20 Sc 56- AmK
Me (R):	0 Sc 26- DK	Ju:	20 Li 09- BK	Ve (R):	27 Li 04- AK	Sa (R):	15 Cn 45- MK
Ra:	18 Ta 56- PiK	Ke:	18 Sc 56	HL:	25 Sc 55	GL:	19 Sg 43

Korak 1: Odredite snažnijeg između ascendenta i sedme kuće.

Pravilo (2) prvog izvora snage: Lagna (Škorpija) ima četiri planete, dok se u sedmoj kući (Bik) nalazi jedna planeta, Rahu. Dakle, lagna je snažnija od sedme kuće.

Korak 2: Odredite periode znakova

Raši	Vladar	Osnovni period	Egzaltacija / Debilitacija	Prvi ciklus	Drugi ciklus
A		B	C	D= (B+C)	E=(12-D)
Ovan	Mar	8-1=7	0	7	5
Bik	Ven	6-1=5	0	5	7
Blizanci	Mer	6-1=5	0	5	7
Rak	Mon	8-1=7	0	7	5
Lav	Sun	10-1=9	0	9	3
Devica	Mer	11-1=10	0	10	2
Vaga	Ven	13-1=12	0	12	0

Škorpija	Mar	13-1=12	0	12	0
Strelac	Jup	11-1=10	0	10	2
Jarac	Sat	7-1=6	0	6	6
Vodolija	Rah	10-1=9	0	9	3
Ribe	Jup	6-1=5	0	5	7

Škorpija: Ketu je debilitiran i na osnovu pravila (3) prvog izvora snage, Ketu je slabiji od Marsa. Vodolija: Rahu je u jutiju sa Venerom, i samim time je snažniji od Saturna, na osnovu pravila (2) prvog izvora snage.

Korak 3: Proveriti da li su Saturn ili Ketu na početnom znaku.

Početni znak je Škorpija i Ketu je smešten u Škorpiji. Dakle, primenljiva je tabela 14. Odredite redosled daša na osnovu tabele, a redosled daša je Škorpija – Ovan – Vodolija, itd.

Korak 4: Napravite tabelu sa Narajana dašama.

Tabela 19: Čart 9. Narajana daša

Daša	Period	Od	Do
Škorpija	12	1946-11-26	1958-11-26
Ovan	07	1958-11-26	1965-11-25
Devica	10	1965-11-25	1975-11-26
Vodolija	09	1975-11-26	1984-11-25
Rak	07	1984-11-25	1991-11-26
Strelac	10	1991-11-26	2001-11-25
Bik	05	2001-11-25	2006-11-25
Vaga	12	2006-11-25	2018-11-25
Ribe	05	2018-11-25	2023-11-25
Lav	09	2023-11-25	2032-11-25
Jarac	06	2032-11-25	2038-11-25
Blizanci	05	2038-11-25	2043-11-25
Drugi ciklus			
Škorpija	00	2043-11-25	2043-11-25
Ovan	05	2043-11-25	2048-11-25
Devica	02	2048-11-25	2050-11-25

Vodolija	03	2050-11-25	2060-11-24
Rak	05	2060-11-24	2067-11-25
Strelac	00	2067-11-25	2067-11-25
Bik	07	2067-11-25	2074-11-25
Vaga	03	2074-11-25	2077-11-25
Ribe	06	2077-11-25	2083-11-25
Lav	07	2083-11-25	2090-11-25

Čart 11: Saturn i Ketu na početnom znaku.

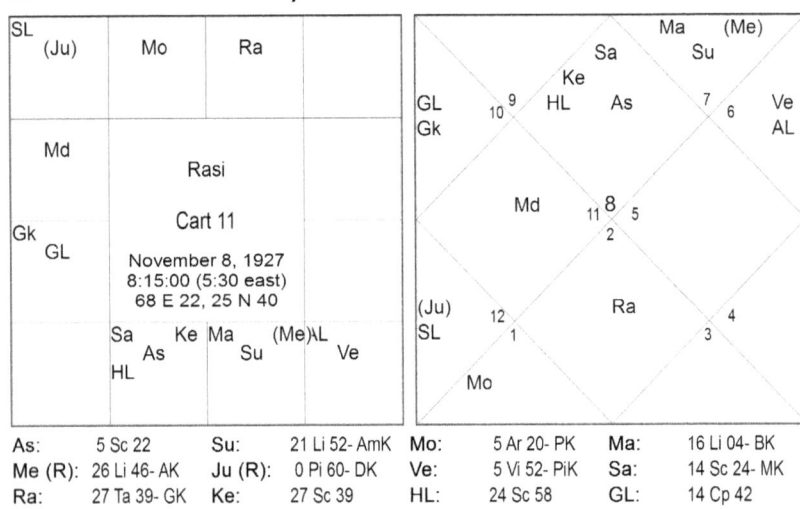

As:	5 Sc 22	Su:	21 Li 52- AmK	Mo:	5 Ar 20- PK	Ma:	16 Li 04- BK
Me (R):	26 Li 46- AK	Ju (R):	0 Pi 60- DK	Ve:	5 Vi 52- PiK	Sa:	14 Sc 24- MK
Ra:	27 Ta 39- GK	Ke:	27 Sc 39	HL:	24 Sc 58	GL:	14 Cp 42

Šri L. K. Advani, ministar unutrašnjih poslova; rođen 8. novembra 1927. godine u 8:15h; 67E03', 24N52'.

Korak 1: Odredite snažnijeg između ascendenta i sedme kuće.

Pravilo (2) prvog izvora snage: lagna je Škorpija sa Saturnom i Ketuom, a u sedmoj kući (Bik) je jedna planeta, Rahu. Dakle, lagna je snažnija od sedme kuće.

Korak 2: Odredite periode znakova

Raši	Vladar	Osnovni period	Egzaltacija / Debilitacija	Prvi ciklus	Drugi ciklus
A		B	C	D= (B+C)	E=(12-D)
Ovan	Mar	7-1=6	0	6	6

Bik	Ven	5-1=4	-1	3	9
Blizanci	Mer	5-1=4	0	4	8
Rak	Mes	4-1=3	0	3	9
Lav	Sun	11-1=10	-1	9	3
Devica	Mer	12-1=11	0	11	1
Vaga	Ven	12-1=11	-1	10	2
Škorpija	Mar	12-1=11	0	11	1
Strelac	Jup	4-1=3	0	3	9
Jarac	Sat	3-1=2	0	2	10
Vodolija	Sat	4-1=3	0	3	9
Ribe	Jup	13-1=12	0	12	0

Škorpija: Ketu se nalazi u Škorpiji i zato prva daša treba da se izračuna u odnosu na Marsa. Vodolija: Saturn je u jutiju sa Ketuom, i zato je snažniji od Rahua, na osnovu pravila (2) prvog izvora snage.

Korak 3: Proveriti da li se Saturn ili Ketu nalaze na početnom znaku.

Početni znak je Škorpija u njoj se nalaze i Saturn i Ketu. U ovoj situaciji bitno je odrediti snažniju između ove dve planete. Planeta na višem stepenu smatra se snažnijom. Stepen Ketua se računa sa kraja znaka[9].

Stepen Ketua = 30 – 27:39' = 2:21'

Stepen Saturna[10] = 14:23'

Dakle, Saturn je snažniji i treba da primenimo tabelu 11. kako bismo odredili redosled Narajana daša. U skladu sa tim,

Shri L.K Advani

redosled daša je sledeći: Škorpija – Strelac – Jarac – Vodolija, itd.

Korak 4: Pripremite tabelu Narajana daša.

---

9   Možemo da primetimo da se za poređenje snage na osnovu metoda stepena, stepen Ketua uzima sa kraja znaka, kao što je to slučaj i sa Rahuom kod određivanja čara karaka. Ali, kod računanja snage, jedino se Ketuov stepen uzima unazad.

10   Ovaj stepen se uvek računa sa početka znaka, čak i u slučaju retrogradnosti.

Tabela 20: Šri L. K. Advani Narajana daša

Daša	Period	Od	Do
Škorpija	11	1927-11-08	1938-11-08
Strelac	03	1938-11-08	1941-11-07
Jarac	02	1941-11-07	1943-11-08
Vodolija	03	1943-11-08	1946-11-07
Ribe	12	1946-11-07	1958-11-07
Ovan	06	1958-11-07	1964-11-07
Bik	03	1964-11-07	1967-11-08
Blizanci	04	1967-11-08	1971-11-08
Rak	03	1971-11-08	1974-11-07
Lav	09	1974-11-07	1983-11-07
Devica	11	1983-11-07	1994-11-07
Vaga	10	1994-11-07	2004-11-07
Drugi ciklus			
Škorpija	01	2004-11-07	2005-11-07
Strelac	09	2005-11-07	2014-11-07
Jarac	10	2014-11-07	2024-11-07

Kratka analiza čarta

Šri L. K. Advani je rođen 8. novembra 1927. godine, u Karačiju (današnji Pakistan). Pod prisilom napušta Pakistan u vreme podele Indije, 1947. godine, što se lako može videti iz dva malefika na lagni koja predstavlja detinjstvo i rodno mesto. Saturn je vladar četvrte i gubi nepovoljnosti zbog svoje vladavine nad kendrom[11]. Ali, Ketu je veliki malefik i u konjukciji sa Saturnom donosi destrukciju (Ketu) imovine (konjukcija sa vladarom četvrte) usled sukoba i terorizma (Ketu vlada teroristima). Ovo se može vremenski precizirati sa Narajana dašom, jer su u to vreme tekle daše od daše Škorpije do daše Vodolije, 1946. godine.

Sa ulaskom u Narajana dašu Riba, u novembru 1946. godine, njegov dolazak u Indiju je zagarantovan[12]. U vreme podele Indije na Pakistan i Indiju, 1947. godine, Šri Advani je bio RSS organizator u gradu Karačiju. Poziciju lidera donosi smeštenost

---

11   Kendradhipati.
12   Jupiter vlada ljudima (miroljubivim ljudima) Indije. I posle svega, u poslednjih 10000 godina, Indija nijednom nije napala drugu zemlju.

Jupitera u najpovoljnijom znaku, znaku Riba (što je za Jupitera svoj znak), sa Gatika lagnom (GL je u Ribama). Ova kombinacija Saturna i mokšakarake Ketua daje tapasvi jogu i znači da osoba mora da prođe kroz ozbiljnu pokoru tj. nije ga lako poraziti i on će se boriti svim snagama zbog blagoslova Mritjunđaja mantre. Posle podele, narednih nekoliko godina, Advani organizje RSS posao u Rađastanu. U vreme kada je Dr. Mukeđi osnovao Đana Sang, 1951. godine, on postaje državni sekretar, te ostaje na toj poziciji sve do 1957. godine. Dakle, njegov ostanak u Rađastanu poklapa se sa periodom daše Riba.

Posle toga on odlazi u Delhi i postaje sekretar Đana Sanga za Delhi, i tokom ovog perioda postaje i sekretar Đana Sagn Parlamentarne grupe. Šest godina daše Ovna, od 1958. do 1964. godine, pokazale su se kao period pokore (aspekt Saturna i Ketua) i sa sigurnošću su donele uspeh u karijeri i slavu, zbog Mesečeve pozicije u daša rašiju.

Vreme rađa joge treba utvrditi u odnosu na Gatika lagnu (mesto moći) i na planete i /znakove koji je aspektuju. Gatika lagna je u Ribama i veoma je snažna, zbog konjukcije sa vladarom, Jupiterom. Hajde da potvrdimo pozicije koje daju moć u prethodnim Narajana dašama. Od 1970. do 1989. godine, bio je član Rađja Sabe. Ovo je počelo tokom daše Blizanaca, budući da Blizanci aspektuju rađju padu (A10) u Strelcu, kao i Gatika lagnu u Ribama. Izabran je za predsednika Đana Sanga 1973. godine, i to ostaje sve do 1977. godine. Potom je postavljen za ministra informisanja u Šanata Vladi. Ovo se dogodilo tokom daše Lava, jer Sunce daje ničabanga rađajogu koja ga uzdiže na nivo ministra. Sunce je vladar desete i, iako se nalazi u znaku debilitacije u raši čartu, ono je egzaltirano u navamša čartu što mu donosi ničabanga rađajogu. Ljudi sa ovih kombinacijama uvek napreduju ogromnom brzinom, i čak i kada su na veoma niskoj poziciji, do kraja se sigurno uzdignu na nivo moći.

On ukida cenzuru štampe i ukida antištamparske zakone. Demokratski pogledi i politika mogu se videti iz snažnog uticaja Jupitera na petu kuću, jer Jupiter pokazuje slobodu, zakone, itd. Saturn na lagni je ujedno i indikator moći koju narod poseduje.

Sa ulaskom u **dašu Device** postaju vidljivi rezultati debilitirane Venere i BĐP postaje veoma slaba partija u parlamentu 1984.

godine. Ipak, Devica aspektuje Gatika lagnu i Jupitera. Daša Device je trajala 11 godina. Prva trećina perioda[13] od tri godine (1983-86) pripada Devici, sledeće 4 godine (1986-90) Veneri, i poslednje 4 godine (1990-94) Jupiteru, aspektovanoj planeti.

BĐP je osnovan 1980. godine i on ostaje na poziciji generalnog sekretara narednih šest godina.. 1986. godine, postaje predsednik Sve Indije, i to je mesto koje je zadržao sve do januara 1991. godine. Pogledajmo još jednom tačnost predikcija. 1989. godine, i ponovo 1991. godine, izabran je za Lok Sabu. 1991. godine je imenovan je za lidera opozicije. Bilo je ovo delo Jupiterovog blagoslova na Gatika lagni.

Sa dolaskom Narajana daše Vage 1994. godine, njegov uspon je osiguran, jer je Vaga u konjukciji sa vladarom lagne, Marsom, i sa vladarom desete, Suncem, koji formiraju kombinaciju za moć i autoritet. Iako je Merkur malefični vladar osme kuće, on je ujedno I vladar Aruda lagne. Venera je vladar Vage i aspektuje Gatika lagnu. Dakle sve je podređeno delovanju ničabanga rađajoge, jer je Sunce, iako je debilitirano u rašiju, ipak egzaltirano u navamši. Mesec u sedmoj kući daje popularnost i uspeh, a egzaltiran je u navamši. Blagoslovena je nacija koja ima ovakvog lidera... TAPASVI RAĐJA. Podelimo ponovo 10 godina Vaga daše na tri dela: Vaga (1994-97), Venere (1997-2001) i Sunca, Marsa i Merkura (2001-2004). Između 1994-97. osetiće se rezultati Vage u dvanaestoj kući i, iako je BĐP napredovao, rezultati i moć postignuti su uz velike poteškoće. Trenutni period Venere (1997-2001) je najpovoljniji, jer je Venera na Aruda lagni i aspektuje Gatika lagnu, čime obećava moć i poziciju. Ipak, period od 2001-2004. je vreme delovanja ničabanga rađajoge Sunca, zajedno sa vatrenom moći Marsa, i obećava velika dela, poput izgradnje hramova, kao i moćnu poziciju.

OM TAT SAT

---

13   U vezi sa daša trendom, videti pravilo (11) u ovom poglavlju.

4

ॐ नमो नारायणाय।

Procena rezultata

Deha i điva

1) Deha je fizičko telo osobe. Daša znak se zove deha. Narajana daša počinje od lagne, i svaka naredna daša predstavlja kretanje lagne[1]. Tako je daša raši deha. Naisargika deha karaka je ujedno i naisargika atmakaraka - Sunce. Zbog toga za analizu zdravlja osobe treba posmatrati poziciju daša znaka od Sunca, čara atmakaraka i lagne.

2) Prebrojati znakove, od daša rašija, koje je daša raši prešao u odnosu na lagnu. Broj koji dobijete je Điva. Na primer, za Rak lagnu, tokom daše Škorpije (peta kuća) điva znak su Ribe tj. peta kuća od Škorpije. Naisargika điva[2] je Jupiter, te poziciju điva rašija treba ispitati u odnosu na Jupitera.

3) Ako su Rahu, Saturn, Mars ili Sunce prisutni u oba znaka, i deha i điva, može se očekivati smrt, ili slične patnje. Ako su ove planete prisutne isključivo na dehi, rezultat je bolest. Ukoliko su prisutne isključivo na điva znaku, rezultat su nesreće, kao i gubitak životnog pravca i smisla.

4) Ako su Merkur, Jupiter, Ketu, Venera ili Mesec zajedno sa oba znaka, deha i điva, treba predskazati period sreće i prosperiteta kao i kraj tuge i bolesti. Ako su benefici isključivo na deha rašiju, oni daju dobro zdravlje, dok na điva rašiju prirodni benefici daju prosperitet i sreću.

---

1 Ako Narajana daša počinje od sedme kuće, tada rezultate treba analizirati iz sedme kuće od daša rašija. Tako je, iako je u pitanju daša sedme kuće, prva daša uvek daša lagne.

2 Điva se može prevesti kao životna sila.

5) Ako deha i điva imaju pomešane uticaje, predikcija treba da je u skladu sa tim.

6) Ako dve malefične planete utiču na deha raši, bolesti ili restirikcije fizičke slobode će se pojačati, ako su tu tri malefika, moguća je i prevremena smrt. Ako četiri malefika utiču na znak, konjukcijom ili aspektom, smrt je sigurna. Uticaji benefika, konjukcije ili aspekti, umanjuju patnju, posebno ako je u pitanju Jupiter.

7) Ako su deha i điva istovremeno pod uticajem minimum jedne malefične planete, opasnosti dolaze od Vlade i od moćnih ljudi, pljačke, itd. Ako dva malefika utiču na deha i điva raši, ishod je smrt.

Paka i Boga

8) Efekte daša rašija treba proceniti i u odnosu na njegovog vladara. Znak u kom se nalazi vladar daša rašija zove se PAKA RAŠI ili onaj koji deluje u ime daše. Aruda daša rašija nosi ime BOGA RAŠI[3].

9) Ako je paka raši u kendri[4] ili u trigonu[5] od lagne, i ako je boga raši u kendri ili u trigonu od Aruda lagne, dobijaju se pozitivni rezultati. Snagu vladara daša rašija, poput egzaltacije itd, treba dodati na povoljnost daše.

10) Daša raši u kom se nalazi benefik, ili kojim vlada benefična planeta, daje povoljne rezultate, posebno u slučaju kada su paka raši i boga raši sa dobrim jutijima i u kendri ili u trigonu od lagne i Aruda lagne, datim redom.

11) Ako je vladar daša rašija egzaltiran ili debilitiran, prisutni su finansijski dobici[6]. Ako je vladar Mesečevog znaka povezan sa paka rašijem ili ga aspektuje, finansijski dobici su takođe prisutni. Nivo prihoda, njihova priroda i sl. mogu se analizirati u odnosu na posmatrane planete i bave. Slično tome, aspekt ili povezanost vladara druge kuće od ascendenta i Jupitera

---

3   Boga znači plod i odnosi se na akumulirane povoljnosti.
4   Kendra: kvadrat kuće 1, 4, 7. i 10.
5   Trikona: 'Tri' znači tri i 'Kona' znači ugao i odnosi se na trougao ili trigon 1, 5. i 9. kuće.
6   'Tasmin Ucche Neeche Va Srimantah' (J.S.)

uvećava finansije, kao i u slučaju kada je paka u drugoj kući od lagne.

Marana Karaka

12) Posebne i najmalefičnije pozicije planeta, koje su u stanju da donesu smrtne patnje, jesu: Sunce u 12, Mesec u 8, Mars u 7, Merkur u 7, Jupiter u 3, Venera u 6, Saturn u 1 i Rahu u 9. kući od lagne (ili od daša rašija). Navedene planetarne pozicije se zovu *marana stana* (mesta koja mogu da donesu smrt) a planete ovde postaju *marana karake* (one koje uzrokuju smrt). Kada se planeta koja može da uzrokuje smrt nađe u konjukciji sa maleficima ili sa neprijateljskim ili nepovoljnim znakovima, ili pod njihovim aspektom, velika tuga je siguran ishod.

13) Sunce donosi rizike od vatre; Mesec pokazuje opasnosti od vode; Mars uzrokuje nesreće i opasnosti od oružja; Merkur pokazuje nevolje sa gasovima i nadimanjem; stomačne probleme pokazuje Jupiter; nesreće, nevolje u vezi sa suprotnim polom pokazuje Venera a otrovne ujede Rahu. Slično tome, planeta koja postaje marana karaka ne čini dobro svojim karakatvama (značenjima) i pokušaće da uništi kuće kojima vlada.

Čart 12: Predsednik Bil Klinton, rođen 19. avgusta 1946. godine, u 3:44h, mesto Houp, Arkansas, SAD (33N40', 93W35')

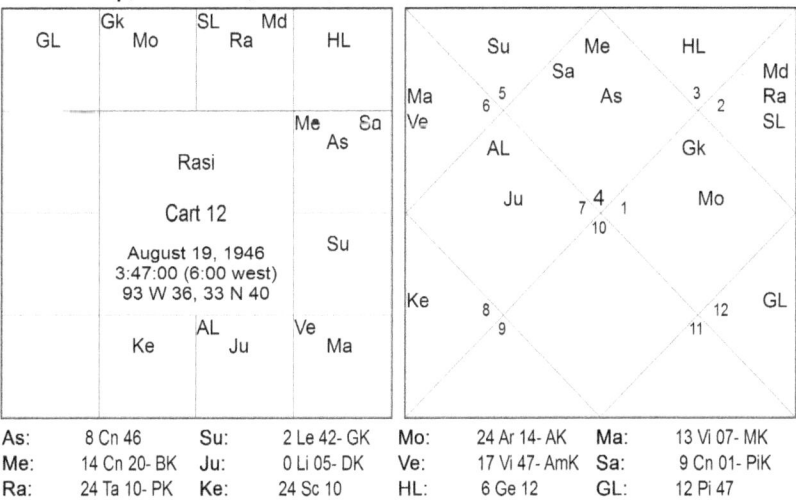

As:	8 Cn 46	Su:	2 Le 42- GK	Mo:	24 Ar 14- AK	Ma:	13 Vi 07- MK
Me:	14 Cn 20- BK	Ju:	0 Li 05- DK	Ve:	17 Vi 47- AmK	Sa:	9 Cn 01- PiK
Ra:	24 Ta 10- PK	Ke:	24 Sc 10	HL:	6 Ge 12	GL:	12 Pi 47

U čartu 12. Saturn se nalazi na lagni (prva kuća) i postaje marana karaka. Narajana daša počinje od lagne i pokazuje opasnosti. Saturn je čara pitrikaraka (privremeni signifikator za oca) i zbog toga njegov otac umire svega par meseci posle njegovog rođenja. Konjukcija Merkura sa vladarom nepovoljne dvanaeste kuće (prošlost) i treće kuće, potvrđuje nezgodu. Postoje i druge kombinacije koje potvrđuju ovaj događaj, ali je bitno uvideti i efekte čara karake smeštene u marana karaka stanu.

Smeštenost i Joga

14) Benefici u drugoj/dvanaestoj ili petoj/devetoj kući od daša rašija, ili od paka rašija, donose šubakartari[7] joge (povoljne rezultate), dok malefici na ovim mestima donose bandana[8] ili papakartari[9] joge. Rezultati će zavisiti od ovih joga.

15) Jedanaesta kuća od pokretnih znakova, deveta od fiksnih i sedma od dvojnih znakova zove se badak[10] (opstrukcija) mesto. Malefici u badaku donose tugu, nesreću, zatvoreništvo i bolesti, u zavisnosti od svoje prirode. Rahu u badak znaku može biti veoma dijaboličan, i zato su neophodne odgovarajuće remedijalne mere.

16) Daša raši, ako se u njemu nađe i njegov vladar, ili Jupiter, Merkur ili neka egzaltirana planeta, donosi povoljnosti. Ako nijedna od pomenutih nije u konjukciji ili nema aspekt, mogu se očekivati suprotni rezultati (osim u slučaju kada je sam znak povoljan, a paka i boga su snažni).

17) Tretirajte daša raši kao privremenu lagnu i ispitajte ostale planetarne pozicije. Ako su u 4, 8. ili 12. kući (sukha trikona) malefici, tokom te daše će manjkati sreća. Ako je Saturn u četvrtoj, tada će oranice ili imovina biti uništeni ili prodati. Ako su malefici u trećoj ili šestoj kući od daša rašija, osigurana

---

7   'Šuba' znači povoljan ili dobar dok 'kartari' znači makaze. Tako benefične planete u 2. i 12. kući mogu delovati kao prikriveni blagoslov u bilo kom čartu.

8   'Bandana' znači ropstvo i prisustvo malefičnih planeta u 5. ili 9. kući može doneti pomenuti rezultat.

9   'Papa' znači zao i 'kartari' znači makaze. Dakle, malefične planete u 2. i 12. kući formiraju papakartarti jogu. Rezultati ove joge mogu biti pogubni.

10   Za više detalja videti Vignešvarupadeša Prilog u knjizi istog autora, Vedske remedijalne mere u astrologiji..

je pobeda na takmičenjima. Benefici u trećoj ili šestoj donose poraze na izborima ili takmičenjima, ali mogu doneti duhovne dobrobiti. Planete u jedanaestoj, bilo da su u pitanju benefici ili malefici,donose dobitke i sreću.

18) Aspekt daša rašija na jedanaestu od Aruda lagne daje bogatstvo, a u slučaju da aspektuje dvanaestu kuću od Aruda lagne, donosi troškove i nevolje.

19) Daša raši kojim vlada benefik ali u kome se nalazi malefik, ili kojim vlada malefik a u kome se nalazi benefik, donosi povoljne rezultati na početku, ali se kasnije, tokom istog perioda, mogu očekivati malefični rezultati. Daša raši kojim vlada malefik ili u kome se nalazi malefik, uvek donosi nepovoljne rezultate, dok daša raši u kom se nalazi benefik uvek donosi dobre rezultate. Ako su u daša rašiju kojim vlada benefik smešteni i malefici i benefici ili ga i jedni i drugi aspektuju, nakon početnih nepovoljnih rezultata mogu se očekivati povoljni rezultati.

20) Upačaje (treća, šesta, deseta i jedanaesta kuća) i sedma kuća od multrikona znaka su neprijateljski znaci za planete, osim u slučaju kada je u pitanju njihov znak ili znak egzaltacije. Multrikona znaci za planete od Sunca do Saturna su Lav, Bik, Ovan, Devica, Strelac, Vaga i Vodolija, datim redom. Mars nije nepovoljan u Jarcu, ali jeste u Ribama. Na primer, multrikon Sunca je Lav i neprijateljski znaci su Vaga (3), Jarac (6), Vodolija (7), Bik (10) i Blizanci (11). Planete smeštene u neprijateljskim znacima daju nepovoljne rezultate tokom daša znaka u kom se nalaze, kao i tokom daša znakova kojima vladaju. Prirodni malefici daju nepovoljne rezultate na kraju perioda, dok su prirodni benefici loši na početku (za rezultate u vezi sa efektima planeta u znacima, videti standardne tekstove).

21) Daša raši u kom se nalazi rađajoga karaka[11] planeta smatra se povoljnim. Isto važi i u slučaju kada daša raši ima šubakartari jogu, ili druge povoljne joge. Benefici redom u drugoj, trećoj i četvrtoj od daša rašija takođe doprinose povoljnostima perioda. Malefik planeta ukleštena između benefika postaje i sama povoljna.

---

11   Detalji u vezi sa jogadom, kevalom, itd. mogu se proučiti iz mog prevoda Mahariši Đaimini Upadeša Sutre.

22) Generalno, ako je Rahu smešten u jednom od ova četiri znaka, Vodoliji, Ribama, Ovnu i Biku; ili Ketu u Škorpiji, Strelcu, Jarcu i Vodoliji, teže da donesu povoljne rezultate tokom pomenutih daša. Ako je Rahu u badak[12] kući ili 6, 8. ili 12. od daša rašija, manifestovaće se nezadovoljstvo od strane države, neprijatelja i opasnosti od zatvora i tokom dugih putovanja. Antardaša će biti znak koji je u konjukciji sa Suncem, Marsom, Rahuom ili Saturnom.

23) Smrt je moguća ukoliko je debilitirana ili malefična planeta istovremeno u trigonu od ovako nepovoljne daše. Dobri rezultati će se manifestovati tokom antardaša koje imaju egzaltirane planete ili Jupitera u trigonu. Ako je paka pod aspektom Jupitera ili u je jutiju sa njim, prisutni su finanasijski dobici.

24) Tokom perioda daša rašija koji ima Rahua u 12. kući, sve se gubi, ime će biti uprljano i moguće je zatvoreništvo ili izgnanstvo. Malefici u trigonu od daša rašija uvećavaju zlo, dok ga benefici mogu sprečiti ili umanjiti. Slični rezultati se mogu predskazati za daša raši u kome se nalazi Rahu i drugi malefici.

25) Argale i opstrukcije argala na daša raši mogu se vremenski odrediti uz pomoć antardaša. Ipak, argala ili viroda argala koju donosi daša raši na lagnu i druge kuće, ili na bilo koju planetu (karaku) prevladaće tokom celog svog perioda.

26) Slično tome, gubici se mogu predskazati i u odnosu na dvanaestu kuću i njenog vladara, kao i na signifikatora.

27) Loši efekti se osete tokom daša rašija koji je dispozitor vladara osme i dvanaeste kuće, ili je malefična planeta.

28) Pravi ključ finansija može se videti iz nakšatramša ili bamša (D-27) čarta. Ako daša raši ima povoljnu bamšu[13], rezultat je uvećanje povoljnosti. Ako je vladar daša rašija u egzaltiranoj

---

12   Badak znači prepreka, aove kuće su definisane kao jedanaesta od pokretnih, sedma od dvojnih i deveta od fiksnih znakova.

13   Veza je nakšatramša ili bamša vrha kuće. Obično se uzima stepen lagne, za stepen ostalih kuća, na osnovu principa jednakih kuća.

ili debilitiranoj bamši, primetna je akumulacija bogatstva, a ako je u svom znaku, finansije su jako stabilne, i pristojne u prijateljskim znacima. U neprijateljskim bamšama može se predvideti siromaštvo. Na sličan način se mogu analizirati daša rašiji kroz različite varge[14].

29) Ketu u kendri od daša rašija donosi patnju deci i izgnanstvo, kao i učestale smetnje. Debilitirane ili malefične planete u četvrtoj kući od daša rašija pokazuju prodaju ili promene mesta boravka, zemlje, kao i gubitk u poljoprivredi. Gubitak imovine usled zanemarivanja ili zbog štetočina, kao što su mravi i sl. uzrokuje Mars. Saturn na sličnom mestu daje srčane probleme i nezadovoljstvo koje dolazi od strane uticajnih ljudi ili države. Rahu u četvrtoj donosi sve vrste gubitaka, opasnosti od otrova i od lopova.

30) Daša raši sa Rahuom u desetoj donosi hodočašća i obilazak hramova. Na sličan način, tretirajući daša raši kao privremenu lagnu, treba prostudirati kuće i planetarne pozicije. Daša raši u konjukciji sa vladarom bilo koje kuće naglašava datu kuću, pod uslovom da joga za to prirodno postoji u čartu. Tako su daše znakova u konjukciji sa vladarima kendra i kona kuća, kao i njihovih aruda, veoma povoljne za pomenute kuće.

31) Daša rašiji u kojima se nalaze Jupiter ili Venera povezuju osobu sa učenim i svetim ljudima, religioznim učenjem, itd. Povezanost vladara trigona sa daša rašijem od velike je pomoći kod samorazvoja. Benefične veze sa četvrtom kućom daju komfor, zemlju, blago, itd, dok Mesec i Venera daju odličan komfor, a Jupiter tome dodaje i šofera (ili nosioce palankina).

32) Uspeh i slava su zagarantovani ukoliko lagna i vladar desete aspektuju daša raši ili se nalaze u daša rašiju. Na sličan način će funkcionisati sve joge tokom specifičnih daša perioda.

33) Kod procene rezultata planeta, neophodno je ispitati njihove avaste.

---

14   Raši varga se odnosi na znakove u kojima se nalazi vrh kuće u podelnom čartu. Ovo pokazuje vezu između rašija i podelnog čarta. U onim podelnim čartovima gde su dobijeni povoljni znaci, ili gde je njihov vladar jak i egzaltiran, osetiće se povoljni rezultati u životnim područjima predstavljenim datim podelim čartom.

34) Rezultati daša rašija se manifestuju na početku, na sredini ili na kraju, u zavisnosti od toga da li je u pitanju širšodaja[15], ubajodaja[16] ili prištodaja[17] raši, datim redom.

35) Brak se može predskazati tokom Ketuovog ili Venerinog daša znaka.

Efekti tranzita

36) Efekti daša modifikovani su tranzitima planeta tokom datog perioda. Benefici donose dobre vesti, dok malefici donose nevolje. Isto važi i za egzaltirane/debilitirane planete. Tranzit Saturna preko 8, 10. kuće ili preko samog daša rašija, ili Aruda lagne ili Mesečevog znaka, može biti trn (*kantaka*) u nozi, i može da ispuni životno putovanje patnjom.

37) Daša povezana sa benefičnom planetom na početku i na kraju, pokazaće se povoljnom.

38) Ako je Mesec povoljno postavljen u znaku benefika u vreme ulaska u dašu, celokupan period je povoljan. Ako nepovoljna daša otpočinje sa benefičnim Mesecom u tranzitu, zla će biti u izdrživim okvirima, ili se mogu prevazići uz određeni trud. Na samom početku daše potrebno je ispitati i poziciju vladara rašija na sličan način. Tranzit Meseca pokazuje sreću, dok tranzit vladara daša rašija pokazuje telesni komfor.

39) Veza maraka planeta sa daša rašijem pokazuje period lošeg zdravlja.

40) Rahuov tranzit preko daša rašija pokazuje gubitak imena, slave i bogatstva. Kuće koje Rahu tranzitira u vreme ulaska u dašu biće oštećene/opsturirane tokom pomenute daše. Na primer, Rahu u drugoj kući pokazuje gubitak bogatstva. Sunce, Rahu ili Venera u dvanaestoj kući donose gubitke od strane države, zbog prevara ili zbog nadređenih, datim redom, a Mesec sa zajedno njima garantuje ovakve gubitke. Jupiter u dvanaestoj

---

15   Uzdiže se glavom.
16   Istovremeno se uzdiže glavom i nogama. Ribe su jedini ubajodaja znak.
17   Uzdiže se repom: svi malefični znaci, uključujući i Ovna, Lava, Škorpiju, Jarca i Vodoliju, su prištodaja znaci.

kući pokazuje ogromne isplate na račun poreza. Na sličan način treba prostudirati sve ostale joge u odnosu na gočara čakru u vreme ulaska u dašu, a na osnovu njihovih prirodnih značenja.

41) Ako je lagna, koja se uzdiže u vreme ulaska u dašu, povoljna i snažna, malefična daša se može prevazići uz pomoć zaštite i remedijalnih mera. Ako je lagna nepovoljna i slaba, remedijalne mere neće biti od velike pomoći.

Aštakavarga

42) Znak sa više aštakavarga tačaka donosi povoljne rezultate.

43) Snaga i uticaji pojedinačnih planeta mogu se videti iz tačaka koje doprinose daša rašiju. Na primer, ako je Saturnov doprinos nizak, i Saturn je loše postavljen, tuga je zagarantovana tokom antardaše znaka u kom se Saturn nalazi.

44) Ako je vladar daša rašija dobio veliki broj benefičnih tačaka u svojoj AV, rezultat je prosperitet njenih značenja.

Čart 13: Maneka Gandhi rođena 25. avgusta 1956. godine, u 3:59h, u Delhiju, Indija.

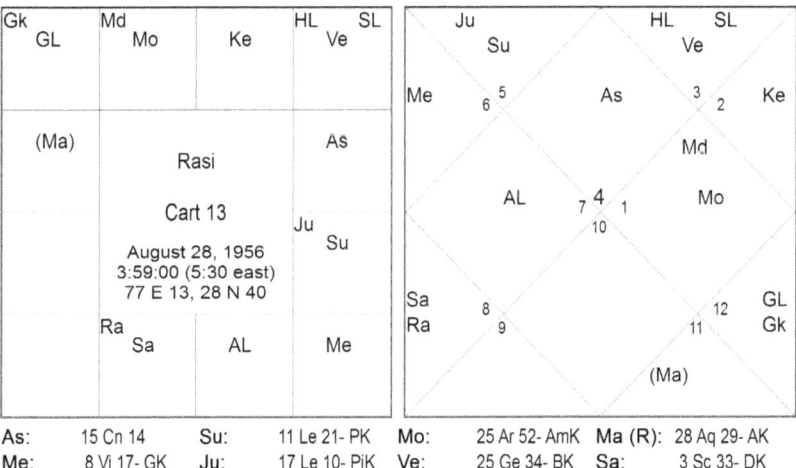

As:	15 Cn 14	Su:	11 Le 21- PK	Mo:	25 Ar 52- AmK	Ma (R):	28 Aq 29- AK
Me:	8 Vi 17- GK	Ju:	17 Le 10- PiK	Ve:	25 Ge 34- BK	Sa:	3 Sc 33- DK
Ra:	10 Sc 08- MK	Ke:	10 Ta 08	HL:	11 Ge 43	GL:	13 Pi 36

Narajana Daša

Tabela 21: Maneka Gandhi Narajana daša

Daša	Period	God	Od			Do		
Jarac	02	02	1956	08	25	1958	08	25
Strelac	08	10	1958	08	25	1966	08	25
Škorpija	06	16	1966	08	25	1972	08	25
Vaga	08	24	1972	08	25	1980	08	24
Devica	12	36	1980	08	24	1992	08	24

U čartu 13, upapada lagna je u Devici, sa egzaltiranim Merkurom. Egzaltirani i snažni benefici u trećoj kući donose bagja jogu, jogu za veliku sreću, budući da aspektuju devetu kuću, kuću sreće. Dakle, Merkur, kao indikator bagja joge i vladar upapade (braka), na UL pokazuje da će ona imati veliku sreću da se uda za princa. Njen rast do istaknute pozicije počinje udajom za Sanđaja Gandhija, voljenog sina18 dugogodišnje premijerke, gospođe Indire Gandhi. Indira Gandhi pripremala je sina za političku karijeru kao i za nasleđivanje njene vlasti u Kongresnoj Partiji.

Aštakavarga je prikazana na slici 11. SAV (sarvaaštakavarga[19]) pokazuje da je znak sa najmanjim brojem poena Vaga. Ovo je ujedno i druga kuća od upapade, i pokazuje prekid braka, posebno u slučaju kada se njen vladar nalazi u dvanaestoj kući od lagne, kući gubitaka, u vazdušnom znaku Blizanaca (putovanja). Njen suprug je poginuo u padu aviona, 23. juna 1980. godine, na samom kraju Narajana daše Vage, antardaše Jarca, i pratiantar daše Riba. Kad  **Maneka Gandhi**

ispitujemo tačke koju je svaka od planeta i lagne doprinela, tačke koje lagna dodeljuje date su Rahuovoj čara karakatvi. Primetno je da Sunce i Mesec doprinose Vagi sa po 2 tačke svaki, od ukupno 20 tačaka, koliko Vaga dobija, dok se Mars i Saturn nalaze na samom dnu, sa po jednom tačkom svaki. Mars je atmakaraka i pokazuje

---

18   Merkur pokazuje princa tj. osobu čiji rodijtelj ima veliku moć i poziciju.

19   Sarva znači "sve" i sargaaštakavarga se odnosi na ukupan broj poena koje su datom znaku doprinele sve planete/lagna. Postoje dva metoda: jedan koji obuhvata osam promenljivih (uključujući lagnu i sedam planeta od Sunca do Saturna) i čiji se rezultati mogu primeniti i kod čara karaka; i drugi metod koji koristi sedam promenljivih (isključujući lagnu) i korespondira sa sedam stira karaka. U falita Đotišu je metod sa osam promenljivih bitniji.

da će ova daša biti veoma nepovoljna za nju, dok će Saturn kao darakaraka, pokazati poteškoće i tugu na račun supruga. Dakle, bio je ovo najniži nivo aštakavarge i do tog tragičnog udovištva je došlo u njenom ranom dobu.

Slika 11: Aštakavarga

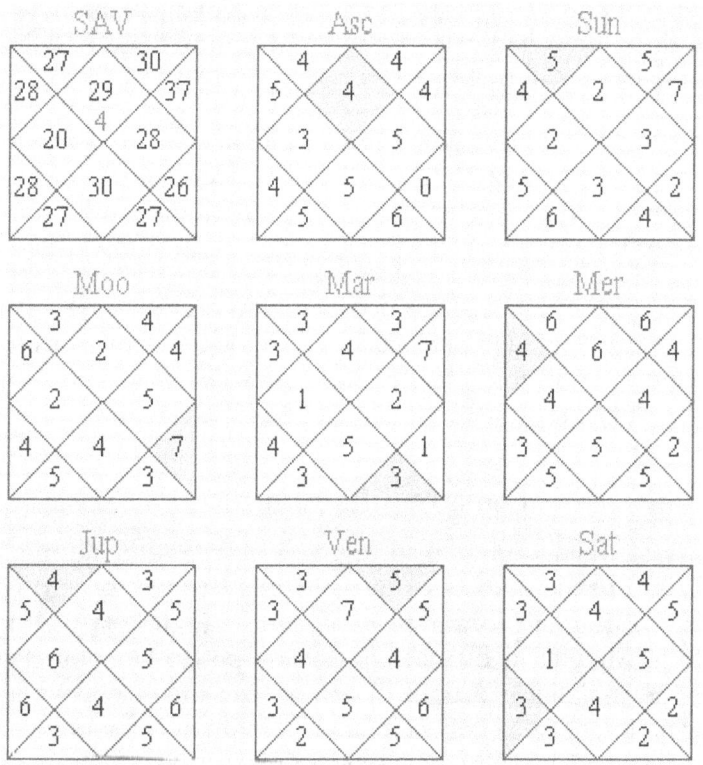

Rezultati antardaša

45) Rezultate antardaša treba analizirati na isti način kao što je to slučaj i sa dašama.

46) Antardaša rašija u 6, 8, 12. kući ili sa malefičnom planetom postaje nepovoljna.

47) Antardaše treba analizirati i u vezi sa daša rašijem.

Efekti kuća

48) Tokom daša nekoliko znakova može se osetiti i njihova vladavina nad kućama.

49) Tokom daša dustana[20] koji su pod vladavinom malefičnih planeta, mogu se osetiti veoma nepovoljni rezultati pri kraju daše, dok vladarstvo benefika daje određene povoljne rezultate na početku daše.

50) Tokom daša kendra/trikona kuća kojima vladaju malefične planete, povoljni rezultati se umanjuju prema kraju daše, a ako njima vladaju benefici, sam početak perioda će biti veoma plodonosan.

51) Rođenje prvog deteta dogodiće se tokom antardaše znaka u kom se nalazi vladar pete kuće, ili koji je aspektuje (brojati direktno ili obrnuto od lagne, u zavisnosti od pade). Rođenje drugog deteta se vidi od vladara sedme, i tako redom.

Daša raši kao lagna

52) Daša raši treba tretirati kao lagnu, a odatle se dalje mogu analizirati ostale kuće. Ako su malefici u dvanaestoj i drugoj od daša rašija, oni formiraju papakartari[21] jogu koja vodi ka ropstvu. Malefici u dvanaestoj donose poteškoće i ometaju san, dok malefici u drugoj ili osmoj kući imaju nepovoljan uticaj na finansije. Benefične planete u ovim kućama povoljne su za finansije, itd. Planete u petoj od daša rašija utiču na sva pitanja u vezi sa decom. Na ovaj način daša raši treba tretirati kao lagnu, i proučiti efekte planeta na različite kuće.

53) Sedma kuća od daša rašija je *mana,* ili želje svesnog uma. Ako je Sunce u sedmoj kući, tada će osoba imati želju da unapredi karijeru i može promeniti posao ili krenuti na kurseve u svrhu ličnog unapređenja. Ako je Rahu, koji je suprotan Suncu i

---

20   Dustanima se smatraju 6, 8. i 12. kuća.

21   Papa znači zao i odnosi se na prirodne malefike poput Ketua, Sunca, Marsa, Saturna i Rahua, redom od manje ka većoj malefičnosti. Ketu se obično ne uzima kao malefik na osnovu diktuma iz Đaimini Sutri "Atra Ketou Shuba". Kartari znači makaze i odnosi se na dva granična znaka tj. znakove u 12. i 2. kući. Dakle, malefične planete u 2. i 12. kući formiraju papa kartari jogu.

predstavlja siromaštvo, nasuprot Suncu koje predstavlja bogatstvo i sreću, u sedmoj kući, tada će um raditi protiv prirodnog rasta u karijeri, i osoba može izabrati manje plaćenu profesiju ili može doneti odluke koje vode u pravcu monaštva i odricanja. Venera daje želje za luksuzom i komforom, dok Mesec, ovde smešten, daje slavu i potom uspeh u društvenom krugu, popularnost i rast karijere. Jupiter daje osobi slavu usled veoma dobre karme ili inklinacije ka podučavanju, dok Merkur daje želju za učenjem. Mars donosi osobi težnju ka perfekciji, kao i vodeću poziciju u svim poduhvatima, dok Saturn čini osobu osrednjom, i pokazuje osobu koja uzmiče od posla i gubitnika. Ketu uzrokuje Mesečevu eklipsu i zbog toga su njegovi rezultati u sedmoj od daša rašija suprotni rezultatima Meseca, i pokazuju gubitak reputacije, gubitak pozicije, loše zdravlje i želju za samoćom/introvertnošću. Na ovaj način treba protumačiti efekte svih planeta u sedmoj kući od daša rašija.

54) Tokom Narajana daše znaka, aruda pade smeštene u tom znaku ili u njegovim kendrama ili trigonima, prevladaju i prosperiraju. Aruda pade u dustanu (6. i 8. kuća posebno) gube na važnosti, odumiru i bivaju zanemarene.

55) Znaci ili planete u pačak, bodak, vedak i karak[22] od planete smeštene na daša rašiju, sa sigurnošću manifestuju svoje indikacije. Na primer, ako je Saturn na daša rašiju, tada planete, aruda pade i znaci/kuće u šestoj[23] kući odatle bivaju uništene.

Primer: Prethodni primer: sa dolaskom Narajana daše Jarca, sa Saturnom na daša rašiju, osoba je momentalno uzela odmor, a potom i napustila državnu službu u roku od mesec dana. Šesti znak od Jarca je Blizanac u kom se nalazi aruda pada šeste kuće, koja vlada službom.

56) Čara karake smeštene u kendri (1, 4, 7, 10) od daša rašija dobijaju na snazi, one smeštene u panaparama (2, 5, 8, 11) su

---

22   Videti Prilog 1: Pačakadi sambanda.
23   Videti tabelu 17. o pačakadi sambandi. Znak u šestoj od Saturna ponaša se kao neprijatelj i, kada je Narajana daša zajedno sa Saturnom, tj. Narajana daša znak je u jutiju sa Saturnom, tada je šesta kuća od njega uništena.

slabije, a one u apoklimama (3, 6, 9, 12) najslabije. Ipak, ako daša raši prima aspekt čara karake, njegov uticaj/značenja mogu se osetiti tokom cele daše. Dakle, ako darakaraka aspektuje daša raši, možemo očekivati brak.

Napomene o čvorovima

Na osnovu mog ličnog iskustva, najbolji rezultati se dobiju kada Blizance tretiramo kao znak egzaltacije Rahua a Devicu, šestu kuću prirodnog Zodijaka, kao njegov multrikona znak (kancelariju) tj. Rahu ima dosije u odeljenju za dijabolične situacije i haos! Dalje, Vodolija je njegov svakšetra znak (dom) tj. kuća BADAKA ili opstrukcije prirodnom Zodijaku, kao i kuća PRIHODA[24] (videti tabelu 9. za više detalja). Osim u situacijama kada Rahu popusti ili je umiren, ova odeljenja ne napreduju. Ovo su 3, 6. i 11. kuća prirodnog Zodijaka.

Ketu, na osnovu svoje prirode, treba da je egzaltiran u Strelcu koji je prirodna kuća darme, Ribe su njegov multrikona znak, njegova kancelarija je znak Riba tj. on je šef u departmanu za mokšu[25] i njegova svakšetra je Škorpija, kuća na mestu okultnog i smrti. Zašto? Zato što je KOREN svih religija sveta pitanje života i smrti.

Narajana je daleko iznad materijalnih ograničenja čvorova i njihove kancelarije se zatvaraju pred Njim. Rahua je jednostavno shvatiti, ali šta sa mokšom? Narajana daša se primenjuje na živi čart ili na entitet koji postoji. Postojanje sopstva (atme/sva) nezavisno od Univerzalnog jastva (paramatme) se zove ahamkara. Osim toga, mokša se ne može postići dok god ahamkar postoji, bar ne u ovom telu. Tako je Ketuova multrikona (kancelarija) neefikasna u Narajana daši i drugim sličnim raši dašama koje su vezane za svetovna pitanja.

Narajana daša nam konačno pomaže da shvatimo da li se *ATMA* (jastvo) kreće prema "AHAM/RAĐJI" (bogu) ili PRAVRAĐJI (odricanju/mokši). Na primer, pogledajmo kuće pod uticajem/aktivnostima Rahua. Ovo su 3, 6. i 11. kuća. Sa maleficima u ovim kućama od daša rašija, osoba je uveliko u boga margi

---

24   Prihod je veliko područje iskušenja i usled želje da akumulira prihod u što kraćem vremenu, ili na što jednostavniji način, osoba upada u greh.
25   Krajnje oslobođenje od ciklusa rađanja.

(put uživanja u materijalnim dobicima). On ispoljava parakramu (hrabrost, treća kuća) i pobeđuje neprijatelje (šesta kuća), akumulirajući bogatstvo neispravnim metodama (jedanaesta kuća) i doživljavaju ga kao "veoma uspešnog" u materijalnom svetu. Ako se benefici nalaze u ovim kućama od daša rašija, tada će osoba biti bogobojažljiva i verovaće u ahimsu (nenasilje, treća kuća), izbegavaće konflikte i biće požrtvovana (šesta kuća) i imaće pošten prihod (jedanaesta kuća). Ovo pokazuje naklonost ka mukti margi[26]. Bitno je napomenuti da ova kombinacija ne čini osobu kukavicom. U pitanju je lični izbor. Ovaj princip možemo proširiti i na Aruda lagnu, koja pokazuje konačni imidž pojedinca na ovom svetu. Snažni benefici u trećoj ili šestoj kući od Aruda lagne daju sveca, dok malefici u ovim kućama daju materijalno orijentisanu osobu. Malefici u šestoj i jedanaestoj kući od Aruda lagne daju korumpiranu osobu koja koristi "teror"[27] ili sumnjive vrednosti[28]" (šesta kuća) kako bi stekla bogatstvo, vrhunske prevare[29] ili prljav novac[30] (malefik u jedanaestoj kući).

Zaključak

Tokom ovog poglavlja pokušali smo u kratkim crtama da navedemo nekoliko pravila za procenu daše. Učenici treba da poseduju radno znanje Vedske astrologije i treba da se upoznaju sa nekoliko standardnih tekstova kako bi razumeli efekte pojedinačnih planeta u znacima, njihove kombinacije, kao i njihove druge efekte poput avasti (statusa), itd.

Veoma često, astrolozi stiču osećaj da se rezultati dobijeni uz pomoć drugih daša sistema, poput Vimšotari daše, razlikuju od onih dobijenih putem Narajana daše. Ali zapravo to nije tačno, i u pitanju su naša ograničenja u baratanju ovim savršenim alatima za tajming događaja. Vimšotari daša je "falita udu daša" i pokazuje moć joga, kao i snagu i iskustva Meseca (svesnog uma). Narajana daša određuje trend perioda, i u tom kontekstu je daleko preciznija.

---

26   Konačno oslobođenje iz ciklusa rađanja.
27   Mars je indikator snage terora ili fizičkog junaštva.
28   Saturn pokazuje sumnjive vrednosti, poput korupcije.
29   Ketu može postati malefik pod malefičnim aspektima i tada može pokazati lopova/prevaranta.
30   Rahu pokazuje primanje ukradenog bogatstva ili crnog novca.

Narajana Daša
Primeri
[Kad god za to postoji potreba, dužina daše se može korigovati]

Vreme ulaska u brak

Čart 14: Putovanje u inostranstvo i brak

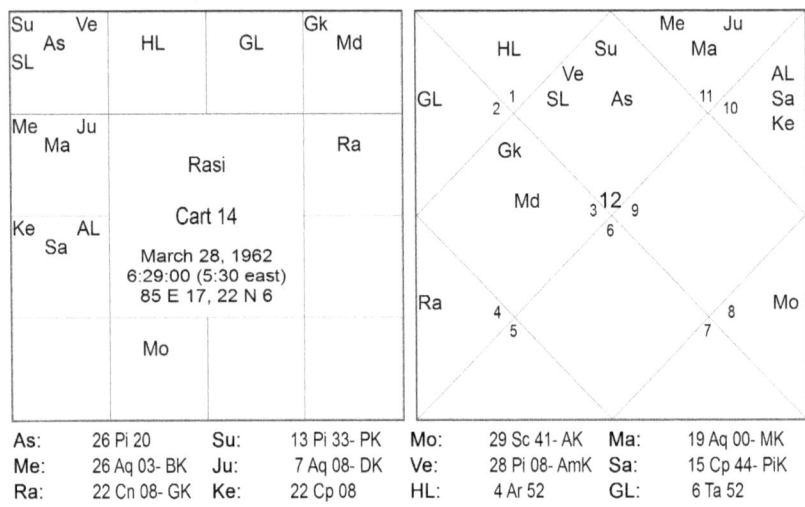

As:	26 Pi 20	Su:	13 Pi 33- PK	Mo:	29 Sc 41- AK	Ma:	19 Aq 00- MK
Me:	26 Aq 03- BK	Ju:	7 Aq 08- DK	Ve:	28 Pi 08- AmK	Sa:	15 Cp 44- PiK
Ra:	22 Cn 08- GK	Ke:	22 Cp 08	HL:	4 Ar 52	GL:	6 Ta 52

Muškarac rođen 28. marta 1962. godine, u 6:29h, u Kiriburu (85E17, 22N06), Indija.

U čartu 14, vladar lagne je Jupiter koji se nalazi dvanaestoj kući, koja je kuća inostranstva, sa vladarom devete, Marsom (vladar devete pokazuje visoko obrazovanje). Ovo je u konjukciji sa vladarom desete i pokazuje mogućnost zaposlenja u inostranstvu posle studija. Konjukcija vladara četvrte i sedme, Merkura, sa prethodnom kombinacijom, snažno upućuje na imovinu i brak u inostranstvu. Ovu moćnu rađa jogu u Vodoliji podržava gađakešari joga između atmakarake, Meseca, i Jupitera. Oba znaka, Vodolija i Škorpija, primaju aspekt Ovna. Sa dolaskom daše Ovna, 1975. godine, on odlazi u internat u Južnu Indiju (tj. napušta dom). Posle toga odlazi u inostranstvo (SAD) na više studije, tokom daše Ovna, antardaše Strelca. Strelac se nalazi u devetoj od daša rašija i u dvanaestoj od Aruda lagne. On aspektuje lagnu i Sunce, i pokazuje novo životno poglavlje. Istovremeno,

96

Jupiter je smešten u Strelac navamši.

Vladar sedme je u dvanaestoj kući, kući inostranstva. Venera je u Ribama, a vladar sedme od Venere je Merkur, koji se nalazi u dvanaestoj kući, u Saturnovom znaku. Upapada je u Strelcu, a njen vladar Jupiter je u Vodoliji, u dvanaestoj kući. Svi ovi faktori potvrđuju ženidbu u inostranstvu, i to sa veoma prijatnom ženom poreklom iz druge kulture (Rahu vlada Vodolijom i aspektuje je, i u konjukciji je sa darmakarmaadipati rađa jogom). Na osnovu pravila (35) od ranije, treba da utvrdimo vreme ulaska u brak na osnovu daša povezanih sa Venerom i Ketuom. Narajana daše i antardaše čarta 11. date su u nastavku. Faktori koji daju odlaganja i kasni ulazak u brak su veoma naglašeni, budući da Vodolija (kojom vlada Saturn – prirodne godine su 36) ima tendenciju da dominira. Ketu se nalazi u Jarcu, a Venera u Ribama. On se oženio veoma šarmantnom Amerikankom tokom daše Jarca, antardaše Riba, 1999. godine.

Tabela 22: Prvi ciklus Narajana daše u čartu 14.

Snažnije planete i znaci: Saturn i Mars; Ov, Šk, Bl, Ja, Vo i Ri.

Daša	Period	God	Od			Do		
Ribe	01	01	1962	03	28	1963	03	27
Rak	07	08	1963	03	27	1970	03	28
Škorpija	03	11	1970	03	28	1973	03	27
Strelac	02	13	1973	03	27	1975	03	27
Ovan	10	10	1975	03	28	1985	03	27
Lav	05	15	1985	03	27	1990	03	28
Devica	07	22	1990	03	28	1997	03	27
Jarac	12	34	1997	03	27	2009	03	27

Čart 15: Prvobitni primer.

Izvor: Čart 1. (stranica 7)

Vladar sedme se nalazi u šestoj kući (posao/služba) u Lavu (vladar je Sunce), dok je upapada u Vagi a njen vladar, Venera, nalazi se u petoj kući, u Raku. Vladar sedme od Venere je Saturn, koji se nalazi u jedanaestoj kući, ali u pokretnom znaku, Jarcu. Faktori koji povezuju ženu sa inostranstvom su izostali, iako žena može doći iz udaljenog mesta u odnosu na njegov rodni grad. Ketu se nalazi u Strelcu.

Na osnovu pravila (35) od ranije, vreme stupanja u brak može se odrediti u odnosu na daše znakova povezanih sa Venerom i Ketuom. On je oženio koleginicu sa posla, tokom zaposlenja u državnoj službi. Ona je došla iz Zapadne Indije, a to je pravac koji pokazuje Saturn, tokom daše Strelca (Ketu), antardaše Raka (Venera), 1991. godine.

Tabela 23: Narajana daša čarta 15 (skraćena daša).

Snažnije planete i znaci: Saturn i Mars; Va, Bi, St, Ra, La i Ri.

St (03) Ri 1990-08-07   Ov 1990-11-06 Bi 1991-02-06

Bl 1991-05-08 Ra 1991-08-07 La 1991-11-06

De 1992-02-06   Va 1992-05-07 Šk 1992-08-06

St 1992-11-06   Ja 1993-02-05 Vo 1993-05-07

Efekti dehe i đive

Čart 16: Dr. Haršvardan (bivši ministar zdravlja, Delhi), rođen 19. decembra 1954. godine, u 00:20h u Delhiju.

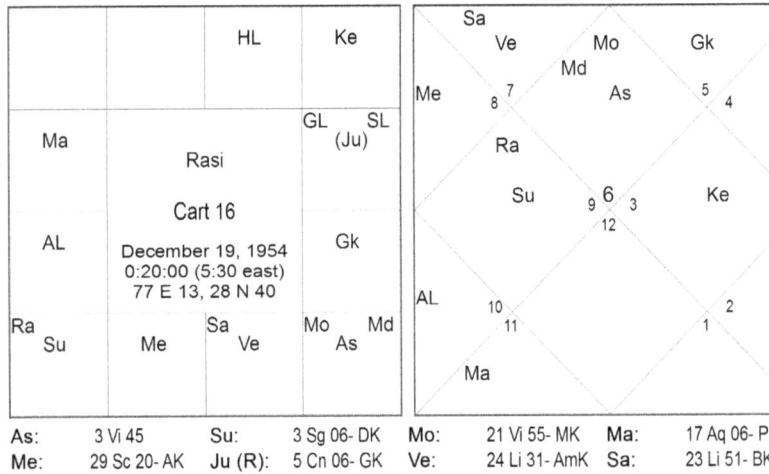

As:	3 Vi 45	Su:	3 Sg 06- DK	Mo:	21 Vi 55- MK	Ma:	17 Aq 06- PK
Me:	29 Sc 20- AK	Ju (R):	5 Cn 06- GK	Ve:	24 Li 31- AmK	Sa:	23 Li 51- BK
Ra:	12 Sg 53- PiK	Ke:	12 Ge 53	HL:	8 Ta 25	GL:	2 Cn 29

Procena rezultata
Tabela 24: Narajana daša Dr. Haršvardana

Daša	Period	God	Od			Do		
Devica	10	10	1954	12	19	1964	12	18
Jarac	04	14	1964	12	18	1968	12	18
Bik	05	19	1968	12	18	1973	12	18
Blizanci	05	24	1973	12	18	1978	12	18
Vaga	12	36	1978	12	18	1990	12	18
Vodolija	05	41	1990	12	18	1995	12	18
Ribe	09	50	1995	12	18	2004	12	18
Rak	10	60	2004	12	18	2014	12	18
Škorpija	03	63	2014	12	18	2017	12	18
Strelac	08	71	2017	12	18	2025	12	18
Ovan	10	81	2025	12	18	2035	12	18
Lav	08	89	2035	12	18	2043	12	18

Snažnije planete i znaci: Saturn i Mars; Va, Šk, St, Ra, Vo i De. Hajde da ispitamo rezultate daše Riba, od 1995. do decembra 2005. godine.

DEHA: Deha znači telo, a sam daša raši predstavlja dehu. Tako, tokom daše Riba, upravo ovaj znak predstavlja telo osobe. Znak Riba afliktuju malefici, Sunce i Rahu, i pokazuju loše zdravlje (afliktovano Sunce). Ujedno znak prima i aspekt benefika, Meseca, iz prve kuće, što obećava dobro zdravlje i brz oporavak, kao i veoma uspešnu karijeru.

ĐIVA: Ribe su znak koji se nalazi u sedmoj kući od lagne (Dcvica) – a ako odbrojite sedam kuća od Riba dobićete Devicu, koja postaje điva raši. Mesec se nalazi na điva rašiju (Devica), i prima aspekte Sunca i Rahua, što je kombinacija koja pokazuje skandal (Rahu).

PAKA: Znak u kom se nalazi vladar daša rašija (Jupiter, vladar Riba) zove se paka raši. Jupiter, kao vladar Riba, nalazi se u Raku, u znaku egzaltacije, i u jutiju je sa Gatika lagnom (pokazuje moć). Zbog toga paka obećava moć tokom daše Riba.

BOGA: Aruda pada (Škorpija) daša rašija (Riba) zove se boga raši i pokazuje na koji način su modifikovani rezultati pake. Merkur, kao prirodni benefik, nalazi se u ovom znaku i aspektuje Gatika lagnu (GL: moć, pozicija) u Raku.

Narajana Daša

Sa dolaskom daše Riba, on postaje ministar u Delhiju i njegova politička karijera doživljava skok, baš kao što su to paka i boga raši i pokazali (akcija i njeni plodovi). Tokom istog perioda, aflikcije na dehu (telo) doveli su do nezgode, tokom koje on povređuje nogu, posle čega ostaje u gipsu narednih nekoliko meseci. Aflikcija đive konačno dovodi i do nesuglasica sa glavnim ministrom (šefom – aflikcija Sunca) i on biva umešan u skandal u vezi sa ženom (Ribe, sedma kuća) koja je tvrdila da nosi njegovo dete (Jupiter, kao vladar Riba, signifikator je za decu). Prisustvo Rahua u dvanaestoj od Aruda lagne pokazuje bogobojažljivu osobu i dobrog čoveka, te je mala verovatnoća da su te optužbe istinite. Osim toga, darapada je u Škorpiji, u jutiju sa Merkurom (vladarom lagne) i pod aspektom Jupitera, što potvrđuje da je on potpuno čist, te da je u pitanju nameštaljka od strane političkih oponenata. Bitno je naglasiti da je Rahu suvladar šeste kuće (Vodolije), i da je u jutiju sa Suncem, što pokazuje glavnog krivca u pozadini ove intrige. I Jupiter i Rahu su šastastaka (u međusobnoj 6/8 poziciji) i remedijalna mera i spas leže u umirenju Jupitera[31]. On je to i uradio i posle toga je cela situacija nestala.

Efekti daša praveš čakre

Daša praveš čakra se odnosi na crtanje čarta u vreme ulaska u dašu. I dok je ovo jako teško napraviti za slučaj udu daša, gde početak daše može mnogo varirati zbog osetljivosti Meseca, i gde i najmanja greška od svega par minuta rezultira velikim pomeranjima. I dok je kod Vimšotari daša veoma teško odrediti tačan trenutak ulaska u dašu, Narajana daša je veoma pogodna jer se u obzir uzima varša praveš čart (ulazak Sunca) na dati datum. Narajana daša uvek počinje na dan rođenja osobe, i čart ulaska Sunca na rođendan je ovde dovoljan. Ovaj metod se obilato koristi kod varšpala[32].

Čart 17: Krišna Rađa Vadijar IV (Maharađa nekadašnje Mirsore) rođen: 4. juna 1884. godine, u 10:18h, (12N0′, 76E38′).

Šri Krišna Vadijar IV (čart 17) bio je kralj nekadašnje Misore, i

---

31   Planete smešene u šestoj kući od Sunca ili od Jupitera se ponašaju kao njihovi neprijatelji (Sarvata Ćintamani). Za više detalja videti Prilog 1.
32   Određeni krug astrologa veruje da varšpal metod nema sankcija Parašare i drugih rišija Indije. Primena čarta solarnog ulaska za sve vrste raši daša jasno upućuje na svest rišija, kao i drugih autora.

verovatno idealan vladar za svoje vreme, što pokazuje prisustvo snažnih benefika, Jupitera i Venere, na plodnom Rak ascendentu i time formiraju povoljnu hamsa mahapuruša jogu. Lagna, Hora lagna i Gatika lagna su u konjukciji sa Suncem, Saturnom i Merkurom, ili su pod aspektima te tri jogade. Mesec je vladar lagne i u jutiju je sa Hora lagnom (bogatstvo), i aspektuje Gatika jogadu (moć). Venera je vladar Hora lagne; u konjukciji je sa lagnom i aspektuje Gatika lagnu (jogada). Dakle, pet od ukupno devet planeta imaju status jogade u čartu, i obećavaju svetlu budućnost.

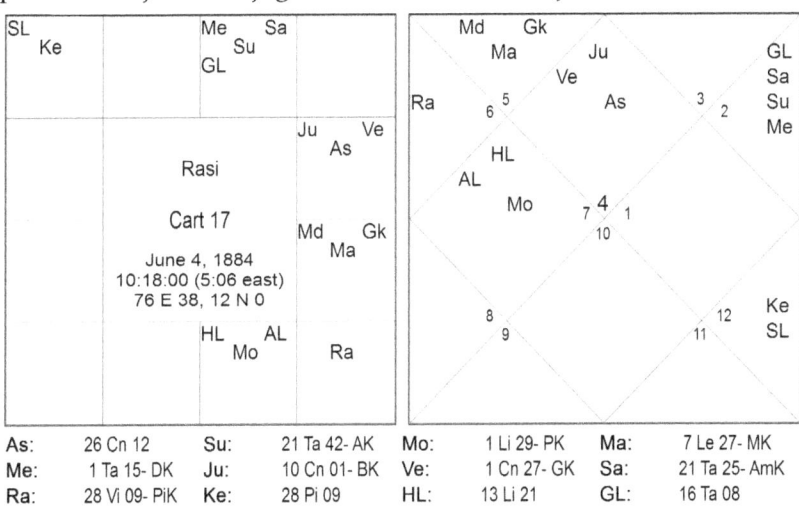

As:	26 Cn 12	Su:	21 Ta 42- AK	Mo:	1 Li 29- PK	Ma:	7 Le 27- MK
Me:	1 Ta 15- DK	Ju:	10 Cn 01- BK	Ve:	1 Cn 27- GK	Sa:	21 Ta 25- AmK
Ra:	28 Vi 09- PiK	Ke:	28 Pi 09	HL:	13 Li 21	GL:	16 Ta 08

Mahariši Đaimini pominje veoma moćne rađa joge poput veze između lagne i vladara pete kuće. U ovom čartu, vladar lagne, Mesec, i vladar pete kuće, Mars, su u međusobnom aspektu (raši drišti) u četvrtoj i drugoj kući, i tako formiraju moćnu rađa jogu. Dalje, ako je jednak broj planeta prisutan u drugoj i četvrtoj kući, formirana je druga rađa joga, a ona će delovati u ranom delu života, pošto su druga i četvrta kuća povezane sa detinjstvom i mladošću. Suprotno tome, ako je rađa joga prisutna u prvoj ili sedmoj kući, delovaće u kasnijem delu života. On je izgubio oca[33] u svojoj 19. godini, potvrđujući time tačnost Đaimini Sutri. Dakle, *joge u drugoj kući, bilo da su dobre ili loše, funkcionišu u ranom delu života.* Hajde da ispitamo Narajana dašu i daša praveš čakru za pomenuti događaj.

---

33   Joge za nasledstvo ujedno ukazuju i na smrt roditelja/rođaka.

Tabela 25: Krišnarađa Vadijar – Narajana daša i antardaša

Snažnije planete i znaci: Saturn i Ketu; Va, Bi, Bl, Ra, La i De.

Ra (09) Va 1884-06-04 Šk 1885-03-05 St 1885-12-04
Ja 1886-09-04 Vo 1887-06-05 Ri 1888-03-05
Ov 1888-12-04 Bi 1889-09-03 Bl 1890-06-04
Ra 1891-03-05 La 1891-12-04 De 1892-09-03
Bl (11) Bi 1893-06-04 Ov 1894-05-05 Ri 1895-04-05
Vo 1896-03-05 Ja 1897-02-02 St 1898-01-03
Šk 1898-12-04 Va 1899-11-04 De 1900-10-05
La 1901-09-04 Ra 1902-08-05 Bl 1903-07-06
Bi (02) Ra 1904-06-05 La 1904-08-05 De 1904-10-05
Va 1904-12-04 Šk 1905-02-03 St 1905-04-05
Ja 1905-06-05 Vo 1905-08-05 Ri 1905-10-05
Ov 1905-12-05 Bi 1906-02-04 Bl 1906-04-05

Čart 18: Ulazak Sunca za Narajana dašu Blizanaca, 4. juna 1893. godine, u 17:41h (12N0; 76E38′).

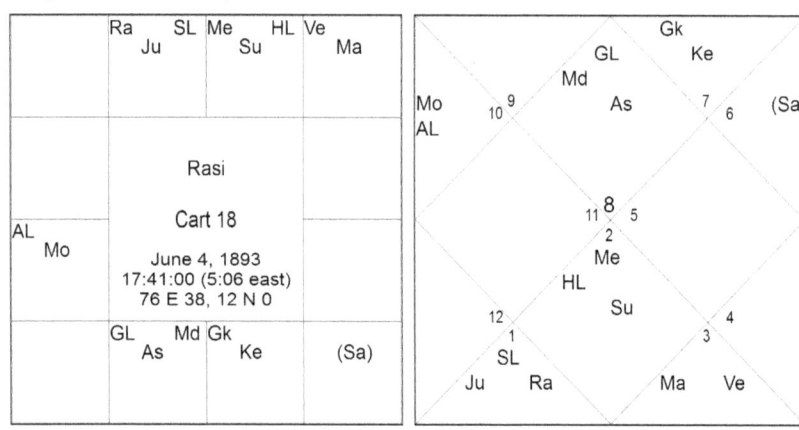

Čart 18. je daša praveš čart za početak veoma bitne daše Blizanaca (1893-1904).

Devica, treća kuća od natalnog ascendenta (videti čart 17), uzdiže se kao lagna, sa vladarom devete, Venerom (otac), u jutiju sa vladarom osme, Marsom (smrt), u desetoj kući (tron/presto), i tako pokazuje opasnost po očev život. Rahu je u osmoj kući veoma malefičan, a u ovom slučaju je u konjukciji sa Jupiterom, koji je vladar devete u natalnom čartu. Dakle, daša praveš čart podržava zlo koje preti ocu. Ovo podržava i prisustvo vladara lagne, Merkura, u devetoj kući, koja nije povoljna po očevu dugovečnost. Konjukcija Sunca[34] sa vladarom lagne (osoba lično) i vladarom desete (tron/slava), Merkurom, pokazuje rađajogu za samu osobu.

Na sličan način, Mesec u petoj kući pokazuje moć i autoritet. U daša praveš čartu Mesec se nalazi u znaku Jarca koji je ujedno i kendra od natalnog ascendenta, Raka. Velika važnost data je poziciji svetlećih tela unutar daša praveš čarta, i u ovom primeru oni pokazuju rađajogu. Saturn je šubapati[35] i retrogradan je na lagni, odakle aspektuje desetu kuću i time potvrđuje pokazanu rađa jogu. Ipak, zbog prirode Saturna, kao i zbog činjenice da se ovo nalazi u prvoj kući, sve ukazuje na to da će se isto dogoditi prema samom kraju Narajana daše Blizanaca (1893-1904). On je krunisan je 1902. godine, u poslednjem delu daše. *Možemo primetiti da se rezultati ovog čarta mogu posmatrati poput gočara čarta za tok celokupne daše.* Ostali tranziti se takođe mogu posmatrati iz ovog čarta. Na primer, tranzit Saturna preko jedanaeste kuće od lagne je povoljan, dok isti tranzit u dvanaestoj od Meseca ne mora doneti dobro za bližu porodicu (neko može i umreti). Saturnov tranzit u dvanaestoj od Aruda lagne je veoma povoljan. Drugi bitan tranzit koji treba proveriti jeste pozicija vladara daša znaka. Merkur je vladar Device i nalazi se u devetoj kući, u Biku, u konjukciji sa Suncem, i obećava komfor, dobro zdravlje i rađa jogu.

Jednom kad smo dobili indikacije za krunisanje i za loše zdravlje i smrt oca iz daša praveš čarta, hajde da ispitamo rezultate Narajana daše. Otac je preminuo u daši Blizanaca i antardaši Ovna, 1894. godine, ali do krunisanja nije došlo odmah posle toga. Čara pitri[36] karaka je Rahu, koji se nalazi u Devici. Blizanac je gatak[37] raši od Device, i sposoban je da donese smrt. Među antardašama jedino se Ovan nalazi u osmoj od Device, ali i u jedanaestom

---

34   Kaljan Verma u Saravaliju navodi da se rađa joge pokreću snagom Savitura (Sunca).

35   Šubapati: dispozitor Meseca se smatra veoma povoljnim.

36   Peta od ukupno osam čara karaka, ona koja predstavlja oca.

37   Videti Prilog 2.

znaku od Blizanaca. Dakle, zajednički period Blizanaca i Ovna će se pokazati fatalnim za oca.

Nasleđivanje moći se može videti iz Gatika lagne. Gatika lagna je u Biku, i pod aspektima je Jarca, Vage i Raka. Antardaša Bika je prethodila smrti oca. Od tri znaka koji aspektuju Gatika lagnu, Rak nosi najveći potencijal za sticanje rađa joga budući da se u njemu nalaze moćni benefici. Krunisanje se odigralo na dan 8. avgust 1902. godine u daši Blizanaca i antardaši Raka(5. avgusta 1902. do 6. jula 1903.). Pratjantar daša je Vaga u kojoj su smešteni vladar lagne, Mesec, Aruda lagna i Hora lagna, i oni odatle aspektuju gatiku (4. avgusta 1903. do 1. septembra 1902).

Krunisanje se može očekivati u vreme Mesečevog tranzita preko povoljnog znaka i konstelacije. Događaj se odvio u vreme kada je Mesec bio u Devici, u Hasta nakšatri. Devica je sedma kuća (kendra) od mantrapade (A5 – Ribe), a tranzit Meseca preko dvanaeste kuće od bilo koje aruda pada je veoma povoljan po tu padu. Ovde je Devica dvanaesta kuća od AL, u Vagi.

Čitaoci će naći da je to što su različiti alati Vedske astrologije u savršenoj uniji jedan sa drugim korisno, i da je do astrologa da pronađe poziciju zvezda.

Rođeni naslednik (Juvarađ) Maharadža Hari Singa i Maharani Tara Devi Đamu i Kašmira. Njegov otac, Maharadža Hari Sing, 1949. godine postaje regent, uz intervenciju Džavaharlal Nehrua, a potom ostaje glavar Đamu i Kašmira narednih osamnaest godina. Na početku je bio regent, sve do 1952. godine, a potom je izabran Sadar-i-Rijasat, od 1952. do 1965. godine. Konačno postaje Guverner, od 1965. do 1967. godine. 1967. godine je postavljen u Kabinet Unije i, sa trideset šest godina, postaje najmlađa osoba koja je ikad ušla u centralni kabinet ministara Indije. Sa ove pozicije daje ostavku posle čega biva izabran za parlament. Postaje član parlamenta na narednih osamnaest godina, i ostaje narednih nekoliko kabinetskih mandata.

Čart 19: Dr. Karan Sing (nekadašnji Maharadža Kašmira), rođen: 9. marta 1931. godine, u 17:46h u Kanu, Francuska (7E01', 43N33').

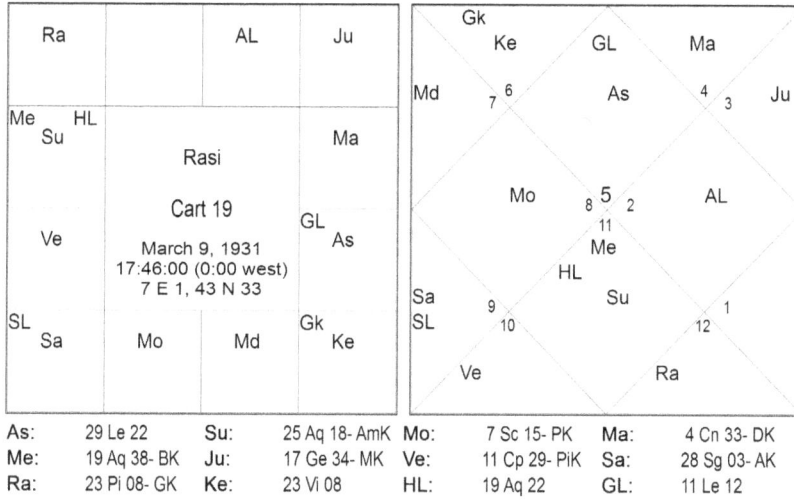

As:	29 Le 22	Su:	25 Aq 18- AmK	Mo:	7 Sc 15- PK	Ma:	4 Cn 33- DK
Me:	19 Aq 38- BK	Ju:	17 Ge 34- MK	Ve:	11 Cp 29- PiK	Sa:	28 Sg 03- AK
Ra:	23 Pi 08- GK	Ke:	23 Vi 08	HL:	19 Aq 22	GL:	11 Le 12

On je bio jedinstven primerak poslednjeg reda predstavnika starog reda i, voljom naroda, prvi predstavnik novog. Hajde da ispitamo ove dve bitne faze koristeći Narajana dašu i daša praveš čakru.

Tabela 26: Karan Sing Narajana daša

Snažnije planete i znaci: Saturn i Mars; Va, Šk, St, Ra, Vo i Ri.

Daša	Period	God	Od	Do
Vodolija	02	2	1931-03-09	1933-03-09
Rak	07	9	1933-03-09	1940-03-08
Strelac	06	15	1940-03-08	1946-03-09
Bik	08	23	1946-03-09	1954-03-09
Vaga	03	26	1954-03-09	1957-03-09
Ribe	09	35	1957-03-09	1966-03-09
Lav	06	41	1966-03-09	1972-03-08
Jarac	01	42	1972-03-08	1973-03-08
Blizanci	08	50	1973-03-08	1981-03-08
Škorpija	07	57	1981-03-08	1988-03-08
Ovan	02	59	1988-03-08	1990-03-09
Devica	07	66	1990-03-09	1997-03-08

Drugi ciklus				
Vodolija	10	76	1997-03-08	2007-03-09
Rak	05	81	2007-03-09	2012-03-08
Strelac	06	87	2012-03-08	2018-03-08
Bik	04	91	2018-03-08	2022-03-08
Vaga	09	100	2022-03-08	2031-03-08
Ribe	03	103	2031-03-08	2034-03-08

Dve faze su (a) politička karijera u Kašmiru pokrivena Narajana dašama Bika, Vage i Riba, od 1946. do 1966. godine; i (b) politička karijera u Delhiju pokrivena Narajana dašama Lava, Jarca i Blizanaca, od 1966. do 1981. godine.

Čart 20: Daša praveš čakra (Narajana daša Bika)

Ve Gk Me Md AL	Mo	(Sa) Ra Ma	
Su	Rasi Cart 20 March 9, 1946 14:02:00 (0:00 east) 7 E 1, 43 N 33	As	
Ke	GL	HL SL (Ju)	

(Sa) Ra Ma	
6 5 As 3 2 Mo	
HL SL (Ju) 7 ∕ 4 ∖ 1 Md 10	
GL 8 9 11 12	AL Gk Me Ve
Ke Su	

As:	16 Cn 28	Su:	25 Aq 18- AmK	Mo:	13 Ta 19- PK	Ma:	22 Ge 25- MK
Me:	13 Pi 29- PiK	Ju (R):	3 Li 12- DK	Ve:	4 Pi 05- GK	Sa (R):	24 Ge 57- BK
Ra:	2 Ge 48- AK	Ke:	2 Sg 48	HL:	27 Li 51	GL:	2 Sc 09

Čart 20. je varša praveš čart za 1946. godinu i vreme ulaska u Narajana dašu Bika. Mesec je egzaltiran u Biku i nalazi se u jedanaestoj kući od lagne, u Raku i desetoj kući, kući uspeha, od lagne rođenja, Lava. Ovo je veoma povoljna okolnost koja obećava rast, sticanje moći i pozicije. Vladar daša znaka je Venera, koja je u devetoj kući, ali u konjukciji sa debilitiranim Merkurom. Prisutna je i parivartana (izmena) rađa joga u koju su upleteni vladari četvrte i devete kuće, budući da su Jupiter i Venera razmenili znakove. Bitno je primetiti da ova parivartana joga uključuje

106

devetu kuću (otac) sa jedne strane, i četvrtu kuću (kraljevstvo, Kašmir), Hora lagnu (HL, bogatstvo) i Gatika lagnu (GL, moć) sa druge strane, ukazujući na radikalne promene u pomenutim podučijima. Jupiter se nalazi u osmoj kući od svog znaka donoseći mu time uništenje (tj. Ribe su pačak[38], neprijateljski znak, za Jupitera). Smeštenost Sunca podržava zlo koje sledi ocu koji može da izgubi sve i da bude proteran, jer je Sunce pod aspektom Rahua i svog dispozitora u dvanaestoj kući.

Rahuova pozicija u dvanaestoj kući, zajedno sa drugim maleficima, Marsom i Saturnom, veoma je loša po zdravlje i pokazuje bolnice, probleme sa nogama (Saturn aspektuje devetu kuću) i operacije (Mars). Kao što je to ranije pomenuto, planete u četvrtoj i drugoj kući, i u njihovim trigonima, daju rezultate rano u životu, dok one u sedmoj ili devetoj kući, i u njihovim trigonima, daju rezultate u kasnijem delu života. Zla koja pokazuju Sunce, Mars, Rahu i Saturn, kao i destrukcija devete kuće koju pokazuje Jupiter, daje rezultate pre rađajoge, koju pokazuju Venera i Mesec, dok će nevolje koje pokazuje Merkur ispoljiti svoje rezultate kasnije.

Imajući ovo na umu, možemo pristupiti analizi Narajana daše u čartu rođenja (čart 19). Venera je vladar Bika i čara pitri karaka (otac). Pošto se nalazi u šestoj kući od natalnog ascendenta, postaje marana karaka[39] koja ukazuje na destrukciju očeve pozicije. Daša je počela 1946. ozbiljnim problemom u vezi sa kukovima koji je mu je onemogućio kretanje, i traumatičnom situacijom napada horde pljačkaša na Kašmir sa Pakistanske granice. Porodica je bila prisiljena na beg iz Šringara, a njegov otac gubi kontrolu nad kraljevstvom.

Saturn, atmakaraka (jastvo), se nalazi u osmoj kući kući bolesti, od Bika i u dvanaestoj kući (strane zemlje) od paka rašija[40]. Jupiter je vladar druge kuće od daša rašija i, osim šuba argale, benefične intervencije na dehu – telo, aspektuje i atmakaraku, obećavajući tako lek od svih bolesti. Mars aspektuje Bika (deha, telo) i pokazuje

---

38   Videti Prilog 1. za pačakadi odnose.
39   Videti pravilo 12. u sklopu ovog poglavlja.
40   Jarac u kom se nalazi vladar daša rašija, Venera, zove se paka raši.

operacije, nesreće, itd. Problem sa kukom je postao veoma ozbiljan i usled toga on postaje nepokretan. Morao se prebaciti u SAD zarad daljih medicinskih intevencija, i to tokom antardaše Blizanaca, 31. decembra 1947. godine (Jupiter se nalazi u Blizancima). Operisan je 7. jula 1948. godine u Narajana daši Bika, antardaši Ovna, i konačno, posle gotovo dve godine operacija i drugih tretamana, vraća se kući u februaru 1949. godine.

U međuvremenu, na njegovo zaprepaštenje, njegov otac je u potpunosti zaveden, i Šeik Abdulah donosi sve odluke u Đamu i Kašmiru. Bik je deseta kuća i pokazuje pokretanje karijere. Tu se nalazi Aruda lagna, a Mesec je smešten u sedmoj odatle, i obećava odličnu karijeru praćenu rastom slave i popularnosti. Znak Riba se nalazi u osmoj kući, kući nasleđa, a tu je smeštena i gnati karaka, Rahu (drugo ime je i šatru karaka). Pošto se to nalazi u jedanaestoj od daša rašija, a neprijatelje predstavlja Rahu, neprijatelji će sigurno dobiti prednost u odnosu na njega. Tokom daše Bika i antardaše Riba njegov otac je izguran (proteran) iz države Đamu i Kašmir. Zbog kompromisa situacija postaje neobična, 20. juna 1949. godine njegov otac odlazi u Bombaj (u azil), on dolazi u Đamu kao namesnik, dok njegova majka odlazi u Kasauli. Ovo jasno pokazuje da je mastor intriga, Rahu, uspeo u mahinacijama i pored toga što je izostala pobeda, Dr. Karan Sing je automatski katapultiran kao vladar Đamu i Kašmira. Kasnije je izabran kao Sadar-i-Rijasat, tokom daše Bika i antardaše Vage, gde i ostaje tokom cele daše Vage, i velikog dela daše Riba, sve dok ne postaje guverner u daši Riba i antardaši Bika.

Boga raši za dašu Bika je Devica, sa Ketuom. Uticaj Venere i Ketua obećava brak tokom ove daše. Bitno je primetiti da se, pošto su GL i HL u prvoj i sedmoj kući, Sunce, Merkur i Saturn kvalifikuju kao jogade. Sedma kuća od lagne je Vodolija, koju aspektuje darakaraka, Mars. Vladar sedme od Venere (naisargika kalatrakaraka[41]) je Mesec u Škorpiji. On se oženio u daši Bika, antardaši Vodolje i pratjanar daši Škorpije, 5. marta 1950. godine. Iako je venčanje planirano za januar, moralo se pomeriti zbog nezgode tokom koje je dobio višestruke prelome noge, kao i prelom kuka. Vredno je pomena da je Mars darakaraka i da

---

41   Naisargika znači prirodna a kalatrakaraka se odnosi na partnera ili supružnika čiji signifikator je Venera.

u vreme sklapanja braka, njegova prirodna značenja postaju očigledna.

Druga politička faza, od 1966. godine, poklapa se sa ulaskom u Narajana dašu Lava. Daša praveš čakra za Narajana dašu Lava data je u čartu 21.

Čart 21: Daša praveš čakra za Lav Narajana dašu

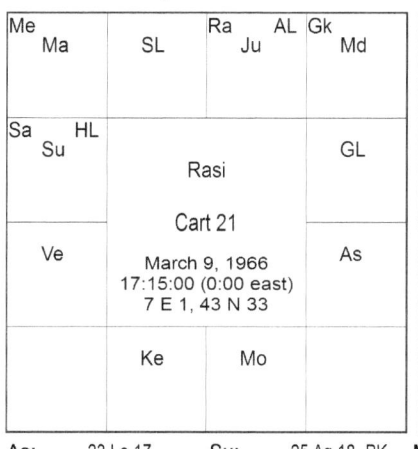
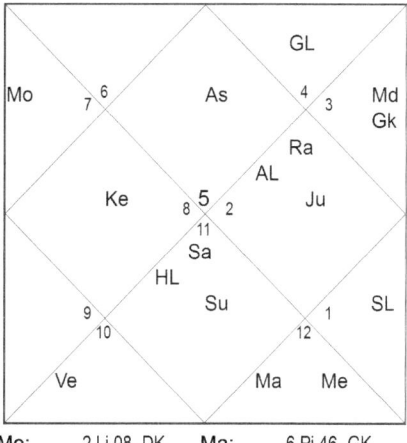

As:	23 Le 17	Su:	25 Aq 18- BK	Mo:	2 Li 08- DK	Ma:	6 Pi 46- GK
Me:	11 Pi 57- PK	Ju:	28 Ta 42- AK	Ve:	12 Cp 55- PiK	Sa:	26 Aq 21- AmK
Ra:	5 Ta 41- MK	Ke:	5 Sc 41	HL:	4 Aq 22	GL:	3 Cn 39

Na ulasku u Narajana dašu Lava, uzdigla se Lav lagna, i pošto je u pitanju đanma lagna, to pokazuje ogromnu ličnu moć i politički uspon. Vladar daša rašija, Sunce, nalazi se u kendri u konjukciji sa dispozitorom, Saturnom, na Hora lagni (bogatstvo) i aspektuje Gatika lagnu (moć i pozicija) u Raku. Glavna razlika između čarta 20. i čarta 21. jeste pozicija Meseca i njegovog dispozitora, Venere. Dok su u čartu 20. ovi faktori povoljno postavljeni u odnosu na lagnu i pokazuju uživanje u rađa jogi u rodnom mestu, u čartu 21. se nalazi u panaparama[42] i time pokazuju da će se obećana rađa joga manifestovati van rodnog mesta. Sa dolaskom daše Lava on napušta Kašmir i dolazi u Delhi kao najmlađi kabinetski ministar, 1967. godine. Uskoro potom biva ogromnom većinom izabran u Lok Sabu od strane Udampu Parlamentarne izborne jedinice u Đamu i Kašmir, a u ime Indijskog Nacionalnog Kongresa, gde je ponovo postavljen

---

42   Kuće budućnosti uključujući i drugu, petu, osmu i jedanaestu kuću.

Narajana Daša

1971, 1977. i 1980. godine. Za vremensko preciziranje ovih promena Narajana daša se ne može porediti ni sa jednom drugom dašom. Njemu je dodeljen mandat u odseku za Turizam i civilnu avijaciju, koji je zadržao narednih šest godina i odakle je ostavio trajna obeležja svojom vizijom i dinamizmom. Ovo se poklapa sa šest godina Narajana daše koja se nalazi pod aspektom Venere iz Jarca. Venera upravlja putovanjima i dobrodošlicom, i time jasno ukazuje na njegov novi mandat. Čak i u daša praveš čartu, Venera, koja je ujedno i dispozitor Meseca (fokus na um), aspektuje lagnu.

Sa dolaskom Narajana daše Blizanaca, 1973. godine, on prelazi u Ministarstvo zdravlja i porodičnog planiranja. Blizanci primaju aspekt Saturna (bolesti), kao vladara šeste (bolesti) i sedme kuće (seks/planiranje porodice). Planiranje porodice se pojavljuje kao velika nacionalna obaveza posle proglašenja Politike nacionalne populacije, 1976. godine. Već 1979. godine, on preuzima odsek za Kulturu i obrazovanje, koji je u saglasnosti sa aktivnostima Merkura, vladara Blizanaca.

Ovim je kroz primere prikazana važnost primene daša praveš čakre za preciziranje promena, kao i njihove prirode.

Čart 22: Indira Gandhi (bivša premijerka Indije), rođena 19. novembra 1917. godine u Alahabadu, Indija.

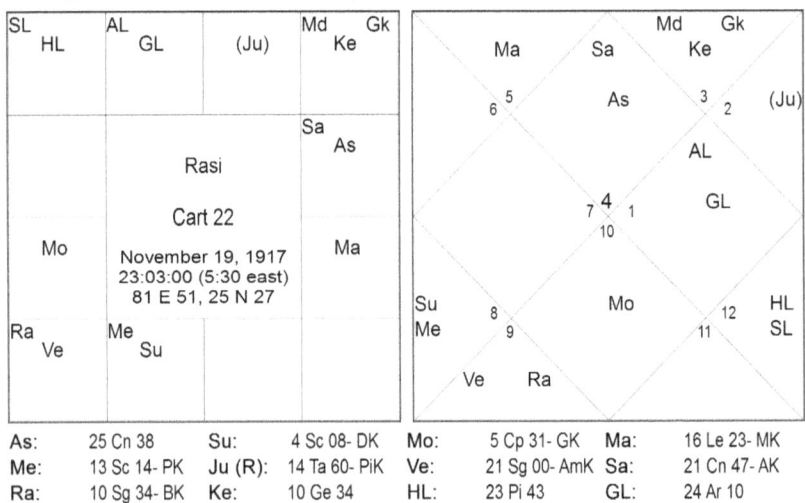

As:	25 Cn 38	Su:	4 Sc 08- DK	Mo:	5 Cp 31- GK	Ma:	16 Le 23- MK
Me:	13 Sc 14- PK	Ju (R):	14 Ta 60- PiK	Ve:	21 Sg 00- AmK	Sa:	21 Cn 47- AK
Ra:	10 Sg 34- BK	Ke:	10 Ge 34	HL:	23 Pi 43	GL:	24 Ar 10

Premijerka Indije (1966-1977; 1980-1984). Indira Gandhi je bila jedino dete Džavaharlala Nerua (Aruda lagna u Ovnu obično daje prvorođeno dete, budući da Jupiter vladara dvanaestom odatle).

Indira Gandhi (PM-India)

Njen politički debi dogodio se 1938. godine (nedugo posle majčine smrti, 1936. godine) kada pristupa Indijskom Nacionalnom Kongresu u borbi za slobodu. Iako Narajana daša Device nije direktno povezana sa Gatika lagnom (moć, GL u Biku), njen vladar, Merkur, je u sedmoj kući od GL i aspektuje lagnu. Dakle, Merkur je sposoban da donese kretanje u pravcu političkog uspona.

Udaje se za Feroze Gandhija (1913-60), Parsi advokata, 1942. godine. Britanci su ih oboje uhapsili tokom Kvit Indija pokreta, 1942. godine, i u zatvoru su proveli 13 meseci. Bitno je primetiti da i Venera i Ketu, aspektuju Devicu. Sve ovo se dogodilo tokom poslednje antardaše u daši Device, antardaše Strelca. U Strelcu se nalaze Venera (pokazuje brak) i Rahu (pokazuje pritvor). Rahu i Mars su u trigonima od Aruda lagne i od upapade u Ovnu, i donose bandana jogu (zatvoreništvo/stege).

Tabela 27: Indira Gandhi Narajana daša
Snažnije planete i znaci: Rahu i Mars; Ov, Šk, St, Ja, La i Ri.

Daša	Period	God	Od	Do
Rak	06	6	1917-11-19	1923-11-20
Lav	09	15	1923-11-20	1932-11-19
Devica	10	25	1932-11-19	1942-11-20
Vaga	02	27	1942-11-20	1944-11-19
Škorpija	09	36	1944-11-19	1953-11-19
Strelac	05	41	1953-11-19	1958-11-19
Jarac	06	47	1958-11-19	1964-11-19
Vodolija	02	49	1964-11-19	1966-11-19
Ribe	10	59	1966-11-19	1976-11-19
Ovan	04	63	1976-11-19	1980-11-19
Bik	07	70	1980-11-19	1987-11-19
Blizanci	05	75	1987-11-19	1992-11-19

Sa ulaskom u dašu Škorpije, u novembru 1944. godine, sazreva i vreme za njen politički uspon, budući da je Škorpija u sedmoj kući od Gatika lagne (GL) i čara pitrikarake Jupitera, pored toga što je u konjukciji sa Suncem (otac). Njen otac, Džavaharlal Nehru, postaje predsednik Indijskog Nacionalnog Kongresa u ključnom momentu i kasnije, u vreme kada Indija stiče nezavisnost, 1947. godine, dolazi na mesto premijera. Indira Gandhi je u to vreme radila kao njegov blizak saradnik na nacionalnim pitanjima i pratila ga je na inostranim putovanjima (vladar lagne, Mesec, aspektuje raši dašu Škorpije, kao i GL i pokazuje blizak odnos).

Ona postaje predsednik INS-a 1959. godine budući da daša Jarca isporučuje rezultate rađa joge nastale zbog Saturnove pozicije u Raku[43]. Kao dodatak tome, u samom znaku se nalazi vladar lagne, Mesec, i on aspektuje Gatika lagnu, pored činjenice da se nalazi u sedmoj kući od lagne. Svi faktori za moć i poziciju su veoma snažni. Lal Bahadur Šastri postaje premijer posle Neruove smrti, u maju 1964. godine, a nju postavlja na mesto ministra za informisanje. Pošto je Jarac nepovoljan znak, on će sigurno ispoljiti određene negativne rezultate na kraju daše, ali zbog pozicije Meseca ovde, donosi joj simpatije javnosti te ona i ostaje na visokoj poziciji.

Sledeća daša, daša Vodolije, pokazala se najvažnijom u njenom životu. Posle smrti L. B. Šastrija, u januaru 1966. godine, mnogi su postali deo zavere, a kao kompromisno rešenje među zavrenicima, ona postaje kandidat za poziciju premijera. Ali učesnici zavere ni sami nisu shvatali pravi potencijal ovog moćnog čarta. Pogledajmo varša praveš čakru za 1964. godinu (početak dvogodišnje daše Vodolije, čart 23). Kraljevski znak, Lav, uzdigao se na lagni zajedno sa jogakarakom, Marsom. U desetoj kući, kući trona, nalazi se egzaltirani Mesec pod aspektom Venere iz Vage, a to pokazuje da će ona dobiti političku moć (videti čart 20. sa sličnom kombinacijom Meseca i Venere koje su obećale moć Dr. Karan Singu). Jupiter je vladar moći, pete kuće, ali i osme kuće, kuće smrti i nasleđa, i povoljno je smešten u devetoj kući obećavajući joj tako dobru sreću u vidu političkog nasleđa. Aspekt Saturna, prirodnog signifikatora osme kuće, podržava nasleđe politčke pozicije. Saturn je vladar daša znaka, Vodolije, i nalazi

---

43   Saturn u Raku ili Jupiter u Ribama na tronu, mogu doneti veoma moćnu rađa jogu.

se u kendri od lagne, formirajući tako Sasa mahapuruša jogu. Ova joga može osobi doneti moć putem nemilosrdnih manevara. Sunce je vladar lagne na Aruda lagni, i potvrđuje početak ličnog rasta u polju politike.

Čart 23: Daša praveš čakra (1964. godina, daša Vodolije)

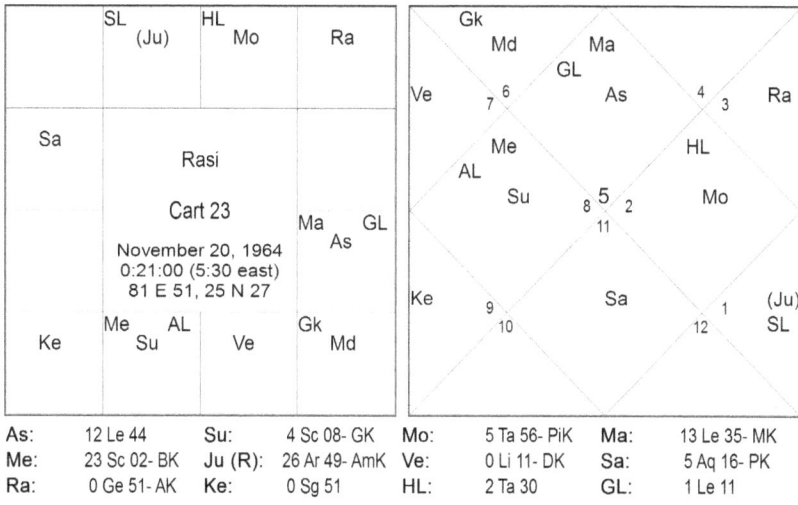

As:	12 Le 44	Su:	4 Sc 08- GK	Mo:	5 Ta 56- PiK	Ma:	13 Le 35- MK
Me:	23 Sc 02- BK	Ju (R):	26 Ar 49- AmK	Ve:	0 Li 11- DK	Sa:	5 Aq 16- PK
Ra:	0 Ge 51- AK	Ke:	0 Sg 51	HL:	2 Ta 30	GL:	1 Le 11

Narajana daša Riba će se pokazati kao zlatni period u njenoj političkoj karijeri pošto su Hora lagna i njen vladar, Jupiter, u konjukciji sa Gatika lagnom u jedanaestoj kući (Bik) odakle aspektuju lagnu (Rak). Jupiter je jogada i znak Riba je u devetoj kući, kući sreće.

Tretirajući znak Riba kao privremenu lagnu, primetićemo da su čvorovi debilitirani u kendrama (kvadrati) i da takođe obećavaju moćnu rađa jogu, posebno sa Rahuom u desetoj kući. Mesec u jedanaestoj i Sunce u devetoj kući su, pored Merkura, veliki benefici. Saturn u petoj pokazuje suprostavljanje starijih političara njenom rastu, ali će ih ona efikasno poraziti, pošto je parcijalna opstrukcija Saturna u petoj kući, argali snažne buda-aditja[44] joge u devetoj kući, u potpunosti uklonjena (u pitanju je veći broj planeta). Ovako snažna pozicija planeta je veoma retka. Daša praveš čakra za dašu Riba data je u čartu 24. Šani-Ćandra joga[45] na lagni, planeta Mesec i njegov dispozitor na lagni formiraju

---

44   Kombinacija Sunca i Merkura.
45   Konjukcija Saturna i Meseca formira jogu za uspon kroz bitke. Ukoliko je povo-

rađa jogu. Ovo ujedno pokazuje da je došlo vreme manifestacije parivartana joge između Meseca i Saturna u natalnom čartu. Sunce u desetoj kući sa jogakarakom[46], Venerom, istovremeno sa izmenom između vladara sedme i desete, Marsa i Sunca, jasno upućuje na rađajogu. Ova izmena između Marsa i Sunca je prisutna i u natalnom čartu, i njeno ponavljanje u daša praveš čartu pokazuje da je došlo vreme za manifestaciju te rađa joge. Pozicija vladara daša rašija, Jupiter vlada znakom Riba. Jupiter je egzaltiran i nalazi se u Raku, a kao vladar druge i jedanaeste u šestoj kući pokazuje uništenje konkurencije kao i uspeh u svim poduhvatima.

Čart 24: Daša praveš čakra (1966. daša Riba)

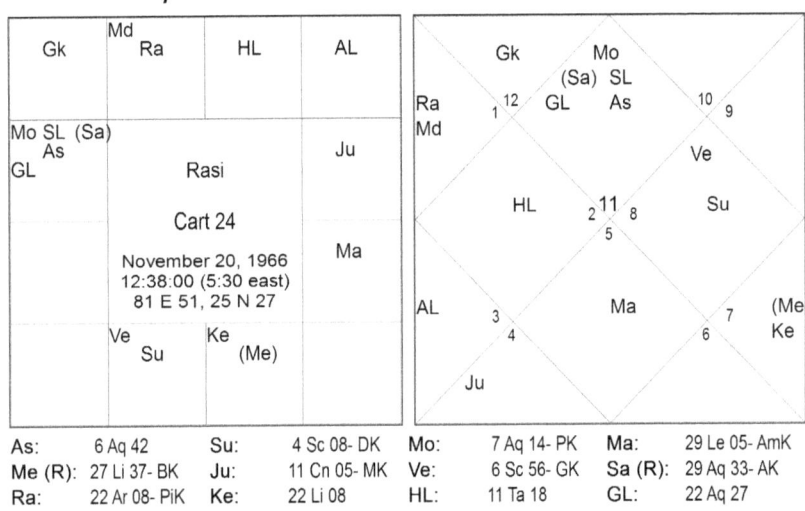

As:	6 Aq 42	Su:	4 Sc 08- DK	Mo:	7 Aq 14- PK	Ma:	29 Le 05- AmK
Me (R):	27 Li 37- BK	Ju:	11 Cn 05- MK	Ve:	6 Sc 56- GK	Sa (R):	29 Aq 33- AK
Ra:	22 Ar 08- PiK	Ke:	22 Li 08	HL:	11 Ta 18	GL:	22 Aq 27

Sledeće godine ona biva izabrana od strane članova parlamenta, dominantne Kongres partije, za predstojeći petogodišnji mandat. Povela je svoju partiju u većinsku pobedu na državnim izborima 1971. godine, a1975. godine je osuđena za manji prekršaj izbornih zakona tokom izborne kampanje iz 1971. godine. Dosledno tvrdeći da je nedužna u tom slučaju, ona naslućuje da je ova optužnica nastala kao deo pokušaja da je uklone iz kancelarije i, umesto da

---

ljna, ova kombinacija može doneti veliku moć.

46   Planeta koja istovremeno vlada trigonom i kendrom ili nekom drugom povo-
ljnom kućom, sposobna je da donese povoljne rezultate i zove se joga karaka. U čartu 21, Venera je vladar devete (trikona) i četvrte kuće (kendra) u konjukciji sa Suncem (vladar sedme) te je sposobna da donese rađa jogu.

napusti mesto, ona 26. juna proglašava vanredno stanje u državi. Bio je ovo početak Narajana daše Ovna. Snažan uticaj Marsa tokom ove daše pokazao je tendenciju ka diktatorskom režimu. I iako je Vrhovni sud Indije odbacio optužnice na njen račun, unutrašnja vanredna situacija se nastavlja i policija stiče veliku snagu. Gospođa Gandhi potom stavlja mnoge životne aspekte Indije pod svoju striktnu kontrolu, i na hiljade protestanata je zatvoreno. Mnogi su u ovim odlukama videli uticaj njenog mlađeg sina, Sanđaja Gandhija, koji je veoma temperamentan (Mars), a kritičari su ih i okarakterisali kao podrivanje demokratije u Indiji. Proglasila je opšte izbore u martu 1977. godine. Mars formira papaargalu na lagnu (Rak sa Saturnom) i na Gatika lagnu (Bik sa Jupiterom) i to ukazuje na ishitrenost i pristrasnost u proceni situacije. Posle toga gubi ona svoje mesto u parlamentu, i Kongresna partija doživljava poraz. Bio je ovo negativan efekat Narajana daše Ovna, od 1976. do 1980. godine.

Sledeća daša, daša Bika, od 1980. do 1987, je sa jogadom Jupiterom, i u jutiju sa Gatika lagnom. Ovo obećava moć i, budući da aspektuje lagnu, garantuje i moć i povratak na glavnu političku scenu. Tokom izbora, u januaru 1980. godine, ona doživljava spektakularan povratak i formira novu većinsku vladu. U vreme kada je Sanđaj poginuo u avionskoj nesreći, u junu 1980. godine, počela je da priprema starijeg sina, Rađiva Gandhija, za svog naslednika. *Bitno je naglasiti da se efekti predstojeće Narajana daše osete i do godinu dana pre njenog početka, počevši od meseca u kome Sunce tranzitira preko znaka predstojeće daše.*

Nakon što je započela sa energičnim suzbijanjem Sika pobunjenika, 31. oktobra 1984. godine, gubi život od ruke Sika članova svog ličnog obezbeđenja. Mesto smrti se može videti iz treće kuće od AL. Blizanci pokazuju vrt pored kuće, a Ketu ukazuje na podanike, poput telohranitelja. Ketu ujedno ukazuje i na to da je počinjena velika greška. Rahuov i Venerin aspekt na Blizance pokazuje spoljne terorističke elemente, kao i prisustvo snimatelja/TV (Venera) koji su došli na dogovoreni intervju. Narajana daša se ne mora primeniti za određivanje vremena smrti, ali ovde vidimo da smrt donosi daša druge kuće od Aruda lagne, baš kao što je to slučaj i u čartu 6. (Šri Aurobindo).

SLIKARI ŽIVOTA

Čart 25: Gurudev Rabindranat Tagore, rođen 7. maja 1861. godine, u 2:49h, u Kalkati (88E22′ 22N32′).

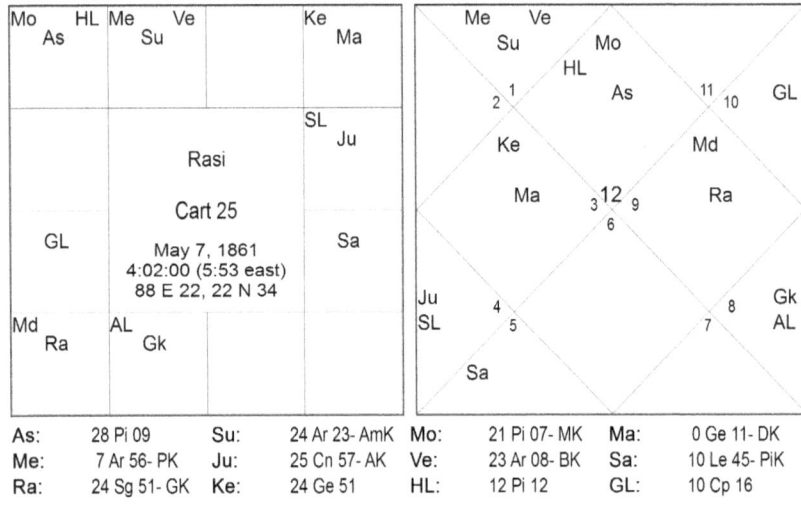

As:	28 Pi 09	Su:	24 Ar 23- AmK	Mo:	21 Pi 07- MK	Ma:	0 Ge 11- DK
Me:	7 Ar 56- PK	Ju:	25 Cn 57- AK	Ve:	23 Ar 08- BK	Sa:	10 Le 45- PiK
Ra:	24 Sg 51- GK	Ke:	24 Ge 51	HL:	12 Pi 12	GL:	10 Cp 16

Gurudev Rabindranat Tagore, mističar, slikar i dobitnik Nobelove nagrade za književnost, jedna je od vodećih ličnosti moderne Indije. Primio je Nobelovu nagradu za Književnost za delo *Gitanđali* (antologija pesama).

'Veliki učitelj je onaj koji veruje da nikad nije kasno za učenje' – Rath (2000).

Snažnije planete i znaci: Saturn i Mars; Ov, Šk, Bl, Ra, La i Ri.

Tabela 28: Gurudev Tagore, Narajana daša

Daša	Period	God	Od	Do
Ribe	09	9	1861-05-07	1870-05-07
Rak	04	13	1870-05-07	1874-05-07
Škorpija	07	20	1874-05-07	1881-05-06
Strelac	08	28	1881-05-06	1889-05-06
Ovan	02	30	1889-05-06	1891-05-07
Lav	05	35	1891-05-07	1896-05-06
Devica	05	40	1896-05-06	1901-05-07

Jarac	05	45	1901-05-07	1906-05-08
Bik	11	56	1906-05-08	1917-05-07
Blizanci	10	66	1917-05-07	1927-05-08
Vaga	06	72	1927-05-08	1933-05-07
Vodolija	06	78	1933-05-07	1939-05-08
Drugi ciklus				
Ribe	03	81	1939-05-08	1942-05-07

Hronologija života u slikama

1868: *Napisao je svoju prvu pesmu u sedmoj godini*! Mesec na lagni na daša rašiju daje slavu, a parivartana joga Jupitera i Meseca pokazuje spisateljske veštine. Ovo je klasična potvrda izreke "po jutru se dan poznaje".

1878: *Pojavljuje se prva Tagorina knjiga pesama* (daša znak prima aspekt egzaltiranog Jupitera). Merkur i Mars pokazuju izdavaštvo i mastilo, datim redom. Mars je vladar daše Škorpije i nalazi se u Merkurovom znaku, u Blizancima. Iste godine on odlazi u Englesku na više studije. Deveta kuća pokazuje visoko obrazovanje, i Škorpija je u devetoj kući. To je kratko trajalo i Tagore se vraća u Indiju 1879. godine.

1883: (daša Strelca– Vodolija bukti) *Oženio je Mrinalini Devi*; darakaraka Mars se nalazi u sedmoj kući od daša rašija (Strelac), u Blizancima (mana) i aspektuje daša raši; a Ketu aspektuje Strelca. Znak antardaše, Vodolija, aspektuje upapadu u Vagi, i Veneru u Ovnu. Dakle, daša i antardaša su Rabindranath Tagore povezane sa Ketuom i Venerom, i potvrđuju događaj.

1890: (daša Ovna) – *objavljena je kolekcija Tagorinih pesama, Manasi.* Merkur na daša rašiju pokazuje izdavanje književnih dela i književne aktivnosti. Iste godine se skrasio u Šilaidaha u Kuštviji (današnji Bangladeš). Sunce na daša rašiju pokazuje novi početak u životu, a daša raši je u konjukciji sa vladarom četvrte, Merkurom, i pod aspektima je Vodolije, gde se nalazi i aruda pada četvrte kuće. Četvrta kuća od daša rašija je Rak u konjukciji sa Jupiterom (pokazuje odlične nekretnine).

22. dec 1901: (daša Jarca– antardaša Vodolije) Osnovao je poznatu školu u Šanti Niketan; početna slava (Mesec u sedmoj kući) i dobra zarada (jedanaesta od AL) tokom daše Device, pretočili su se u ovu dašu tokom koje on osniva Veliku školu u Šanti Niketan, koja postaje njegovo životno postignuće. Ova jedinstvena škola u skladu sa Vedskim gurukulom kasnije proizvodi jednog od najvećih lidera moderne Indije (Indiru Gandhi). Jupiter se nalazi u sedmoj od daše Jarca (um) i pokazuje njegovu želju za stvaranjem idealne škole/centra za podučavanje. Antardaša Vodolije ima Hora lagnu (bogatstvo) i aspektuje Vagu u kojoj se nalazi Gatika lagna (moć i autoritet za ispunjenje zadatka). Aspektuju je Jupiter, Sunce, Merkur i Venera, a u pitanju je jedan od najmoćnijih i najpovoljnijih znakova horoskopa. *Kasnije, tokom 1924. godine, proširuje školu na Višvavidjalaju ili slavni univerzitet.* Ovo se dogodilo tokom antardaše Raka (egzaltirani Jupiter) u daši Blizanaca.

1902-1907: *Rabindranatova žena, otac, ćerka Renuka i sin Samindra umiru.* Jupiter se, nažalost, nalazi u konjukciji sa mritjupadom (A8). Zbog toga se tokom ove daše Jarca sa Jupiterom u Raku, u sedmoj odatle, iako on osniva veliku školu u Šantiniketanu takođe uzdiže i mritjupada i odnosi težak danak u vidu života njemu bliskih ljudi.

1910: (daša Bika, antardaša Vage) *Njegovo životno delo 'Gitanđali', za koje dobija Nobelovu nagradu za književnost, je objavljeno u Bengalu.* Bik je znak u sedmoj kući od Aruda lagne, i aspektuje Gatika lagnu i egzaltiranog Jupitera u petoj kući. Kao vladar lagne i desete kuće u egzaltaciji, Jupiter daje odlične rezultate u vezi sa karijerom i ostvarenjem životnih postignuća, budući da je u pitanju i atmakaraka. U toku antardaše Vage Jupiter se nalazi u desetoj, a Merkur u sedmoj kući, pored toga što je zajedno sa GL. *Tokom iste godine, njegov sin se ženi mladom udovicom Pratima Devi.*

1911: (daša Bika, antardaša Škorpije) Napisao je Đana Gana Mana koja kasnije postaje nacionalna himna; veliki majstor proizvodi još jedno remek-delo. Antardaša Aruda lagne (AL – Škorpija) prima aspekte egzaltiranog Jupitera i Venere, Merkura i egzaltiranog Sunca koji daju svoje konačne blagoslove u vidu besmrtnosti njegovog dela i imena zbog nacionalne himne.

1913: (daša Bika, antardaša Vodolije) *Prima Nobelovu nagradu na polju književnosti za delo Gitađali, koje je prevedeno na engleski 1912. godine.* I ranije smo mogli videti povoljnosti Vodolilje, i ona sada ponovo, tokom daše Bika, donosi egzaltaciju njegovoj reputaciji najvećeg književnika veka.

1915: (daša Bika, antardaša Ovna) *Dobija titulu viteza od britanskog kralja Džordža.* U Ovnu se nalaze Merkur i egzaltirano Sunce (naklonost kralja), u sedmoj od Gatika lagne (priznanja i autoritet), a on prima i aspekte Hora lagne iz Vodolije. Ovaj znak je i ranije dao povoljne rezultate.

1919: (daša Blizanaca) *Odriče se viteštva nakon incidenta, Đalianval masakra.* Um osobe se može videti iz sedme kuće[47] od daša rašija, i Rahu ovde pokazuje želju za siromaštvom ili odricanjem od materijalnog, odbijanje prirodnog rasta karijere. Razlozi za ovo mogu biti veoma iskreni. Postoje različiti oblici protesta, ali put koji osoba bira se može videti iz planeta u sedmoj kući od daša rašija.

1929: (daša Lava, Vaga bukti) *Tagore počinje da se bavi i slikanjem.* Oba znaka se nalaze pod snažnim uticajem Venere, pod aspektom i vladarstvom. Venera je istovremeno u kendri(koni) u odnosu na njih. Možda je upravo ljudski duh ono što ima najveću vrednost u čoveku, jer je najveći učitelj onaj koji veruje da nikad nije kasno za učenje.

7. avgust 1941: (daša Riba, antardaša Vage) Rabindranat Tagore umire u Kalkati, Indija; daša znak se nalazi u drugom ciklusu i aspektuje Strelca, drugu kuću od Aruda lagne. Pored toga, nalazi se u trigonu od mrtju pade (A8) u Raku. Antardaša je osma kuća od lagne i osma kuća od daša rašija.

OM TAT SAT

---

47   Videti paragraf 53. ovog poglavlja, pod Daša raši kao lagna.

Narajana Daša

ॐ नमो नारायणाय।

Varga Narajana Daša

Nomenklatura

Termin 'varga' znači 'podela' i odnosi se na različite podele znaka na osnovu kojih su konstruisani podelni čartovi (popularnije nazvani D-čartovi). Ovi podelni čartovi su poput mikroskopa koji treba da pomognu veštom astrologu da zaroni u dubine svakog od životnih područja pojedinačno. I dok neki astrolozi imaju različita mišljenja o upotrebi D-čartova, opšte prihvaćena paradigma Maharišija Parašare je upotreba šesnaest čartova, uključujući i raši čart.

Narajana daša podelnih čartova pokazuje promene u okruženju pojedinca, a u vezi sa svakim od životnih područija pojedinačno. Okruženje zavisi od posmatranog podelnog čarta. Narajana daša dašamša čarta (D-10) pokazuje promene u profesionalnom okruženju, daša saptamše (D-7) pokazuje isto u odnosu na decu i unuke, koji su od važnosti za samu osobu, i tako redom. Promene u profesionalnom okruženju imaće ogroman uticaj na život pojedinca tokom njegovog radno sposobnog doba, i zbog toga imaju veliku važnost. Narajana daše podelnih čartova nose ime posmatranog podelnog čarta u svom prefiksu. Na primer, Narajana daša D-10 čarta nosi naziv dašamša Narajana daša.

Iniciranje Narajana daše za varge

Narajana daše različitih vargi (podelnih čartova) počinju sa znakom u kome se nalazi vladar posmatrane kuće iz raši čarta.

Koraci za određivanje početnog znaka:

Pravilo (1) Odredite posmatranu kuću u raši čartu.

Na primer, ako određujemo Narajana dašu za čaturtamšu (D-4 čart), tada je četvrta kuća vladajuća kuća za data pitanja u raši čartu (D-1 čart).

Moguće je da različiti D-čartovi pokrivaju više od jednog životnog aspekta. U datom slučaju, moguće su različite Narajana daše za svaki od posmatranih aspekata u zavisnosti od vladajuće kuće u raši čartu. Ovo može dovesti do nekoliko Narajana daša za isti D-čart.

Drugi metod jeste određivanje posmatranje kuće brisanjem umnožaka od 12 od broja tog podelnog čarta. Dakle, za dašamšu (D-10 čart), dobijamo desetu kuću nakon što smo od 10 obrisali umnoške od 12. Na sličan način dobijamo četvrtu kuću brisanjem umnožaka od 12 od šodašamše (D-16 čart) ili 16 – 12 = 4. Narajana daša dobijena na ovaj način pokazuje uloženi trud osobe, kao i njegovu sreću u odnosu na posmatrani podelni čart.

Zarad boljeg razumevanja, uzmimo u obzir sledeće primere:

(A) Čaturvimšamša (D-24 čart): obrazovanje se analizira iz ovog D-čarta dok se formalno obrazovanje posmatra iz četvrte kuće. Dakle, Narajana daša u odnosu na četvrtu kuću u raši čartu daje atmosferu formalnog obrazovanja. Drugom metodom, brisanjem umnožaka od 12 od 24 dobijamo 0 ili 12, čime je pokazana dvanaesta kuća. Dobro je poznato da dvanaesta kuća ima malo dodirnih tačaka sa formalnim obrazovanjem i da može pokazati neformalno učenje od roditelja i drugih starešina kao deo kulturnog nasleđa. Dakle, savetuje se odabir četvrte kuće.

(B) Dvadašamša čart (D-12) se generalno odnosi na sve starije članove porodice i konkretno na roditelje. Dakle, treba da odredimo odgovarajuću Narajana dašu za svakog od roditelja uzimajući četvrtu kuću za majku, devetu za oca, dvanaestu za baku, petu za dedu i tako redom. Svaka od pomenutih Narajana daša će pokazati život posmatrane osobe. Ovo može doneti i veliku konfuziju. Umesto ovog, koristimo drugi metod brisanja umnožaka od 12 od pomenutog broja D-čarta (dvadašamša je 12), odakle je ostatak 0 ili 12, zato je kuća koju ćemo posmatrati dvanaesta kuća. Tako da jednostavnim uzimanjem dvanaeste kuće kao kontrolne kuće, izračunavamo Narajana dašu za dvadašamša čart.

Na ovaj način svaki astrolog treba da primeni jedan od pomenuta dva metoda i da odabrere kuću koju će posmatrati u raši čartu.

Pravilo (2) Odredite vladara posmatrane kuće iz raši čarta.

Jednom kada smo odredili dotičnu kuću u raši čartu, sledeći korak jeste definisanje njenog vladara. Ovo je u većini slučajeva jednostavno budući da svi znaci, osim Škorpije i Vodolije, imaju po jednog vladara. Ranije su navedena pravila za određivanje snažnijeg od dva vladara[1]. **Ipak, ukoliko se oba vladara nalaze u istom znaku, tada se snažnijim smatra onaj koji je na višem stepenu.**

Na primer, kod određivanja početnog znaka (aramba rašija) za dašamaša Narajana dašu (D-10 čart), odredite vladara desete u raši čartu. Ukoliko je znak u desetoj kući Vodolija, tada je bitka između Saturna i Rahua razrešena definisanjem onog koji daje Narajana dašu. Ako su oba smeštena u istom znaku i pokazuju period Narajana daše, tada se onaj na višem stepenu smatra snažnijim.

Pravilo (3) Znak u kom se nalazi vladar posmarane kuće (snažnija planeta) u podelnom čartu, pokreće Narajana dašu.

Neki astrolozi misle da se uzima snažniji između znaka u kom se nalazi vladar posmatrane kuće i sedme kuće odatle za određivanje početnog znaka Narajana daše za dati podelni čart. Iako je ovo korišteno u praksi, ovo područje zahteva obiman istraživački rad koji je ostavljen inteligentnim učenicima.

Priložena je tabela 29. za jednostavnije čitanje podelnih čartova. Tabela za crtanje D-čartova može se naučiti iz standarnih tekstova ili iz moje knjige *Vedske remedijalne mere u astrologiji*.

Periodi Narajana daše za varge

Daša periodi i potperiodi početnog, ali i ostalih znakova, određuju se na isti način kao kod Narajana daše raši čarta, kao

---

1   Poglavlje 2, Periodi daša, Članak (5) Dvojna vladavina, str. 26.

što je to ranije objašnjeno u poglavlju 2. Ovde se podelni čart posmatra potpuno nezavisno.

Na primer, ako je Jupiter u Strelcu u dašamša čartu (D-10), tada će daša period Strelca u dašamša Narajana daši trajati 12 godina.

Redosled Narajana daše za varge

Redosled Narajana daše treba odrediti na osnovu pravila datih u Poglavlju 3. Ipak, bitno je osigurati da je aramba raši (početni znak) znak u kom se nalazi vladar posmatrane kuće umesto lagne. Redosled daša koje slede treba odrediti na osnovu aramba rašija, a ne na osnovu lagne, i on može biti modifikovan planetama, kao u slučaju da se u datom znaku nalaze Saturn i Ketu.

Procena rezultata

Utvrđena pravila od ranije za Narajana dašu i dalje su primenljiva. Tome još možemo dodati i sledeće:

1) Svaki podelni čart ima kuću koja je u fokusu, a koja se zove 'karja bava'. Karja bava za dašamšu (D-10 čart) je deseta kuća, a za navamšu (D-9) je sedma kuća. Karja bava je ona kuća koja vlada aktivnostima koje upravljaju datim podelnim čartom.

2) Slično tome, signifikator dobija veliku važnost u posmatranom podelnom čartu. Moguće je da čart ima više od jednog signifikatora i njih treba i zabeležiti. Na primer, dašamša ima četiri signifikatora: (a) Merkur (učenje o poslu), (b) Jupiter (prihvatanje, razumevanje i primena inteligencije na posao), (c) Saturn (istrajnost i strpljenje u poslu) i (d) Sunce (sredstva i prilike za posao). U zavisnosti od smeštenosti ovih kariješa od varga lagne, kao i od daša rašija, faktori se vremenom menjaju.

3) Smeštenost atmakarake i joge u vezi sa atmakarakom u bilo kom podelnom čartu pokazuju želje duše ili stvarne unutrašnje želje pojedinca. Pokazuje takođe i nevidljive ciljeve, dok lagna pokazuje vidljive ili poznate ciljeve.

4) Aruda pade kuća i planeta mogu se nezavisno ispitati u podelnom čartu za veoma precizne predikcije.

5) Slično tome, Hora lagna, Gatika lagna i druge specijalne lagne igraju presudnu ulogu u podelnim čartovima.

6) Vladar posmatrane kuće iz raši čarta treba da je povoljno smešten u podelnom čartu. Na primer, vladar desete iz raši čarta, ukoliko je egzaltiran ili snažan u dašamši, obećava velika postignuća u karijeri; ili ukoliko je vladar pete iz raši čarta nepovoljno postavljen u saptamši, može najaviti probleme u vezi sa decom.

7) Sva ostala pitanja u vezi sa podelnim čartovima treba proučiti iz standardnih tekstova[2].

Tabela 29: Kontrolišuće kuće za varga Narajana dašu

D-čart	Ime	Pitanja pokrivena podelnim čartovima	Posmatrana kuća iz raši čarta	Napomena
D-2	Hora	Bogatstvo i životna sila	2. kuća	
D-3	Drekana	Braća i sestre	3. kuća	
D-4	Čaturtamša	Nekretnine	4. kuća	
D-5	Pančamamša	Podređeni	5. kuća	
D-6	Šastamša	Neprijatelji i kazne	6. kuća	Savetuje se gočara daša ili parjaja daša
D-7	Saptamša	Deca i porodična loza	7. kuća	
D-8	Aštamša	Bolesti	8. kuća	
D-9	Navamša	Supružnik i darma	9. kuća	
D-10	Dašamša	Karma, profesija i pozicija	10. kuća	
D-11	Rudramša	Destrukcija	11. kuća	Savetuje se Manduka daša
D-12	Dvadašamša	Roditelji i stariji	12. kuća	
D-16	Kalamša (šodašamša)	Vozila i komfor	4. kuća (16=12+4)	
D-20	Vimšamša	Duhovnost i religioznost	8. kuća	Savetuje se Drig daša
D-24	Sidamša	Obrazovanje i znanje	4. kuća	
D-30	Trimšamša	Zla i smrt	6. kuća	

---

2   Jedna od knjiga je *Sarvata Čintamani*, koju ćemo ako Bog da prevesti, za dobrobit cele Đotiš zajednice.

D-40	Kavedamša	Dobra ili zla koja dolaze sa majčine strane	4. kuća	Ostale daše koje nisu ovde pomenute
D-45	Akšavedamša	Dobra ili zla koja dolaze sa očeve strane	9. kuća	
D-60	Šastjamša	Doba ili zla usled karme iz prošlog života/karma	12. kuća	

Primeri

Drekana ČART (D-3) – braća i sestre

Čart 26: Muškarac rođen 7. avgusta 1963. godine, u 21:15h, u Sambalpuru, Indija.

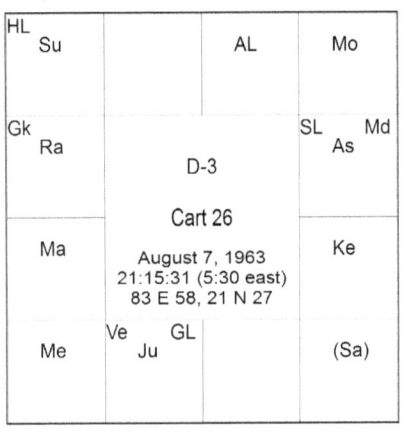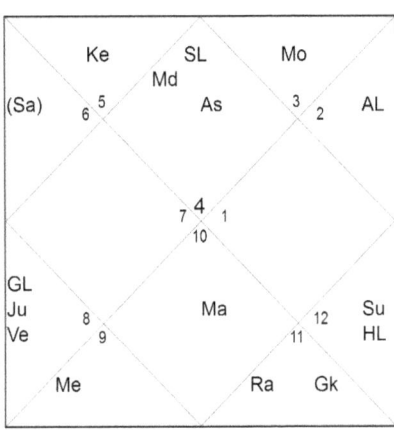

Budući da treba da odredimo drekana Narajana dašu, na osnovu tabele 15, ključna kuća je treća kuća koja vlada braćom i sestrama. Treća kuća u raši čartu je Bik i njen vladar, Venera, se nalazi u Škorpiji u drekani (D-3 čart). Dakle, Škorpija je aramba raši (početni znak drekana Narajana daše). Posmatrajmo ovaj znak kao prvu kuću, a drekanu kao nezavisni čart, i tada možemo primeniti pravila za Narajana dašu.

Osoba ima starijeg i mlađeg brata. Pošto je lagna u D-3 čartu Rak, paran znak, brojanje braće/sestara ide obrnutim smerom. Starijeg brat ili sestru pokazuje Merkur u Strelcu (muško – brat), a mlađeg pokazuje Venera u jutiju sa Jupiterom (muško – brat) u Škorpiji. Tretirajte ove znakove kao lagne, Strelca za starijeg i Škopriju za mlađeg brata.

Tabela 30: Drekana Narajana daša

Snažnije planete i znaci: Saturn i Mars; Ov, Šk, Bl, Ja, Vo i De.

Daša	Period	Od	Do
Škorpija	03	1963-08-07	1966-08-07
Blizanci	06	1966-08-07	1972-08-07
Jarac	04	1972-08-07	1976-08-07
Lav	05	1976-08-07	1981-08-07
Ribe	04	1981-08-07	1985-08-07
Vaga	01	1985-08-07	1986-08-07
Bik	06	1986-08-07	1992-08-06
Strelac	11	1992-08-06	2003-08-07
Rak	01	2003-08-07	2004-08-06
Vodolija	05	2004-08-06	2009-08-07
Devica	09	2009-08-07	2018-08-07
Ovan	10	2018-08-07	2028-08-06

Prva daša je daša Škorpije, od 1963. do 1966. godine, i pošto je u pitanju lagna mlađeg brata, rođenje tog brata se i dogodilo tokom ovog perioda.

Sledeća daša je daša Blizanaca koja je zajedno sa Mesecom. Mesec je vladar osme od Strelca (stariji brat) i pokazuje opasnosti, ali pošto je u pitanju i vladar devete od Škorpije to takođe pokazuje povoljan period za mlađeg brata. Stariji brat je čudom izbegao nesreću koja se dogodila u planinama. Istovremeno je ostvarivao veoma slabe rezultate u školi.

Efekti Lav daše doveli su dašu Riba. Razlika je u tome da sa ulaskom u dašu Lava stariji brat odlazi u internat zarad studija (Lav je deveta kuća, brojano od Strelca, a ona upravlja putovanjima i obrazovanjem), dok mlađi brat počinje da uči klasičnu muziku. Posledično, sa dolaskom daše Riba, stariji brat odlazi u SAD (vladar devete je Sunce u četvrtoj kući, kući obrazovanja) po diplomu inženjera, dok se mlađi brat (Škorpija) ističe u muzici (Sunce u petoj u Ribama) i osvaja brojna priznanja i nagrade na polju molitvene muzike.

U toku daše Strelca, mlađi brat prolazi kroz veliki gubitak i njegova karijera doživljava pad. Strelac ima Merkura kao vladara

Narajana Daša

osme i jedanaeste od Škorpije, a ujedno je u pitanju i vladar druge, ubica, od Škorpije. Stariji brat doživljava vrtoglav rast, kupuje Mercedes i ostala skupa kola i doživljava finanasijski procvat (Strelac je prva kuća od sebe samog i Merkur, koji je vladar sedme i desete smešten u digbala znaku, dobija direktivnu snagu).

Čaturtamša (D-4 čart) - nekretnine

Čart 27: Akbar Veliki 24. novembra 1542. godine (O.S.) ili 4. decembra 1542. godine (N.S.) u 4:09h (vreme nije korigovano), (25N19', 69E47').

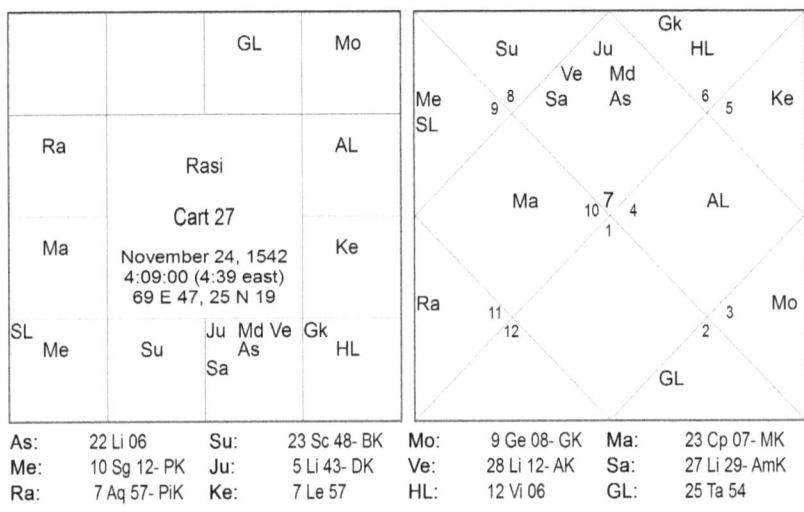

As:	22 Li 06	Su:	23 Sc 48- BK	Mo:	9 Ge 08- GK	Ma:	23 Cp 07- MK
Me:	10 Sg 12- PK	Ju:	5 Li 43- DK	Ve:	28 Li 12- AK	Sa:	27 Li 29- AmK
Ra:	7 Aq 57- PiK	Ke:	7 Le 57	HL:	12 Vi 06	GL:	25 Ta 54

Horoskop Akbara Velikog, mogulskog cara Indije, nosi bezbroj rađa joga, tri mahapuruša joge sa egzaltiranim Saturnom, Marsom i Venerom u svom znaku u kendri, pored brojnih kombinacija koje ne ostavljaju ni trag sumnje u sve dobre stvari koje su istoričari zapisali u vezi sa njim. Pravi rast ovog čarta dogodio se tokom 16 godina Jupiterove daše (Vimšotari), koji se najbolje može objasniti činjenicom da Jupiter vlada devetom kućom od Aruda lagne i zbog toga štiti osobu. Kao dodatak tome Jupiter je i vladar sedme od HL, nalazi se u sedmoj od GL i na lagni, čime se kvalifikuje kao jogada u ovom čartu.

Rađajoga podrazumeva vladarstvo i kontrolu nad ogromnim prostorima. Vladar četvrte je egzaltirani Saturn dok je vladar druge, Bumi karaka Mars, egzaltiran na lagna kendri. Oni formiraju dve moćne joge, Sasa i Ručaka jogu, koje dodaju na potencijalu za nekretnine, kao i ostalim rađa jogama.

Četvrta kuća u raši čartu je znak Jarac i vladar se nalazi u Raku u D-4 čartu. Dakle, čaturtamša Narajana daša počinje od Raka. Pošto se u početnom znaku nalazi Saturn, daša je redovna, a pravac kretanja zodijački (videti pravila u vezi sa redosledom daša).

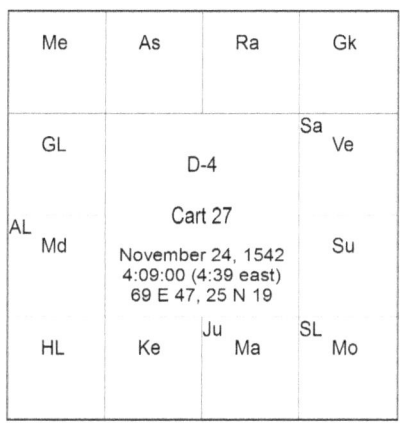 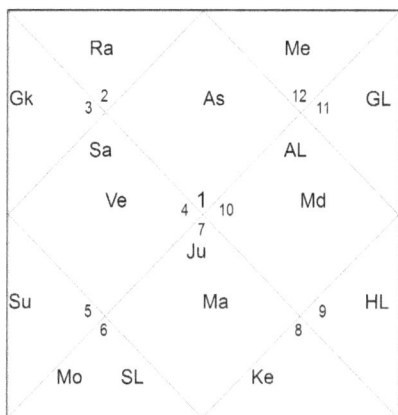

Tabela 31: Čaturtamša Narajana daša

Snažnije planete i znaci: Saturn i Mars; Va, Bi, Bl, Ra, La i De.

Daša	Period	Godine	Od	Do
Rak	10	10	1542-12-04	1552-12-03
Lav	12	22	1552-12-03	1564-12-03
Devica	05	27	1564-12-03	1569-12-03
Vaga	09	36	1569-12-03	1578-12-03
Škorpija	11	47	1578-12-03	1589-12-03
Strelac	10	57	1589-12-03	1599-12-03
Jarac	06	63	1599-12-03	1605-12-03

Pažnje vredan aspekt čaturvimšamše je graha malika joga[3] koju formiraju planete koje su se nanizale od četvrte do osme kuće. Pošto je kuća fokusa u čaturvimšamša čartu četvrta kuća,

---

3   Doslovno "ogrlica planeta". Joga koju formiraju planete koje su nanizane redom, u bilo kom čartu. Potrebno je da minimum pet ili više kuća budu pokrivene, a početna i krajnja kuća drže ključ svrhe i uspeha ove joge. U bilo kom podelnom čartu ove kuće treba posmatrati u odnosu na ključnu kuću datog D-čarta.

ova kombinacija pokazuje neverovatne visine do kojih će doseći aktivnosti u vezi sa izgradnjom imperije.

Sa dolaskom daše Lava, u njegovoj jedanaestoj godini, namestili su se i svi preduslovi za rađjogu. U svojoj trinaestoj godini, 1556. godine, nasleđuje svog oca Humajuna na tronu Delhija. Sunce vrši neometenu šuba argalu na četvrtu kuću i imperija tada počinje da raste ogromnim koracima, i svi kraljevi Rađaputa padaju pod njegovu moć.

Graha malika joga, koja je počela na samom rođenju, nastavlja se sve do Narajana daše Škorpije (1589) i tokom ovog celokupnog perioda, on dobija jednu bitku za drugom sve dok nije postao car cele Indije. Potom, tokom Narajana daše Strelca, on konsoliduje imperiju i postavlja osnove za liberalnu i pravednu vladavinu. Bitno je pomenuti da se cela kampanja stvaranja imperije dogodila tokom vladavine Graha malika joge, određene uz pomoć Narajana daše. Umire na samom kraju daše Jarca, 13. oktobra 1605. godine.

Saptamša (D-7 Čart) - potomstvo

Čart 28: Muškarac rođen 12. novembra 1934. godine, u 18.19h, u Kataku, Indija.

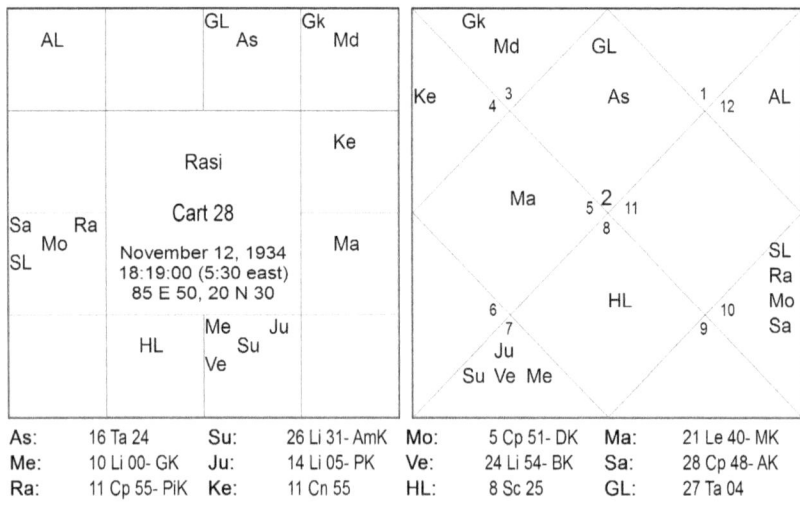

As:	16 Ta 24	Su:	26 Li 31- AmK	Mo:	5 Cp 51- DK	Ma:	21 Le 40- MK
Me:	10 Li 00- GK	Ju:	14 Li 05- PK	Ve:	24 Li 54- BK	Sa:	28 Cp 48- AK
Ra:	11 Cp 55- PiK	Ke:	11 Cn 55	HL:	8 Sc 25	GL:	27 Ta 04

U čartu 28, vladar pete kuće je prešao tri navamše i pokazuje troje dece. Saptamša čart (D-7) ima Vodolija lagnu sa vladarom pete, Merkurom, u Strelcu (prvi sin); vladar sedme, Sunce, je egzaltiran u Ovnu (drugi sin); i vladar devete, Venera, je egzaltirana sa Ketuom u Ribama (treći sin).

U slučaju samptamše imamo dve opcije. Možemo posmatrati petu kuću, koja upravlja potomstvom, ili sedmu kuću, što je alternativni metod pošto je broj za saptamšu broj 7. Parašara podučava da se iz saptamše mogu videti *"plodovi braka"* i time implicira da je fokus sedma kuća, umesto pete kuće, aludirajući da legitimno potomstvo nastaje iz legitimnog braka. *Na osnovu toga, učen astrolog treba da uzme sedmu kuću i njenog vladara za računanje saptamša Narajana daše.* U ovom slučaju, sedma kuća je Škorpija i od dva njena vladara Mars je snažniji i iniciraće dašu.

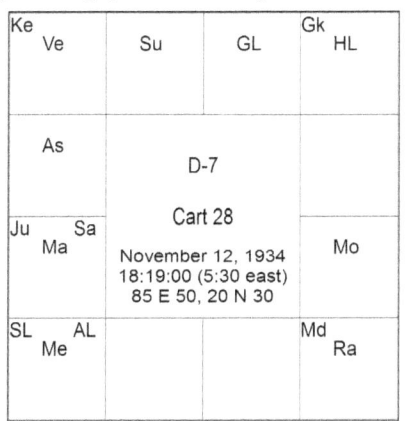 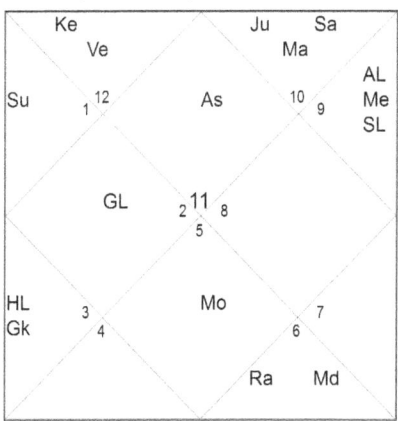

Tabela 32: Saptamša Narajana daša

Snažnije planete i znaci: Saturn i Mars; Ov, Šk, St, Ja, La i Ri.

Daša	Period	God	Od	Do
Jarac	12	12	1934-11-12	1946-11-12
Vodolija	01	13	1946-11-12	1947-11-12
Ribe	01	14	1947-11-12	1948-11-12
Ovan	10	24	1948-11-12	1958-11-12
Bik	11	35	1958-11-12	1969-11-12
Blizanci	06	41	1969-11-12	1975-11-12
Rak	11	52	1975-11-12	1986-11-12

Lav	05	57	1986-11-12	1991-11-12
Devica	09	66	1991-11-12	2000-11-11
Vaga	06	72	2000-11-11	2006-11-12

Prirodno starosno doba za stvaranje potomstva je u rasponu od 18 do 50 godina, a tek nakon što smo analizirali čart iz ugla mogućnosti dobijanja potomstva[4], možemo primeniti saptamša Narajana dašu. Daše koje se nalaze u pomenutom rasponu starosti su Ovan, Bik, Blizanci i Rak. Posle toga je neophodno odrediti okvirno vreme ulaska u brak, i tek tada možemo dati predikciju u vezi sa rođenjem dece i njihovom srećom.

Znak u kom se nalazi vladar šeste[5] ili koji on aspektuje, ne doprinosi imanju dece. Vladar šeste je Mesec koji se nalazi u Lavu odakle aspektuje Ovna. Dakle, tokom daše Ovna sve do 24. godine života, ne mogu se očekivati brak i plodovi braka. Peta kuća od Jupitera i od vladara lagne, Saturna, je Bik, koji prima aspekt Jupitera. Bik je ujedno i deseta kuća od Meseca, i ne prima aspekte vladara šeste. Do braka je došlo tokom daše Bika, a tri sina su potom rođena u antardašama Vage, Lava i Raka, datim redom. Drugi način da se ovo potvrdi jeste analiza **upapade (UL)** u čartu, budući da su deca plod braka. *Znaci u kojima se nalazi upapada ili njen vladar, ili znaci koji aspektuju upapadu, mogu doneti plodove braka.* Upapada je u Vagi koja aspektuje Bika, i time pokazuje brak i decu tokom Narajana daše Bika.

Daša Blizanaca je bila veoma povoljna za drugog i trećeg sina, pošto je u pitanju treća (upačaja) od Sunca i četvrta od Venere. Pošto je u pitanju badak znak od Strelca, prvi sin nije imao uspeha na studijama.

Daša Raka, koji se nalazi u osmoj od Strelca, prozvala je odlazak starijeg sina u internat, a kasnije i u inostranstvo zarad obrazovanja, od 1976. godine pa na dalje. Pošto su u pitanju druga i peta kuća u odnosu na drugog i trećeg sina, ovo je za njih bio povoljan period.

Daša Lava je bila nepovoljna za drugog sina jer vladar šeste,

---

4   Videti Osnove Vedske astrologije.
5   Vladar šeste u muškom čartu i desete u ženskom. Na sličan način, Sunce je bitno za začeće i Mesec za održavanje trudnoće. Ostali detalji se mogu naučiti iz standardnih tekstova.

Mesec, aspektuje Sunce (drugo dete) i zato to dete prolazi kroz operaciju i ozbiljne povrede, ali preživljava uz pomoć egzaltiranog Sunca. Bio je ovo negativan period i za trećeg sina pošto je u pitanju šesta od Riba (Venera), a budući da se nalazi u devetoj od Strelca, najstariji sin neće osetiti probleme.

Narajana daša Device, od 1991. do 2000. godine, donosi rađa jogu najstarijem sinu, pošto je u pitanju deseta od Strelca i Rahu se tu nalazi. Istovremeno, Devica je šesta kuća od Ovna i Rahu je veoma nepovoljan za Sunce. Dakle, drugi sin je usled okolnosti primoran da pronađe službu (šesta kuća) u Vladi gde je ostao zaposlen tokom cele daše (od 1991. do 2000). Devica je sedma kuća od Riba i treći sin tada započinje biznis u vezi sa ribom/hranom, koji se na kratko pokazao uspešnim. Bitno je primetiti da je priroda posla pokazana prirodom planeta i znakova u odnosu na posmatranu decu, a rezultati poput zaposlenja ili biznisa itd. zavise od kuće u kojoj se nalazi saptamša Narajana daša znak za posmatrano dete. Sa dolaskom Narajana daše Vage, osoba ulazi u biznis sa drugim sinom pošto je Vaga deseta kuća (kuća biznisa) od Sunca, koje je vladar sedme kuće i predstavlja drugog sina. I Saturn i Sunce se nalaze u međusobnim kendrama i tako postaju paraspara[6] *jogakaraka*[7].

Navamša čart(D-9) – Suprug

Vreme stupanja u brak

Čart 29: Žensku osobu rođena 27. jula 1964. godine u 13:30h u Bombaju, Indija (18N58', 72E50').

U slučaju navamše, imamo dve opcije: posmatranje sedme kuće koja upravlja brakom i seksom, ili devete kuće, što je alternativni metod pošto je navamša broj 9. Ipak, opšte je poznato da je brak plod darme, devete kuće, ili u suprotnom, čovek ne bi imao potrebu za sklapanjem braka, kao što je nemaju ni životinje Razlika je u tome što, za razliku od ostalih bića, čovek reguliše svoj lični i seksualni život na osnovu darme. Aluzija je ponovo

---

6   Međusobni.
7   Planeta koja može doneti jogu (spajanje) sa datim ciljem; paraspara jogakaraka znači međusobnu saradnju u cilju ostvarenja zajedničkog cilja.

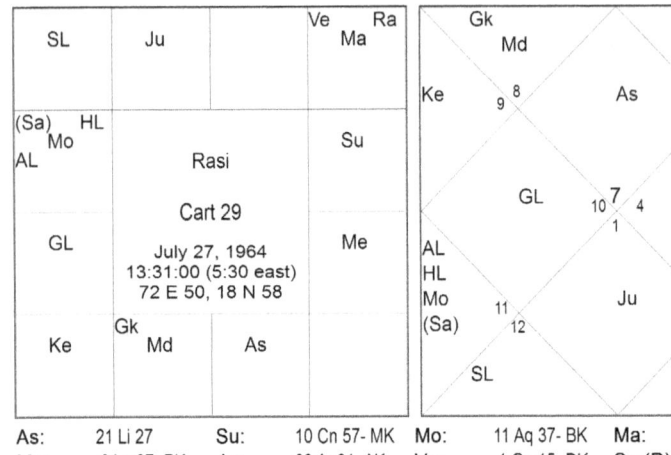

As:	21 Li 27	Su:	10 Cn 57- MK	Mo:	11 Aq 37- BK	Ma:	4 Ge 20- GK
Me:	6 Le 27- PK	Ju:	29 Ar 01- AK	Ve:	1 Ge 15- DK	Sa (R):	10 Aq 19- PiK
Ra:	6 Ge 58- AmK	Ke:	6 Sg 58	HL:	19 Aq 13	GL:	17 Cp 04

na tome da legitimno potomstvo nastaje iz legitimnog braka. *Na osnovu ovog, učen astrolog treba da uzme devetu kuću i njenog vladara za računanje navamša Narajana daše.* U ovom slučaju, deveta kuća su Blizanci i vladar Merkur treba da inicira navamša Narajana dašu. *Vreme stupanja u brak se može odrediti uz pomoć navamša Narajana daše, a imajući na umu Ketua, Veneru i Jupitera, zajedno sa vladarom lagne i naravno ključne upapade.*

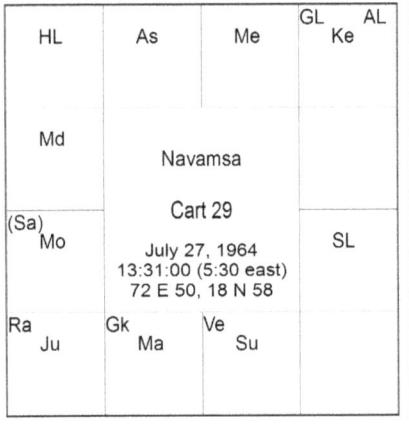

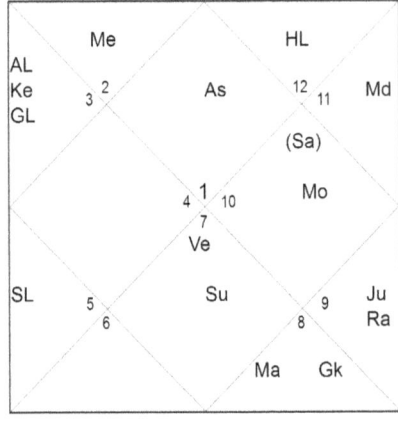

Varga Narajana Daša
Tabela 33: Navamša Narajana daša

Snažnije planete i znaci: Saturn i Ketu; Va, Bi, St, Ja, La i Ri.

Daša	Period	God	Od	Do
Bik	05	5	1964-07-27	1969-07-27
Strelac	12	17	1969-07-27	1981-07-27
Rak	06	23	1981-07-27	1987-07-28
Vodolija	01	24	1987-07-28	1988-07-27
Devica	04	28	1988-07-27	1992-07-27
Ovan	07	35	1992-07-27	1999-07-28
Škorpija	07	42	1999-07-28	2006-07-27
Blizanci	11	53	2006-07-27	2017-07-27

Antardaša u Devica Narajana daši

De (04) St 1988-07-27 Ja 1988-11-26 Vo 1989-03-27 Ri 1989-07-27
Ov 1989-11-26 Bi 1990-03-28 Bl 1990-07-27 Ra 1990-11-26
La 1991-03-28 De 1991-07-28 Va 1991-11-26 Šk 1992-03-27

Ketu i upapada se nalaze u Blizancima i primaju aspekte ostalih dvojnih znakova. Venera je u Vagi u sedmoj kući. Iako je bračno doba žene raspon od 18 do 40 godina, u kontekstu Indije ovaj raspon je generalno kraći. Narajana daša Raka, od 17. do 23. godine ima darapadu (A7), i pokazuje zabavljanje ali pošto je u pitanju druga kuća od Aruda lagne (AL) i upapade (UL) pokazuje da do braka ne može doći. Na sličan način, Vodolija ne aspektuje upapadu niti je u konjukciji sa njenim vladarom, Merkurom.

Dakle, brak se može dogoditi tek u sledećoj daši, daši Device koja aspektuje upapadu u Blizancima. Ova daša traje od 1988. do 1992. godine. Posmatrajući tranzit Jupitera, upapada se u natalnom čartu nalazi u Raku, a Jupiter treba da tranzitira drugu odatle 1991. godine. Među antardašama u toku ovog perioda, Devica i Vaga su oboje sposobni da donesu brak, ali Vaga nema aspekt na upapadu i može se pokazati kao iluzija zbog debilitiranog Sunca. Osoba se udala se u avgustu 1991. godine, u daši Device i antardaši Device.

Brak i razvod

Čart 30: Muškarac rođen 6. novembra 1975. godine u 16:45h u Hajderabadu, Indija.

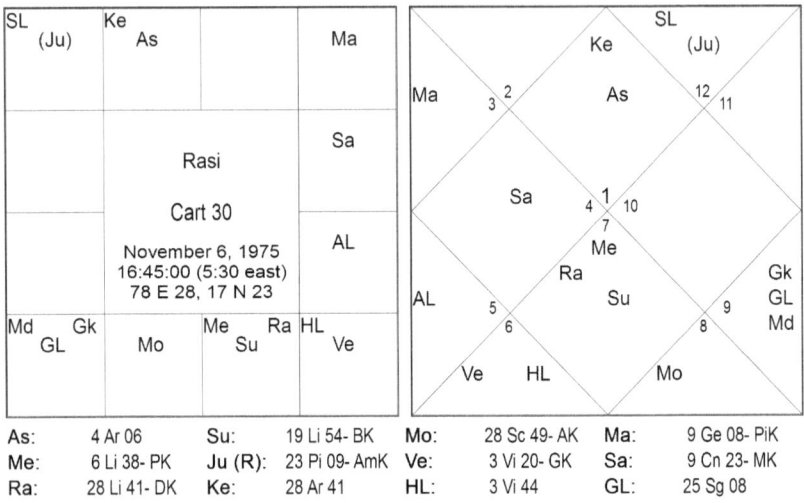

As:	4 Ar 06	Su:	19 Li 54- BK	Mo:	28 Sc 49- AK	Ma:	9 Ge 08- PiK
Me:	6 Li 38- PK	Ju (R):	23 Pi 09- AmK	Ve:	3 Vi 20- GK	Sa:	9 Cn 23- MK
Ra:	28 Li 41- DK	Ke:	28 Ar 41	HL:	3 Vi 44	GL:	25 Sg 08

U čartu 31, sedma kuća je pod eklipsom usled konjukcije debilitiranog Sunca sa Rahuom. Ova kombinacija je u jutiju sa nepovoljnim vladarom treće i šeste kuće, Merkurom. Debilitirani Mesec u osmoj kući takođe ukazuje na zlokobni događaj u vreme stupanja u brak. Upapada je u Strelcu i, iako se njegov vladar nalazi u Ribama, u navamši je debilitiran. Saturn je zaštitnik braka pošto je vladar druge od upapade, ali je veoma oslabljen zbog pozicije u dvanaestoj kući od Aruda lagne. Ovo je dovelo do neobične situacije. Ukoliko brak opstane i Saturn ojača, njegova Aruda lagna će ispaštati i osoba će proći kroz brojne gubitke i padove u biznisu.

Vladar devete od lagne je Jupiter smešten u Jarcu u navamši. Dakle, navamša Narajana daša počinje od Jarca.

Mo Su	As	Gk Ra
HL Ve	Navamsa Cart 30 November 6, 1975 16:45:00 (5:30 east) 78 E 28, 17 N 23	SL
(Ju)		AL
Ke Ma	GL Me	Md Sa

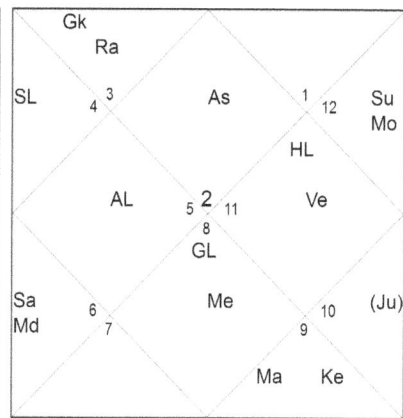

Tabela 34: Navamša Narajana daša

Snažnije planete i znaci: Rahu i Ketu; Ov, Šk, St, Ja, Vo i Ri.

Daša	Period	God	Od			Do		
Jarac	04	4	1975	11	06	1979	11	06
Strelac	00	4	1979	11	06	1979	11	06
Škorpija	01	5	1979	11	06	1980	11	06
Vaga	04	9	1980	11	06	1984	11	06
Devica	10	19	1984	11	05	1994	11	05
Lav	05	24	1994	11	06	1999	11	06
Rak	04	28	1999	11	06	2003	11	06
Blizanci	05	33	2003	11	06	2008	11	06

U navamša čartu, upapada (UL) je u Lavu zajedno sa AL gde primaju aspekte darapade (A7) iz Jarca. Osobe sa ovom kombinacijom mogu imati veoma pogrešno shvatanje da je seks početak i kraj braka. Sa dolaskom daše Lava, u devetnaestoj godini, osoba se zaljubljuje. Mnogi roditelji očekuju od sina da najpre ostvari stabilne prihode, a tek potom da stupi u brak. Ovo često rezultira nepotrebnim kašnjenjem brakova koja dovode do ljubavnih muka i patnje mladih ljudi. Ovaj društveni trend nije povoljan za potomstvo generacija koje slede. Dakle, iako je mladić bio spreman za brak, budući da je tekla navamša Narajana daša upapade (Lav), u početku je naišao na veliki otpor od strane svojih roditelja, a kasnije i roditelja sa mladine strane.

Pod veoma neobičnim okolnostima, mladić se ženi sa svojom voljenom u februaru 1997. godine, u daši Lava i antardaši Škorpije. Bitno je pomenuti da je Škorpija sedma kuća u navamši i da aspektuje darapadu (A7). Dakle, ono što se doista dogodilo je ugovor o legitimnoj intimnosti. Ovaj znak nije imao dodirne tačke sa upapadom. Osoba je počela da zanemaruje posao i posao doživljava kolaps. U roku od dva meseca, njegova mlada ga napušta. U donošenju ove odluke veliki udeo imali su njena majka i ostala rodbina.

Možemo zaključiti da je *bolje stupiti u brak u vreme kada antardaša ima aspekt na upapadu u navamši.* Pre nego što damo predikciju o datumu sklapanja braka treba pažljivo proveriti sledeće stavke:

1) **Kompatibilnost**: treba proveriti mentalni sklop kroz 36 koraka đanma raši/nakšatra poklapanja. Idealno, rezultat treba da se nađe između 20 i 30 poena. Rezultate ispod 10 poena treba odbaciti, a preko 30 treba kritički ispitati jer savršeno poklapanje u toj meri nije izvodljivo u ljudskom životu.

2) **Poklapanje upapada**: lagna muškarca treba da je u trigonu ili u sedmoj kući od upapade devojke, ili u znaku u kom se nalazi vladar upapade. Lagna mladića može biti i jedan od znakova kojim vlada najmoćnija planeta na upapadi devojke. Na sličan način treba potvrditi lagnu devojke u odnosu na upapadu mladića. Ostale detalje možete naučiti iz moje knjige *Osnove Vedske astrologije.*

3) **Tranzit Jupitera**: Jupiter je veliki blagoslov i treba da se nađe u snazi u drugoj od upapade, ili da aspektuje znak u drugoj od upapade (raši drišti[8]). Jupiterov tranzit preko znaka u kom se nalazi vladar sedme u navamši veoma je povoljan za brak.

4) **Narajana daša**: Narajana daša (za raši čart) treba da je povezana sa Ketuom, Venerom ili sa sličnim povoljnim znacima ili planetama.

5) **Navamša Narajana daša**: navamša Narajana daša treba da je povezana sa navamša upapadom[9].

---

8   Drišti znači aspekt. Videti prvo poglavlje za više detalja.

9   UL ili aruda pada dvanaeste kuće izračunata nezavisno u navamši.

6) **Muhurta:** Mesec, datum, vreme itd. treba pažljivo izabrati u skladu sa principima u vezi sa datom temom.

Dašamša (D-10 Čart) – karijera (Dr M. M. Đoši)

Čart 31: Dr Murli Manohar Đoši, rođen 5. januara 1934. godine, u 10:17h, u Delhiju.

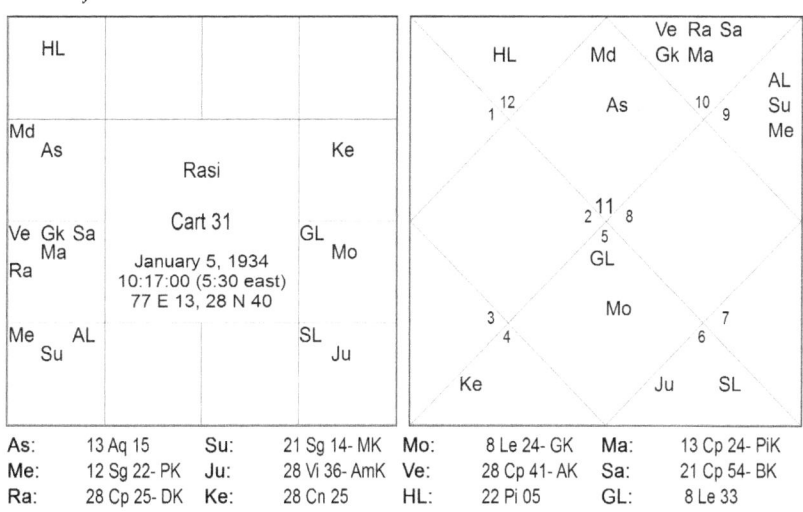

As:	13 Aq 15	Su:	21 Sg 14- MK	Mo:	8 Le 24- GK	Ma:	13 Cp 24- PiK
Me:	12 Sg 22- PK	Ju:	28 Vi 36- AmK	Ve:	28 Cp 41- AK	Sa:	21 Cp 54- BK
Ra:	28 Cp 25- DK	Ke:	28 Cn 25	HL:	22 Pi 05	GL:	8 Le 33

Darma-Karmadhipati joga

Dr Murali Manohar Đoši rođen je 5. januara 1934. godine, sa Vodolija lagnom i vladarom lagne, Saturnom, u snazi, u dvanaestoj kući. Ovo mu daje nevezanost, samopožrtvovanje (dvanaesta kuća) i čini ga velikim radnikom (Jarac – Saturn). Konjukcija vladara lagne, koji predstavlja sopstvo, i vladara desete kuće, koja predstavlja karmu, u snazi, i to dok je Mars istovremeno egzaltiran, donosi karma jogu. Ovakva osoba je veoma pažljiva u vezi sa svojim akcijama i nastoji da održi fokus na poslu. Marljivo radi u pravcu jasno zacrtanih ciljeva. Koji su to ciljevi i kako se mogu ostvariti, postaje naše prvo pitanje. Vladar desete, Mars, u konjukciji je sa vladarom devete i jogakarakom, Venerom, što donosi najvišu jogu pod imenom darma-karmaadhipati joga. Dakle, dobar deo fokusa dr Đošija jeste uspostavljanje darme što uključuje stvaranje zakona (darma), propagiranje društvenih normi o čistim živnim navikama (darma, karma) i, budući da su

139

umešane planete i egzaltirani Mars, on neće oklevati ni da primeni silu kako bi se zakoni darme sproveli. Bitno je primetiti da su dva glavna događaja koja ga uvode u svet politike u njegovoj ranoj mladosti Pokret za zaštitu krava, 1953-54. godine, i Kumb Kisan Andolan Utara Pradeša, Indija, 1955. godine, kada je zahtevao da se procenjeni zemljišni prihodi prepolove u korist siromašnih farmera. Pogledajte tematiku: Hindusi smatraju kravu svetom životinjom i naša sveta dužnost je da je zaštitimo. Drugi cilj ide u

korist farmera/poljoprivrednika koji su kičma indijske ekonomije. Ova se darma-karmaadhipati joga manifestovala u vidu fokusa njegove karme na darmi (čiste životne navike) i veza sa vladarom lagne, Saturnom, donosi fokus na siromašne i nezaštićene/slabije. Veza mokša karake, Ketua, sa svim tim ukazuje na to da je drugi fokus njegove karme usmeren na dostizanje oslobođenja iz ciklusa rađanja. Ovo se odnosi na aktivnosti u pravcu Krišna svesnosti. Veruje se da konjukcija četiri planete u istom znaku pokazuje sveca iz prošlog života koji se vratio zbog neispunjene karme. Ukoliko je ova kombinacije prisutna u kendra kućama (1, 4, 7, 10) tada se osoba ili odlučuje za religiozni pravac u životu (sanjas joga) ili će ta osoba briljirati u jednom od životnih aspekata.

Početni znak: deseta kuća u raši čartu je znak Škorpije sa dva vladara – Marsom i Ketuom. Bitno je pomenuti da su oba pomenuta vladara egzaltirana u dašamši. Nijedan od njih ne prima aspekte Jupitera, Merkura ili svog dispozitora. I konačno, nalazimo da je Ketu snažniji od Marsa, budući da se nalazi u kendri od atmakarake, Venere, pored toga što se nalazi u dvojnom znaku. Dakle, Strelac je snažniji od Jarca. Između Strelca i vladara sedme odatle - Blizanaca, Blizanci su snažniji za iniciranje dašamša Narajana daše.

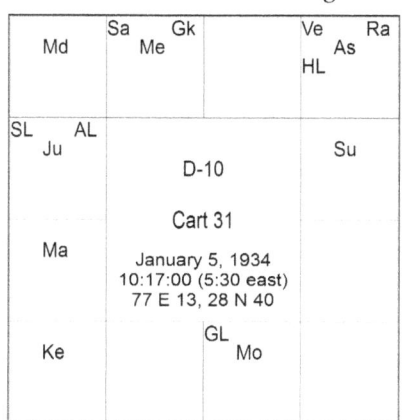
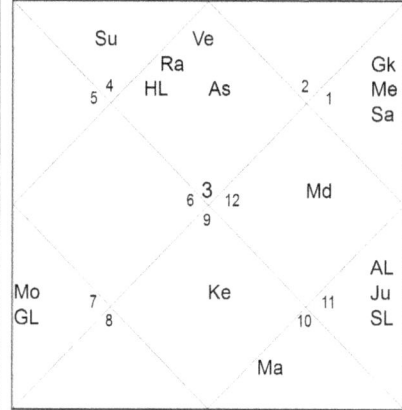

Tabela 35: Dašamša Narajana daša

Snažnije planete i znaci: Saturn i Ketu; Ov, Šk, Bl, Ra, Vo i Ri.

Daša	Period	God	Od			Do		
Blizanci	10	10	1934	01	05	1944	01	05
Vodolija	09	19	1944	01	05	1953	01	05
Vaga	08	27	1953	01	05	1961	01	04
Devica	05	32	1961	01	04	1966	01	05
Bik	01	33	1966	01	05	1967	01	05
Jarac	08	41	1967	01	05	1975	01	05
Strelac	02	43	1975	01	05	1977	01	04
Lav	01	44	1977	01	04	1978	01	05
Ovan	10	54	1978	01	05	1988	01	05
Ribe	01	55	1988	01	05	1989	01	04
Škorpija	01	56	1989	01	04	1990	01	05
Rak	09	65	1990	01	05	1999	01	05

Tabela 36: Dašamša Narajana daša – drugi ciklus

Daša	Period	God	Od			Do		
Blizanci	02	67	1999	01	05	2001	01	04
Vodolija	03	70	2001	01	04	2004	01	05
Vaga	04	74	2004	01	05	2008	01	05
Devica	07	81	2008	01	05	2015	01	05

Učitelj i istraživač

Dr Đoši započeo je karijeru podučavajući fiziku na Alahabad Univerzitetu kao veoma mlad, već u dvadeset trećoj godini, tokom dašamša daše Vage. Gatika lagna (GL – uspon, pozicija, autoritet) je u Vagi u D-10 čartu. Jupiter je vladar desete kuće u dašamša čartu i nalazi se u devetoj kući koja upravlja institucijama za visoko obrazovanje. Jupiter takođe pokazuje fiziku kao predmet. Pošto se Jupiter nalazi na Aruda lagni, koja pokazuje javni imidž, u dašamši, ovo je doprinelo njegovom imidžu velikog intelektualca i učitelja. Preko desetine studenata završilo je svoje doktorate iz filozofije i nauke pod vođstvom dr Đošija, i pripisane su im na stotine istraživačkih radova. On je ujedno i prva osoba koja je predala svoju doktorsku tezu iz spektroskopije na hindi jeziku.

Dašamša Narajana daša Jarca (1967-75) sa egzaltiranim Marsom svedoči o njegovom usponu pošto se nalazi u jutiju sa rađa padom (A10). Tokom perioda znakova koji aspektuju rađa padu može se očekivati podrška nadređenih, kao i pozicija i uspeh u poduhvatima. 1968. godine postaje član Odbora za obrazovanje u Utara Pradešu, a tokom 1971-73. postaje generalni sekretar Udruženja univerzitetskih profesora u Alahabadu.

Dašamša Narajana daša Lava trajala je svega godinu dana. Lav aspektuje Gatika lagnu sa Mesecom, i obećava poziciju i moć. Ovo uključuje i Komitet za nauku i tehnologiju Utara Pradeša (odsek za fiziku) i Savet Indijskog instituta za nauku, Bangalor (1977-79).

Pred sam ulazak u **dašamša Narajana dašu Riba** on postaje predsednik Udruženja univerzitetskih profesora u Alahabadu što i ostaje sve do kraja daše, 1990. godine.

Konačno, u **Narajana daši Raka,** koja aspektuje osmu kuću (kuća penzionisanja), ulazi u šezdesetu godinu i penzioniše se sa funkcije šefa odseka za fiziku na Alahabad univerzitetu.

Politička karijera

Prvi ciklus dašamša Narajana daše

Narajana daša Vodolije (1944-53): RSS i Đana Sang

Vodolija je deveta kuća (stariji/vođe) povezana sa vladarom desete (pravac karijere) Jupiterom. Vodolija aspektuje Vagu sa Gatika lagnom (moć/autoritet) i Mesecom (popularnost/pitanja društva), Rak sa Suncem (odlična karijera, novi počeci). Dr Đoši kao mladić dolazi u kontakt sa Raštrija Svajamsevak Sang (R.S.S.) u Delhiju, 1944. godine, kada je u svojoj desetoj godini postao njen član. Potom, 1949. godine, postaje čan *Akil Baratija Vidjarati Parišad* (A.B.V.P.), koja predstavlja ogranak mladih *Baratija Đanata Partije* (BĐP). Bitno je naglasiti da se ovaj postupak iz rane mladosti vremenski poklapa sa ulaskom u Vodolijinu dašu. Vodolija sa velikim Jupiterom i Aruda lagnom (AL), daju mu veze sa ovakvim ljudima/organizacijama koji su kičma njegove političke karijere, donose mu slavu i veoma dobru poziciju i reputaciju. Počevši kao okružni sekretar BĐS, uzdiže se na mesto sekretara partijskog podmlatka u UP. Postoje aktivan u ABVP i u Udruženju učitelja.

Narajana daša Vage (1953-61) *Vaga je sedište moći budući da se nalazi u petoj kući zajedno sa Gatika lagnom. Prisustvo Meseca u petoj kući daje mu ogromnu popularnost. Ovo je još izraženije zbog Jupiterovog aspekta iz Vodolije i pokazaće se kao najbolji period u karijeri. Tokom 1953-56. bio je na mestu generalnog sekretara, A.B.V.P., Utar Pradeša i kasnije generalni sekretar All India, A.B.V.P. Nagli uspon na mesto moći podudara se sa ulaskom u dašu Vage. Kasnije, 1957. godine, on postaje sekretar organizacije Baratija Đana Sang (B.Đ.S.), Alahabad; tokom 1959-67. dobija funkciju okružnog sekretara organizacije, B.Đ.S, Utar Pradeša. Vaga ga je katapultirala na studentsku političku scenu. Tokom* Narajana daše Device (1961-66) i Bika (1966-67), *fokus je bio na održavanju stečene pozicije.*

Narajana daša Jarca (1967-75)

U Jarcu se nalazi egzaltirani Mars. Ovo daje veliku ambiciju, organizatorske sposobnosti i borbenost. Bitno je primetiti da je on bio na funkciji sekretara B.Đ.S., Utar Pradeša tačno koliko je trajala Narajana daša Jarca, tj. od 1967 do 1975. Tokom ovog perioda on se uspinje na poziciju blagajnika, a kasnije i potpredsednika B.Đ.S., Utar Pradeša (pre njenog pripajanja Đanata Partiji).

Narajana daša Strelca (1975-77)

Ketu egzaltiran u Strelcu obično pokazuje dobar period ali ovo nije slučaj zbog toga što je u pitanju vladar šeste kuće (neprijatelji). Strelac prima aspekt Rahua (političke mahinacije, diktatorski režim) i preti da donese probleme od strane neprijatelja. Bio je ovo period vanrednog stanja i dr Đoši se, zajedno sa brojnim drugim liderima, našao u ozbljnoj nevolji i u zatvoru od 26. juna 1975. godine, sve do Lok Saba izbora 1977. godine.

Narajana daša Lava (1977-78)

Pravovremeni dolazak Narajana daše Lava donosi mu predah. Lav aspektuje Vagu u kojoj se nalaze Mesec i Gatika lagna. Ovo obećava aktivan povratak na političku scenu i 1977. godine on biva izabran na 6. Lok Sabi (Narodni dom - Parlament Indije) iz Almore, UP. Bio je ovo njegov prvi mandat u Parlamentu. Tokom 1977-79. izabran je za generalnog sekretara Đanata partije u Parlamentu.

Narajana daša Ovna (1978-88)

Ovan je malefik znak i usled izmene znakova između Marsa i Saturna, prvi (Mars) daje rađajogu dok drugi daje rađabanga jogu, posebno budući da je debilitiran. ovo je ujedno i mritjupada (A8) i pokazuje padove i sl. Ipak, Merkur kao vladar lagne pokazuje novi početak i budući da aspektuje aruda lagnu (AL) sa Jupiterom, ovaj novi početak će se pokazati povoljnim na duge staze. BĐP je osnovan 1980. godine, sa Blizanac lagnom i on postaje njen prvi generalni sekretar. Posle toga, tokom 1981-83. on preuzima funkciju blagajnika BĐP, a kasnije, tokom 1986-90. (tj. uključujući **Narajana dašu Riba i Škorpije**), ponovo dolazi na mesto generalnog sekretara BĐP.

Narajana daša Raka (1990-99)

U Raku se nalazi Sunce koje obećava politički uspon tokom ovog perioda. Ono aspektuje Jupitera i Aruda lagnu i tako pokazuje da će njegova reputacija i pozicija nastaviti svoju uzlaznu putanju. Tokom 1991-93. on postaje predsednik B.Đ.P. a 1992. godine biva izabran za člana Rađja Sabe (Državni dom u indijskom Parlament). Bio je ovo njegov drugi mandat u Parlamentu. Tokom perioda 1992-96. postaje član različitih komiteta unutar Parlamenta.

1996. godine je ponovo izabran za 11. Lok Sabu (drugi mandat u LS, i treći u Parlamentu), a u isto vreme BĐP postaje najveća partija u Parlamentu. Od 16. maja do 1. juna 1996. godine bio je na poziciji ministra kabineta unije za unutrašnja pitanja, a potom nastavlja karijeru u opoziciji parlamenta. Tokom ovog perioda bio je predsednik Komiteta za javne finansije (1996-97) i član različitih komiteta.

Kasnije, tokom 1998. godine, ponovo je izabran za 12. Lok Sabu (treći mandat), a tokom 1998-99. postaje ministar u kabinetu unije za razvoj ljudskih resursa, nauke i tehnologije.

I ponovo, nakon iznenadnog pada Vađpajeve vlade i vanrednih izbora 1999. godine, on biva izabran za 13. Lok Sabu (četvrti mandat) i od tada, od oktobra 1999, postaje ministar u kabinetu unije. *Bitno je naglasiti da je Sunce, kao krura[10] graha[11] snažno i postavljeno u šestoj kući od Aruda lagne i zato obećava česte pobede na izborima tokom ovog perioda.*

Drugi ciklus dašamša Narajana daše

Narajana daša Blizanaca (1999-2001)

Blizanac lagnu afliktuju Rahu i Ketu. Malefik Rahu u petoj kući od Aruda lagne pokazuje velike probleme zbog mahinacija neprijatelja. Venera, koja se nalazi u daša rašiju, ujedno je i atmakaraka, šubapati[12] i, pošto je u petoj od AL, garantuje trajnost rađa joge. Ovako suprotne indikacije Venere i Rahua na kraju su prevagnule u Venerinu korist zbog preporuke da se nosi dijamantski prsten[13]. I pored toga značajna politička snaga nije postignuta sve do januara 2001. godine.

Budućnost

Narajana daša Vodolije

Ranije objašnjene detalje u vezi sa planetarnim pozicijama iz prvog ciklusa za najpovoljniju Narajana dašu, dašu Vodolije, treba primeniti i za nastupajući period. Očigledno je da ga je veliki Jupiter katapultirao u centar pažnje, te da će mu poći za rukom da uspešno implementira viziju svog Šri Guruđija. Doneće novi podsticaj za proučavanje integralnog humanizma, različitih likova iz Purana[14], a ajurveda, đotiš i znanje mudraca osvanuće na svetu. To je najveća rađa joga zemlje, Jupiter, vladar desete, u devetoj, i njen plod su snaga i darma (deveta kuća).

10 Krura: Okrutan, malefik.
11 Graha: planeta/vanzemaljsko telo koji može uticati na ljude/živote bića na zemlji.
12 Dispozitor Meseca u bilo kom podelnom čartu postaje šubapati datog podelnog čarta. Baš kao što to i samo ime govori, on postaje nagoveštaj dobre sreće.
13 Dijamant je dragi kamen koji naglašava vibraciju Venere i tako pojačava njen uticaj u čartu.
14 Izvedeno iz reči Purana ili drevnih Smriti (zapamćeno/istorija) knjiga koje je snimio mudrac Veda Vjasa. Ima ih ukupno osamnaest, od kojih je po šest dodeljeno svetom trojstvu: Brahami, Višnuu i Šivi.

Narajana Daša

Čart 32: Džerald R. Ford 38. predsednik SAD-a (1974-77); rođen 14. jula 1913. godine, u 00:41h, u Omahi, Nebraska, SAD (96W01', 41N17').

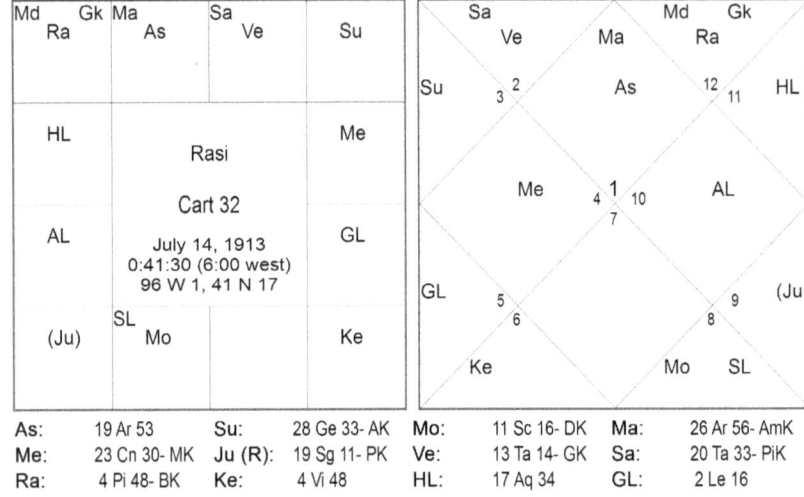

As:	19 Ar 53	Su:	28 Ge 33- AK	Mo:	11 Sc 16- DK	Ma:	26 Ar 56- AmK
Me:	23 Cn 30- MK	Ju (R):	19 Sg 11- PK	Ve:	13 Ta 14- GK	Sa:	20 Ta 33- PiK
Ra:	4 Pi 48- BK	Ke:	4 Vi 48	HL:	17 Aq 34	GL:	2 Le 16

(Vreme je korigovano na osnovu pranapade i Gatika lagne – zapisano vreme rođenja je 00:43h)

Predsednik Ford ima jednu od najčistijih ručaka mahapuruša joga koja pokazuje ogroman doprinost svetu u vidu poslova u sferi industrije i inženjeringa, kao i državništva, sve u čemu su Mars i vatra vodeća tema. Jupiter u devetoj kući, i u svom multrikona znaku, i Venera u drugoj, u svom znaku, jasno ukazuju na veličinu njegove ličnosti.

tSunce, kao vladar pete kuće i kao atmakaraka, prirodna i privremena tj. čara karaka, je *vargotama* i pokazuje svoje blagoslove u čartu od dana ulaska u brak, budući da se nalazi na upapadi (UL) u Blizancima. Sunce ujedno upravlja i politikom i bitno je pomenuti da se svega par nedelje pre nego što je izabran za Kongres, 1948. godine, oženio Elizabetom Blumer. Posle toga ostaje u Kongresu dvadeset pet godina. Ovo potvrđuje Parašarin diktum da, ukoliko je atmakaraka povoljna, njeni blagoslovi mogu prevazići sve nepovoljne planetarne periode i kombinacije.

Druga veoma vidljiva rađa joga je aspekt Gatika lagne (GL, Lav) i Hora lagne (HL, Vodolija) na lagnu, gde je Mars smešten.

146

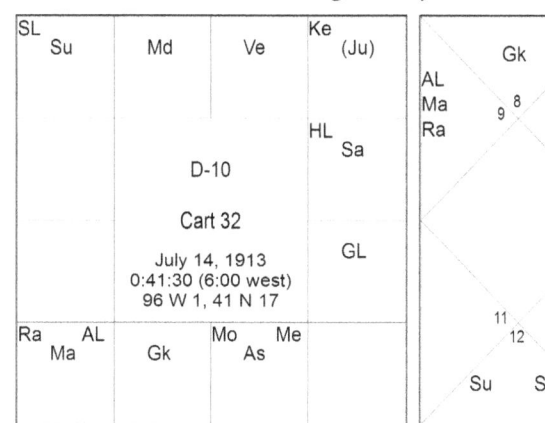

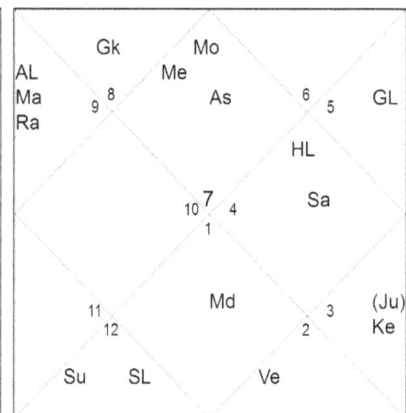

Dakle, Mars postaje veoma moćna jogada u stanju da donese rađa jogu. Prisutne su i razne druge kombinacije za velikanstvo. Hajde da ispitamo karijeru uz pomoć dašamša Narajana daša.

Tabela 37: Dašamša Narajana daša – Džerald Ford

Snažnije planete i znaci: Rahu i Mars; Va, Bi, St, Ra, La i Ri.

Daša	Period	Od			Do		
Rak	09	1913	07	14	1922	07	14
Lav	05	1922	07	14	1927	07	14
Devica	11	1927	07	14	1938	07	14
Vaga	07	1938	07	14	1945	07	13
Škorpija	01	1945	07	13	1946	07	14
Strelac	06	1946	07	14	1952	07	13
Jarac	06	1952	07	13	1958	07	13
Vodolija	01	1958	07	13	1959	07	13
Ribe	09	1959	07	13	1968	07	13
Ovan	08	1968	07	13	1976	07	13
Bik	12	1976	07	13	1988	07	13

Džerald Ford odlazi na Jejl, gde služi kao asistent mentor tokom svojih studija prava. Tokom Drugog svetskog rata dobija rank poručnika u mornarici. Bilo je to tokom dašamša Narajana daše Vage i Škorpije. U Vagi se nalazi vladar desete, Mesec, i rađja pada (A10) odakle aspektuju Gatika lagnu (GL) u dašamši, time pokazujući njegov posao, kao i vezu sa igralištem (Merkur). Škorpija je više usmerena na vojne aktivnosti, a Mars aspektuje

Saturna u desetoj kući, u Raku.

Posle rata se vraća u Grand Rapids, gde počinje da praktikuje pravo, i ulazi u Republikansku politiku. Strelac ima Rahu – Mars kombinaciju poznatiju kao viđaja joga, pobednička joga. Ona se nalazi pod aspektima dispozitora, Jupitera, koji pokazuje pravnu karijeru. Jupiterov aspekt na Mesec, koji je vladar desete, i na rađja padu pojačava ove mogućnosti u karijeri. Ipak, Jupiter se ne nalazi u arta trikoni i ovo će se pokazati kao privremena opcija. Saturn u Raku je rađja karaka, kao i Sunce, koje u šestoj kući, i pokazuje osnovni pristup narodu/ljudima u SAD. Tokom daša Strelca, Jarca, Vodolije i Riba, karijeru nastavlja u Kongresu.

Konačno, 9. avgusta 1974. godine, polaže zakletvu za mesto predsednika Amerike u jedinstvenom trenutku. On je bio prvi potpredsednik izabran pod dvadeset petim amandmanom, što je bio ishod Votergejt skandala, i nasledio je prvog predsednika koji je ikad podneo ostavku. Kada Saturn pokazuje uspeh, a nalazi se u desetoj kući, on pokazuje smrt prethodnika ili njegov pad, ostavku ili penzionisanje; Jupiter pokazuje suprotno tj. da će prethodnik biti unapređen ili proći kroz neki drugi vid benefične kompenzacije.

Dašamša: vreme događaja se može predvideti uz pomoć dašamša Narajana daše. Ovan je sedma kuća (kendra) od lagne i ujedno i prirodna pada[15] desete kuće. On aspektuje Gatika lagnu u Lavu i sedmu kuću od Mesečevog znaka, Vage, i obećava period ogromne popularnosti i uspeha. Lav je Gatika lagna i njegov vladar, Sunce, je smešteno u arta trikoni promovišući tako političku karijeru.

Jarac ujedno aspektuje GL, a njen vladar, Saturn, jogakaraka za Vaga lagne, nalazi se u desetoj kući, u Raku, tako formirajući rađa jogu. U odnosu na pomenutu situaciju u kojoj on postaje predsednik posle Votergejt skandala, vidljiva je Saturnova ruka. Dakle, 9. avgusta 1974. godine, u daši Ovna i antardaši Lava i pratiantari Jarca on polaže zakletvu na mesto Predsednika.

---

15   Prirodna pada se razlikuje od aruda pade. Izbrojite jednak broj kuća od posmatrane bave (kuće) kako bi dobili njenu prirodnu padu. Dakle, deseta kuća je deset kuća daleko od lagne. Brojanjem deset znakova od desete kuće, dolazimo u sedmu kuću, koja je ujedno i njena prirodna pada.

Varga Narajana Daša

Vredno je pomena da je daša Ovna trajala sve do jula 1976. godine, a posle nje sledi daša Bika. Bik je osma kuća i pokazuje pad sa pozicije, penzionisanje, itd. Tu je i veoma povoljna planeta, Venera, a njen aspekt na lagnu pokazuje da će se njegova dobra dela i neokaljana reputacija nastaviti. Ipak, tokom izbora u novembru 1976. godine, na kojima se predstavio kao republički kandidat, porazio ga je Džimi Karter, demokratski kandidat.

Dvadašamša (D-12 čart) – roditelji i stariji

Čart 33: Rađiv Gandhi (bivši premijer Indije) rođen: 20. avgusta 1944. godine u 7:11h (Ratno vreme, korigovan za 1h) u Bombaju, Indija.

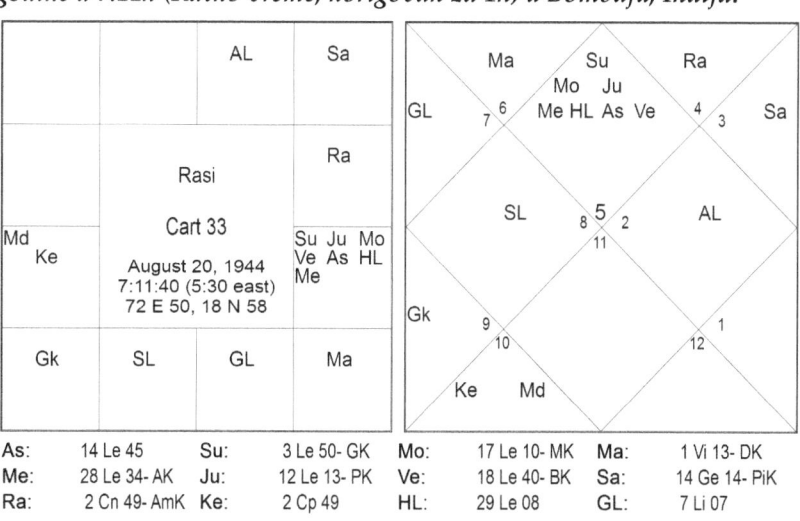

As:	14 Le 45	Su:	3 Le 50- GK	Mo:	17 Le 10- MK	Ma:	1 Vi 13- DK
Me:	28 Le 34- AK	Ju:	12 Le 13- PK	Ve:	18 Le 40- BK	Sa:	14 Ge 14- PiK
Ra:	2 Cn 49- AmK	Ke:	2 Cp 49	HL:	29 Le 08	GL:	7 Li 07

Rađiv Gandhi, slavni premijer Indije, poznat kao pokretač strukturnih reformi u Indiji, najstariji je sin Indire Gandi (bivšeg premijera Indije) i Feroza Gandhija (1913-60), Parsi advokata. Bitno je naglasiti da se u njegovom horoskopu na lagni u Lavu nalazi pet planeta koje formiraju rađa joge. Osim toga, ovde se takođe nalazi i Hora lagna, u jutiju sa pomenutim planetama, a svi primaju aspekte Gatika lagne iz Vage. Ovo donosi svim planetama status jogada i one tako postaju sposobne da isporuče rađa joge. Hajde da ispitamo Narajana dašu dvadašamša čarta. Dvanaesta kuća[16] je Rak i vladar je Mesec. Mesec se nalazi u Vodoliji odakle se računa i početak Narajana daše dvadašamša čarta.

16   Videti pravilo (1), (B) na str. 94.

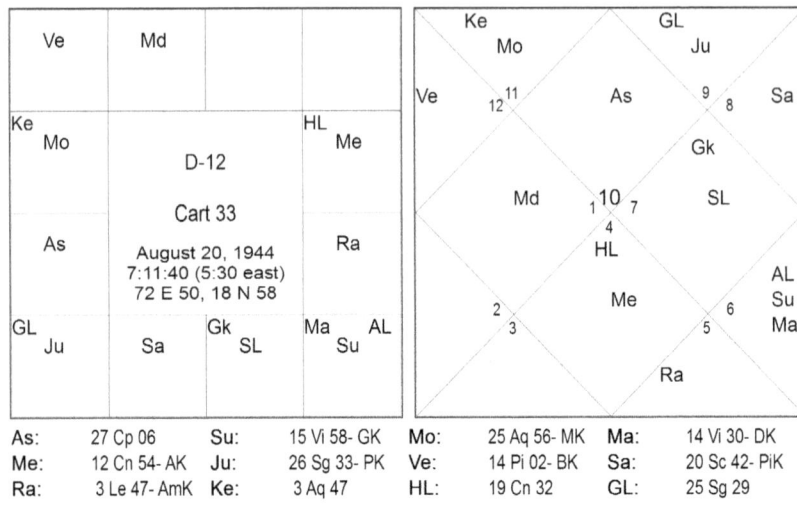

As:	27 Cp 06	Su:	15 Vi 58- GK	Mo:	25 Aq 56- MK	Ma:	14 Vi 30- DK
Me:	12 Cn 54- AK	Ju:	26 Sg 33- PK	Ve:	14 Pi 02- BK	Sa:	20 Sc 42- PiK
Ra:	3 Le 47- AmK	Ke:	3 Aq 47	HL:	19 Cn 32	GL:	25 Sg 29

Tabela 38: Dvadašamša Narajana daša

Snažnije planete i znaci: Saturn i Mars; Va, Šk, St, Ra, Vo i De.

Daša	Period	God	Od			Do		
Vodolija	03	3	1944	08	20	1947	08	21
Devica	02	5	1947	08	21	1949	08	20
Ovan	05	10	1949	08	20	1954	08	20
Škorpija	10	20	1954	08	20	1964	08	20
Blizanci	01	21	1964	08	20	1965	08	20
Jarac	02	23	1965	08	20	1967	08	20
Lav	11	34	1967	08	20	1978	08	20
Ribe	03	37	1978	08	20	1981	08	20
Vaga	06	43	1981	08	20	1987	08	20
Bik	11	54	1987	08	20	1998	08	20

Hajde da analiziramo dvadašamša čart iz ugla političke moći. Gatika lagna je u dvanaestoj kući. Kao što je to ranije indikovano, ovo je deveta kuća (otac) od četvrte (majka), što pokazuje da je majčin otac imao političku moć. Znak u dvanaestoj kući je Strelac, a ovde se nalazi Jupiter, što obećava moć dedi sa majčine strane.

Prva dvadašamša Narajana daša je Vodolija (1944-47), a ona se nalazi u dustanu od Strelca, u trećoj kući. U jutiju je sa

Mesecom, koji je vladar osme brojano od Strelca, što ukazuje na viparita[17] rađa jogu. Sa rođenjem Rađiva Gandhija počinje i politička nadmoć njegovog dede sa majčine strane, pokojnog Pt. Đavaharlal Nehrua, koji tada postaje predsednik Kongresne partije u veoma kritičnom momentu kada Britanija donosi odluku o napuštanju Indije. On tada dobija privremenu poziciju lidera privremene vlade.

Sledeća dvadašamša Narajana daša je daša Device (1947-49) i to je deveta kuća od lagne, pokazuje sreću, i u jutiju je sa Marsom u petoj kući od Strelca i Suncem koje pokazuje novi početak. Ovo je ujedno i deseta kuća od Strelca (deda sa majčine strane). Pt. Džavaharlal Nehru postaje prvi premijer Indije i nastavlja svoj mandat dokom dvadašamša Narajana daše Ovna (1949-54) i Škorpije (1954-64). Nehru umire na samom kraju Narajana daše Škorpije. Treba obratiti pažnju na vezu i aspekt Marsa na Gatika lagnu kao i na činjenicu da je Mars vladar četvrte (majka).

Planeta koja aspektuje Gatika lagnu je istovremeno i planeta koja vodi ka rađa jogi. Vladar dvanaeste, Jupiter, ujedno je prva veza koja pokazuje dedu sa majčine strane, jer je to deveta od četvrte kuće. Posle toga, vladar osme, Sunce, i četvrte, Mars (majka), aspektuju raši drištijem. Mars, koji pokazuje majku, ima i graha drišti na Strelca u kom se nalazi GL. Dakle, onaj koji nasleđuje moć će biti njegova majka.

Vladar devete, Merkur (otac), je u sedmoj kući i pokazuje neslaganja između sina i oca. U dodatku tome, vladar četvrte, Mars, je u devetoj kući zajedno sa vladarom osme što ukazuje na razdvajanje roditelja. Ovo se dogodilo tokom daše Škorpije. Njegov otac Feroze Gandhi kasnije umire, 1960. godine. Bitno je primetiti da je Škorpija u trećoj kući, koja je mesto smrti, od stira (fiksne) pitrikarake[18] Sunca.

Posle smrti Pt. Nehrua, 1964. godine, Lal Bahadur Šastri postaje premijer, budući da je znak Blizanaca šesta kuća od lagne i pokazuje gubitak porodične moći, pored toga što je u sedmoj (maraka, ubica) od dvanaeste kuće. Pošto GL i Mars aspektuju

---

17   Viparita rađa joga nastaje usled konjukcije vladara dustana/loših kuća (3, 6, 8 ili 12) sa pomenutim kućama ili u međusobnom jutiju. Rađa joga obično daje moć usled pada drugog moćnika ili entiteta.

18   Pitri-otac, karaka- signifikator: pitrikaraka znači signifikator za oca. Prirodni kao i fiksni signifikator za oca je Sunce.

Blizance, njegova majka Indira Gandhi, nastavlja mandat ministra u vladi. Sa dolaskom daše Jarca[19] (lagna tj. deseta kuća od četvrte, predstavlja majčin uspeh), Indira Gandhi postaje premijer Indije, i to je pozicija na kojoj ona ostaje tokom Narajana daše Lava (peta kuća od četvrte kuće – peta kuća je kuća moći i autoriteta, a četvrta kuća predstavlja majku). Rahu joj je doneo izgled tirana i ona proglašava unutrašnje vanredno stanje 1975. godine, posle čega gubi moć tokom Narajana daše Riba(1978-81). Ribe su dvanaesta kuća od četvrte, u pitanju je kuća koja pokazuje gubitke za roditelje. U jutiju je sa Venerom koja je ubica za znak Ovna, a to je znak koji upravlja majkom u dvadašamša čartu. Ipak, sa dolaskom daše Vage (1981-87) ona se dramatičnim obrtom vraća na poziciju, i to je period kada je i ubijena, 1984. godine. Vaga je sedma kuća (maraka – ubica) od četvrte kuće (majka). Na ovaj način možemo analizirati dvadašamša čart iz aspekta sreće roditelja i ostalih starijih u porodici.

Šodašamša (D-16 čart) - vozila i sreća

Čart 34: Standardni primer

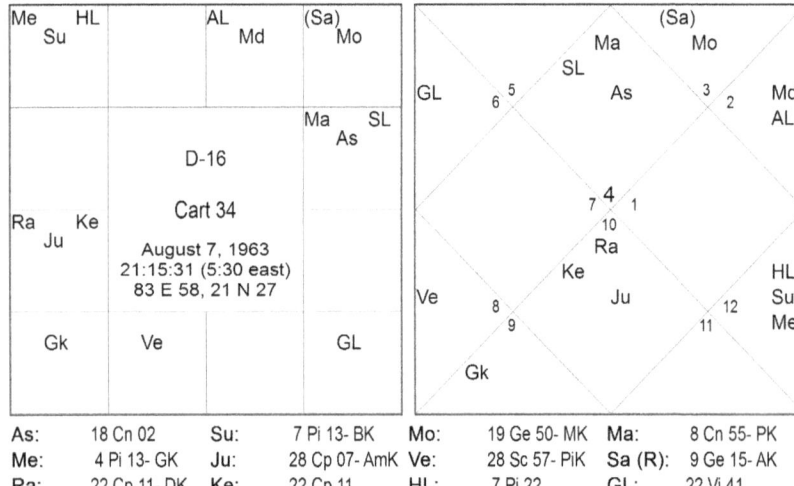

As:	18 Cn 02	Su:	7 Pi 13- BK	Mo:	19 Ge 50- MK	Ma:	8 Cn 55- PK
Me:	4 Pi 13- GK	Ju:	28 Cp 07- AmK	Ve:	28 Sc 57- PiK	Sa (R):	9 Ge 15- AK
Ra:	22 Cp 11- DK	Ke:	22 Cp 11	HL:	7 Pi 22	GL:	22 Vi 41

---

19   Kada Saturn treba da donese uspeh, on to uradi tako što usmrti ili uništi nekog drugog. Pokojni Lala Bahadur iznenada umire i Taškend i gospođa Indira Gandi postaju premijeri Indije. Saturn se ujedno nalazi i u trećoj kući od Marsa.

Tabela 39: Šodašamša Narajana daša

Snažnije planete i znaci: Rahu i Ketu; Va, Šk, Bl, Ja, La i Ri.

Daša	Period	God	Od			Do		
Ribe	01	1	1963	08	07	1964	08	07
Rak	01	2	1964	08	07	1965	08	07
Škorpija	02	4	1965	08	07	1967	08	07
Strelac	00	4	1967	08	07	1967	08	07
Ovan	02	6	1967	08	07	1969	08	07
Lav	05	11	1969	08	07	1974	08	07
Devica	05	16	1974	08	07	1979	08	07
Jarac	07	23	1979	08	07	1986	08	07
Bik	06	29	1986	08	07	1992	08	06
Blizanci	08	37	1992	08	06	2000	08	06
Vaga	01	38	2000	08	06	2001	08	07
Vodolija	01	39	2001	08	07	2002	08	07

Lagna u raši čartu je znak Riba i vladar četvrte kuće, Blizanaca, je Merkur. Merkur se nalazi u Ribama u D-16 čartu zajedno sa Suncem i pokazuje početak šodašamša Narajana daše od Riba. Vreme kupovine auta može se odrediti uz pomoć šodašamša Narajana daše znakova i planeta u vezi sa aruda padom četvrte kuće (A4) u D-16 čartu. Četvrta kuća je Vaga, a aruda pada ove kuće (A4) se nalazi u Strelcu. Osoba dobija posao u vladi 1991. godine, i tek posle dolaska daše Blizanaca nabavlja polovan dvotočkaš skuter 1993. godine, nakon što mu je odobren kredit od vlade. Blizanac aspektuje znak Strelca i nalazi se u jutiju sa Saturnom; A4 je u Strelcu (vozila) zajedno sa A8 (krediti) i oboje aspektuju znak Blizanaca. Sa dolaskom daše Blizanaca, postepeno uvećava komfor sve do januara 1999. godine kada na poklon od starijeg brata, a uz pomoć kredita, dobija auto. Vredno je pomena da je Narajana daša – antardaša bila Blizanci – Strelac. Oba ova znaka su povezana sa A4 i A8 i pokazuju kupovinu auta uz pomoć kredita.

Ako je darapada (A2) povezana sa A4, tada novac za nabavku auta dolazi od porodice ili od ušteđevine. A11 zajedno sa A4 pokazuje finansijsku pomoć od strane prijatelja ili kolega. Tokom antardaše znaka u kom se nalazi A9, otac može kupiti auto ili, ako postoji veza A3 sa A4, tada braća ili sestre mogu biti od pomoći ili mogu sami istovremeno kupiti auto. Na ovaj način možemo analizirati šodašamšu za utvrđivanje vremena kupovine vozila u porodici.

Čart 35: Muškarac rođen 1. oktobra 1973. godine, u 1:25h, (28N47', 77E29').

U čartu 35. lagna raši čarta je znak Rak i vladar četvrte kuće, Vage, je Venera u Blizancima, te šodašamša Narajana daša počinje od Blizanaca. Prisustvo Saturna, vladara četvrte kuće, u osmoj kući zajedno sa Merkurom, vladarom znaka Device u kome se nalazi aruda pada četvrte kuće (A4), indikator je opasnosti u vezi sa putovanjima i vozilima. Brojano od A4 (Devica) to je maraka, a to znači da su Vaga i Ribe u drugoj i sedmoj kući, datim redom. Šatru pada (A6) je u Jarcu i, pošto je u pitanju aruda treće kuće brojano od četvrte kuće, to nagoveštava zla, posebno zbog toga što se njen vladar, Saturn, nalazi u osmoj kući. Dakle, tokom šodašamša Narajana daše, antardaše[20], pratijanatar[21] daše i sukšma[22] daše Vaga-Jarac-Ribe, on je doživeo grozan saobraćajni udes iz koga izlazi sa težim povredama, a u kome njegov otac gubi život.

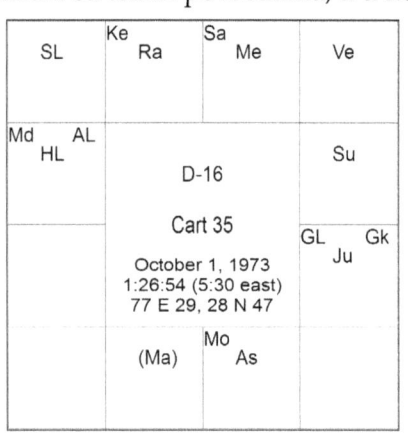 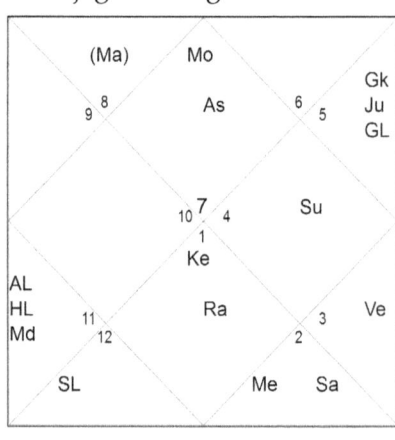

---

20 Antar se odnosi na drugi nivo potperioda, koji se u određenim delovima Indije naziva bukti.
21 Pratiantar se odnosi na treći nivou ili pod-podperiod.
22 Sukšma ili sukšmantar se odnosi na četvrti nivo daše ili pod-pod-pod period. Sledeća dva niža perioda nose ime Prana i Deha, datim redom.

Tabela 40: Šodašamša Narajana daša

Snažnije planete i znaci: Rahu i Ketu; Ov, Bi, Bl, Ra, La i Ri.

Blizanac	11	1973	10	01	1984	09	30
Vodolija	10	1984	09	30	1994	10	01
Vaga	08	1994	10	01	2002	10	01

Antardaše unutar daše Vage:

Va (08) Šk 1994-10-01 St 1995-06-01 Ja 1996-01-31 Vo 1996-09-30

Ri 1997-06-01 Ov 1998-01-30 Bi 1998-10-01 Bl 1999-06-01

Ra 2000-01-31 La 2000-09-30 De 2001-06-01 Va 2002-01-30

Čart 36: Muškarac rođen 4. septembra 1969. godine, u 1:52h, u Delhiju.

U čartu 36. šukla pada[23] (A4) je u Jarcu pod aspektima dana pade (A2, porodica/lične finanasije) i mritjupade (A8, krediti). Hajde da pronađemo period kada je auto kupljen.

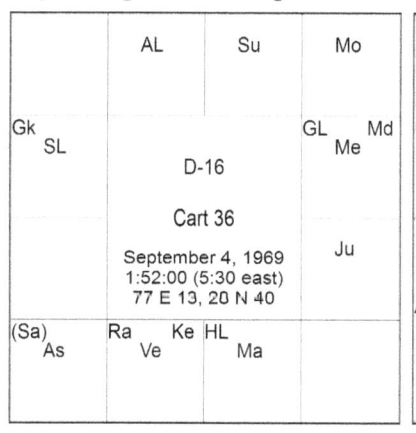
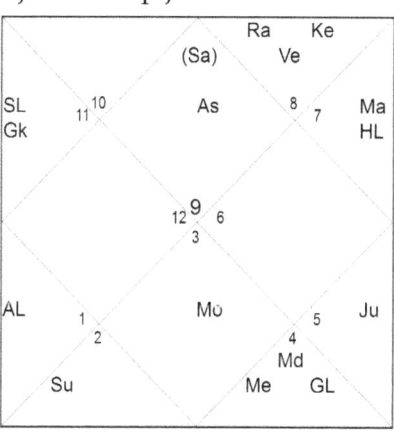

Vladar četvrte u raši čartu je Merkur, koji se nalazi u Raku u razmeni znakova sa Mesecom. Dakle, Narajana daša počinje od Raka i nastavlja se u redovnom ili u obrnutom pravcu. Šodašamša Narajana daše su prikazane u tabeli 26. Vozačka dozvola se u

---

23 Suka znači sreća i jedno je od značenja četvrte kuće, a pada se odnosi na aruda padu. Dakle, suka pada je aruda pada četvrte kuće (A4). Ona je poznata i kao matripada, gde se matri odnosi na majku.

Indiji može dobiti sa punih 21. godinu, a Narajana daše posle pomenute godine starosti su Ribe, Vodolija, Jarac, Strelac, itd. Jarac i Strelac su favoriti za sticanje vlasništva nad autom, budući da su povezani sa A4 ili sa njenim vladarom, Saturnom.

Hajde da ispitamo potperiode tokom daše Strelca (od septembra 1994. godine do septembra 2002. godine) budući da je u pitanju lagna koja pokazuje prirodnu tendenciju ka uvećanju komfora, luksuza, itd. Poređenjem snaga Strelca i Blizanaca, nalazimo da su oba u jutiju sa po jednom planetom i da su jednake snage. Budući da i ostali parametri za utvrđivanje snage pokazuju izjednačen rezultat, treba da odredimo tip znaka u kome se nalaze njihovi vladari. Pošto su Strelac i Blizanci oboje neparni znaci, pozicija Jupitera u neparnom znaku čini Strelac slabijim znakom od Blizanaca, čiji se vladar nalazi u parnom znaku. Dakle, antardaše počinju od znaka u kome se nalazi Merkur, vladar Blizanaca. Ovi rezultati prikazani su u tabeli 27. Znaci koji aspektuju Jarca su Bik, Škorpija i Lav i u osobi se budi težnja za posedovanjem auta u ovim periodima.

Tokom antardaše Bika on pokušava da nabavi auto, ali mu ne polazi za rukom da podigne kredit, te je prisiljen da registruje auto na prijateljevo ime kako bi dobio kredit. Tako da je on koristio auto iako nije bio registrovan na njegovo ime. Auto je isplaćen tokom antardaše Bika, ali je on oslobođen obaveza tek tokom antardaše Ovna, u kome se nalazi Aruda lagna. Drugi razlog za probleme u vezi sa registracijom na lično ime jeste prisustvo A8 u Biku pored toga što su planete Sunce u Biku i Saturn na lagni zakleti neprijatelji i što se nalaze u međusobnom šasastaka[24] odnosu.

Tokom antardaše Škorpije sa Venerom u znaku koji aspektuje Aruda lagnu (AL) i A4, on kupuje veoma dobar Fordov auto nakon što uzima kredit na svoje ime. Bitno je primetiti da kad god A8 aspektuje A4 postoji tendencija za uzimanjem kredita za kupovinu automobila. Pošto su planete u znaku Škorpije prijatelji sa planetama na lagni, ovoga puta je ceo proces prošao glatko.

---

24   Šasta znači šest i aštakam znači osam. Dakle, šasastaka se odnosi na međusobni odnos dva znaka ili dve planete u šestoj ili osmoj kući jedan od drugog. Ova pozicija se smatra neprijateljskom, osim u slučaju kada su posmatrani vladari znakova ili planete prirodni prijatelji.

Tabela 41: Šodašamša Narajana daša (čart 32)

Snažnije planete i znaci: Rahu i Mars; Va, Šk, Bl, Ra, La i Ri.

Daša	Period	God	Od			Do		
Rak	01	1	1969	09	04	1970	09	04
Blizanci	01	2	1970	09	04	1971	09	04
Bik	06	8	1971	09	04	1977	09	04
Ovan	06	14	1977	09	04	1983	09	04
Ribe	07	21	1983	09	04	1990	09	04
Vodolija	03	24	1990	09	04	1993	09	03
Jarac	01	25	1993	09	03	1994	09	04
Strelac	08	33	1994	09	04	2002	09	04
Škorpija	11	44	2002	09	04	2013	09	03

Tabela 42: Antardaše u šodašamša daši Strelca

Antardaše	Period	Od			Do		
Rak	8 meseci	1994	09	04	1995	05	05
Blizanci	8 meseci	1995	05	05	1996	01	04
Bik	8 meseci	1996	01	04	1996	09	03
Ovan	8 meseci	1996	09	03	1997	05	05
Ribe	8 meseci	1997	05	05	1998	01	03
Vodolija	8 meseci	1998	01	03	1998	09	04
Jarac	8 meseci	1998	09	04	1999	05	05
Strelac	8 meseci	1999	05	05	2000	01	04
Škorpija	8 meseci	2000	01	04	2000	09	03
Vaga	8 meseci	2000	09	03	2001	05	05
Devica	8 meseci	2001	05	05	2002	01	03
Lav	8 meseci	2002	01	03	2002	09	04

Narajana Daša

Čart 37: Muškarac rođen 28. avgusta 1964. godine, u 1:17h, u Čenaju (80E17', 13N04').

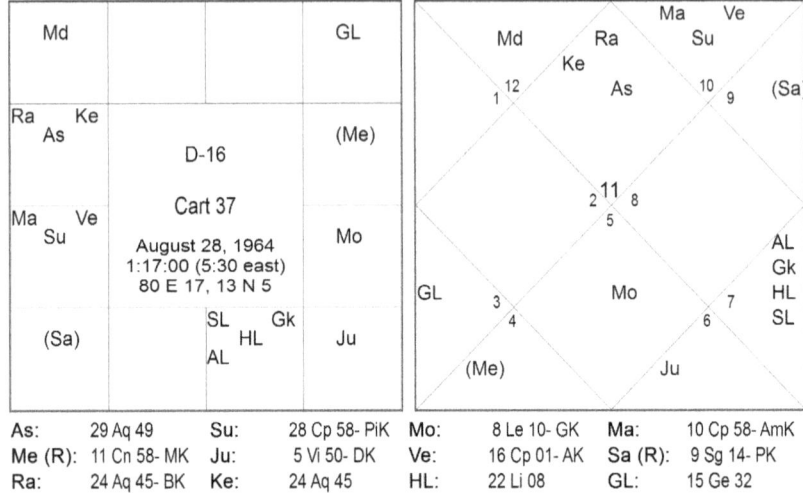

As:	29 Aq 49	Su:	28 Cp 58- PiK	Mo:	8 Le 10- GK	Ma:	10 Cp 58-AmK
Me (R):	11 Cn 58- MK	Ju:	5 Vi 50- DK	Ve:	16 Cp 01- AK	Sa (R):	9 Sg 14- PK
Ra:	24 Aq 45- BK	Ke:	24 Aq 45	HL:	22 Li 08	GL:	15 Ge 32

U čartu 37. aruda pada četvrte kuće (A4) nalazi se u osmoj kući i pokazuje prirodnu tendenciju osobe ka uzimanju kredita u svrhu finanasiranja auta. Osim toga, aruda pada šeste kuće (A6, služba) je takođe u Devici zajedno sa A4 i Jupiterom i pod aspektima Riba, u kojima je smeštena rađa pada (A10). Ovo pokazuje da osoba može dobiti pozajmicu od svog poslodavca.

Vladar četvrte u raši čartu je Merkur, smešten u Raku. Između Raka i Jarca, Jarac je sa tri planete snažniji od Raka sa jednom planetom. Šodašamša Narajana daša počinje od Jarca. Osoba će imati prirodnu tendenciju da poseduje auto tokom daše Raka koja aspektuje lagnu. Početnu antardašu daše Raka treba odrediti u odnosu na snažniji znak ili sedmu kuću od njega. Jarac je snažniji a njegov vladar, Saturn, je u Strelcu od kojeg i počinjemo sa računanjem antardaša. Antardaše su redovne zbog pozicije Saturna. Prva antardaša Strelca aspektuje Devicu u kojoj se nalazi A4 i pokazuje period kada je kupljen motor. Dakle, tokom daše Jarca i antardaše Strelca on kupuje motor nakon što je dobio pozajmicu od svog poslodavca (tj. od vlade) 20-23. septembra 1989. godine.

Tabela 43: Šodašamša Narajana daša (čart 33)

Snažnije planete i znaci: Saturn i Mars; Va, Bi, St, Ja, Vo i De.

Daša	Period	God	Od			Do		
Jarac	01	1	1964	08	28	1965	08	28
Strelac	09	10	1965	08	28	1974	08	28
Škorpija	03	13	1974	08	28	1977	08	28
Vaga	03	16	1977	08	28	1980	08	27
Devica	02	18	1980	08	27	1982	08	28
Lav	07	25	1982	08	28	1989	08	28
Rak	11	36	1989	08	28	2000	08	27

Vimšamša (D-20 Čart): Duhovnost i Mokša

Vreme odricanja (monaštvo)

Vreme odricanja (u Hinduizmu poznatijeg kao sanjas) treba ispitati u odnosu na upapadu (UL, aruda pada dvanaeste kuće), na osnovu Parašarinog učenja u monumentalnom klasiku Brihat Parašara Hora Šastra. Parašara tamo objašnjava da brak ili odricanje od braka zavise od upapade, kao i od povoljnosti planeta koje se tu nalaze (za sreću ili tugu u vezi sa brakom). Dalje, planete u drugoj od upapade posmatraju se da bi se utvrdilo vreme prekida braka, uzroci prekida braka, odricanja od svetovnog života, itd.

Potrebno je pronaći sledeće stavke:

(a) *Vezu Saturna sa upapadom ili A8, ili sa osmom kućom.*

(b) *Druga kuća od upapade povezana sa Rahuom ili drugim debilitiranim planetama ili sa maleficima.*

(c) *Vimšamša Narajana daša treba da je povezana sa osmom kućom ili mritjupadom (A8, aruda pada osme kuće) ili sa njihovim vladarima.*

(d) *Vimšamša Narajana antardaša treba da je povezana sa drugom kućom od upapade i planetama koje su u vezi sa duhovnošću.*

Narajana Daša

Čart 38: Šrila Prabhupada rođen 1. septembra 1896. Godine, u 15:24h, u Kalkati (88E22', 22N32').

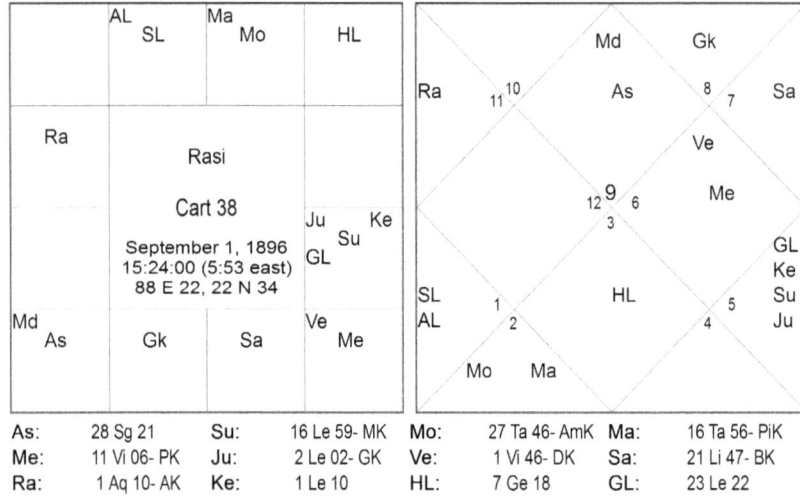

As:	28 Sg 21	Su:	16 Le 59- MK	Mo:	27 Ta 46- AmK	Ma:	16 Ta 56- PiK
Me:	11 Vi 06- PK	Ju:	2 Le 02- GK	Ve:	1 Vi 46- DK	Sa:	21 Li 47- BK
Ra:	1 Aq 10- AK	Ke:	1 Le 10	HL:	7 Ge 18	GL:	23 Le 22

U čartu 38. lagna je Strelac i vladar osme, Mesec, se nalazi u Blizancima u vimšamša (D-20) čartu, tako da vimšamša Narajana daša počinje od Blizanaca. Vimšamša (D-20 čart) Šrila Prabhupade, osnivača ISKON pokreta, ima Merkura u Ribama koji, kao vladar pete, obično daje bakti[25] za juga avatara Šri Krišnu.

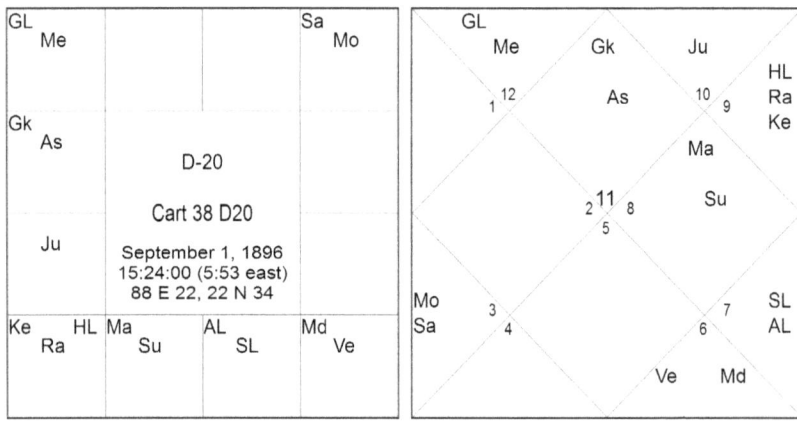

U vimšamši Šrila Prabhupada, upapada (UL) se nalazi u Škorpiji, vodenom znaku, zajedno sa Suncem i Marsom. Mars

---

25   Bakti: vera i privrženost, oblik predanost.

u vodenom znaku Škorpije može da pokaže vruće napitke koji izazivaju zavisnost, poput čajeva. Rahu se nalazi u drugoj od upapade u debilitaciji, u Strelcu, i tako sigurno vodi ka prekidu braka i monaštvu. Na sličan način su i osma kuća i mritjupada (A8, aruda pada osme kuće) povezane sa vremenom prekida braka. Saturn se nalazi na A8, u Blizancima, i aspektuje vladara osme kuće, Merkura. Dakle, drugi ciklus vimšamša Narajana daše Blizanaca donosi zamonašenje i tada, u septembru 1959. godine, (antardaša Device, pratianatardaša Riba) Šrila Prabhupada prihvata sanjas od Kešav Maharađa u Maturi, u Indiji.

Svi pomenuti znaci tj. Blizanci, Devica i Ribe aspektuju čvorove koji se nalaze u drugoj kući od upapade, i povezani su sa Saturnom i osmom kućom ili sa vladarom osme, Merkurom. Neposredan povod za napuštanje supruge bio je odgovor na direktno postavljeno pitanje "Čaj ili ja?" posle kojeg je njegova supruga izabrala čaj!

Tabela 44: Vimšamša Narajana daša (Šrila Prabhupada)

Snažnije planete i znaci: Saturn i Ketu; Ov, Šk, Bl, Ja, La i De.

Daša	Period	Od			Do		
Blizanci	08	1896	09	01	1904	09	02
Rak	01	1904	09	02	1905	09	02
Lav	09	1905	09	02	1914	09	03
Devica	05	1914	09	03	1919	09	03
Vaga	10	1919	09	03	1929	09	02
Škorpija	02	1929	09	02	1931	09	02
Strelac	00	1931	09	02	1931	09	02
Jarac	07	1931	09	02	1938	09	02
Vodolija	08	1938	09	02	1946	09	02
Ribe	01	1946	09	02	1947	09	02
Ovan	07	1947	09	02	1954	09	02
Bik	03	1954	09	02	1957	09	02
Blizanci	04	1957	09	02	1961	09	02

Narajana Daša

Čart 39: Šankaračarja Šri Đajendra Sarasvati rođen 18. jula 1935. godine u Irul Neki selu, Indija (10N42', 79E26'), u 19:00h.

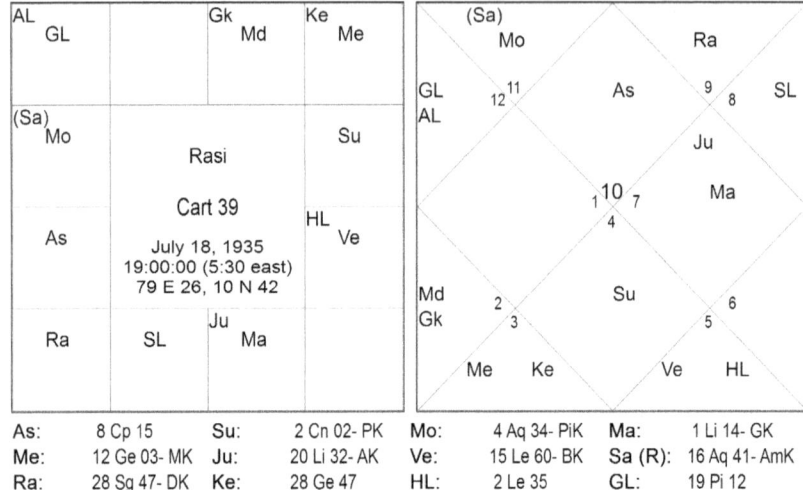

AL GL	Gk Md	Ke Me	
(Sa) Mo	Rasi	Su	
As	Cart 39 July 18, 1935 19:00:00 (5:30 east) 79 E 26, 10 N 42	HL Ve	
Ra	SL	Ju Ma	

As:	8 Cp 15	Su:	2 Cn 02- PK	Mo:	4 Aq 34- PiK	Ma:	1 Li 14- GK
Me:	12 Ge 03- MK	Ju:	20 Li 32- AK	Ve:	15 Le 60- BK	Sa (R):	16 Aq 41- AmK
Ra:	28 Sg 47- DK	Ke:	28 Ge 47	HL:	2 Le 35	GL:	19 Pi 12

U čartu 40. lagna je Jarac i vladar osme, Sunce, se nalazi u Biku zajedno sa Jupiterom u vimšamša čartu (D-20). Dakle, vimšamša Narajana daša počinje od Bika.

U vimšamši, upapada je u Škorpiji sa Saturnom. Osma kuća je znak Ovna, a vladar lagne, Merkur, smešten je u osmoj kući zajedno sa vladarom osme, Marsom. Drugi znak od upapade je Strelac koji prima aspekte čvorova i Meseca iz Riba. Dakle, faktori za monaštvo su veoma snažni. Devica je parni znak i, prema principu zvanom *vrida karika*, Vodolija se ponaša poput osme kuće. U svakom slučaju, Vodolija je šesta kuća ako brojimo redovnim brojanjem i aspektuje Ovna u osmoj kući. Tokom vimšamša Narajana daše-antardaše Vodolija – Strelac, Šri Đajendra Sarasvati se odriče svetovnog života i postaje sanjasi. Pratiantar daša Ovna pokazuje osmu kuću u kojoj se nalaze vladar osme, Mars, i vladar lagne, Merkur.

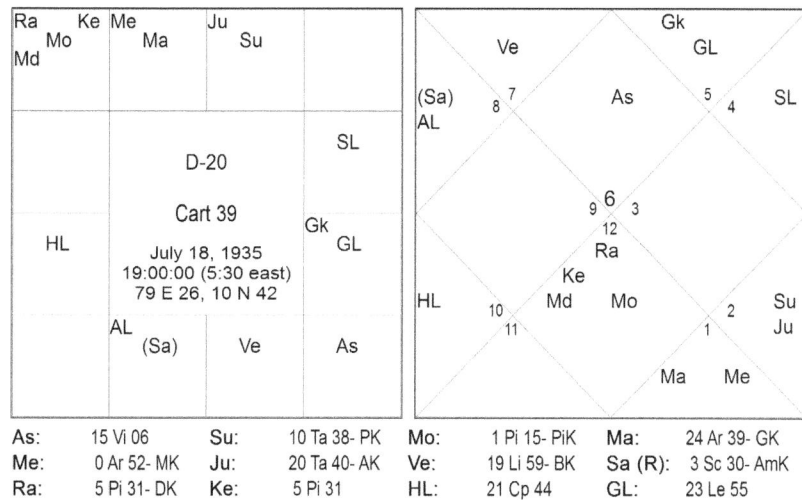

As:	15 Vi 06	Su:	10 Ta 38- PK	Mo:	1 Pi 15- PiK	Ma:	24 Ar 39- GK
Me:	0 Ar 52- MK	Ju:	20 Ta 40- AK	Ve:	19 Li 59- BK	Sa (R):	3 Sc 30- AmK
Ra:	5 Pi 31- DK	Ke:	5 Pi 31	HL:	21 Cp 44	GL:	23 Le 55

Vimšamša Narajana daša (Šri Đajendra Sarasvati)

Snažnije planete i znaci: Rahu i Ketu; Ov, Bi, St, Ja, La i Ri.

Daša	Period	Od			Do		
Bik	05	1935	07	18	1940	07	18
Strelac	05	1940	07	18	1945	07	18
Rak	04	1945	07	18	1949	07	18
Vodolija	11	1949	07	18	1960	07	17

Antardaša Vodolija Narajana daše

Vo (11) Bi 1949-07-18 Ov 1950-06-17 Ri 1951-05-18 Vo 1952-04-17

Ja 1953-03-18 St 1954-02-16 Šk 1955-01-17 Va 1955-12-17

De 1956-11-16 La 1957-10-17 Ra 1958-09-17 Bl 1959-08-18

Bitno je pomenuti da se za sva pitanja u vezi sa duhovnošću preporučuje drig daša (izračunata u odnosu na raši čart) pre ulaska u Narajana dašu vimšamša čarta.

Čaturvimšamša (D-24 čart) – obrazovanje

Obrazovanje se analizira u sidamši (poznatoj i kao čaturvimšamša čart, D-24). Četvrta kuća upravlja formalnim obrazovanjem pod imenom *apara-vidja*, peta kuća upravlja neformalnim obrazovanjem u vezi sa duhovnošću i sl. pod imenom *paraa-vidja*, dok deveta kuća upravlja višim obrazovanjem koje uključuje fakultetsko obrazovanje i postdiplomske studije.

D-24 čart pripada drugoj grupi čartova (od D-13 do D-24) i pokazuje rad svesnog uma. Dakle, Mesec je veoma bitan u D-čartovima koji pripadaju ovoj grupi. Bitno je imati na umu sledeće stavke:

1) Ako se Mesec nalazi u fiksnom znaku, um se lako koncentriše. Dakle, ako je u sidamša (D-24) čartu Mesec u fiksnom znaku, osoba se može koncentrisati na učenje i generalno se naziva dobrim učenikom.

2) Ako se Mesec nalazi u trigonu od prve kuće (1, 5, 9) tada je um prirodno usmeren na pitanja u vezi sa darmom.

Sri Jayendra Saraswati
Sankaracharya-Kanchi

3) Ako je Mesec u trigonu od desete kuće (u 10, 6, 2. kući) tada je um prirodno usmeren i fokusiran na pitanja u vezi sa artom (finansije/svetovno).

4) Ako se Mesec nalazi u trigonu od sedme kuće (u 7, 11, 3. kući) tada je um prirodno sklon da se fokusira na pitanja u vezi sa kamom (uživanju/zabavi ili traženju sreće).

5) Ako se Mesec nalazi u trigonu od četvrte kuće (u 4, 8, 12. kući) tada je um prirodno sklon fokusu na pitanja u vezi sa mokšom (život posle smrti/oslobođenje od ciklusa rađanja, duhovnost/religija).

Varga Narajana Daša

Čart 40: Šrila Prabhupada rođen 1. septembra 1896. godine, u 15:24h, u Kalkati (88E22', 22N32').

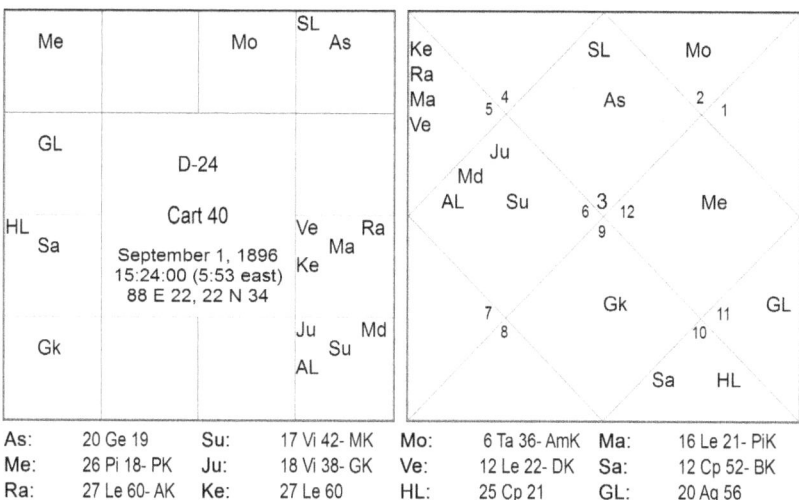

As:	20 Ge 19	Su:	17 Vi 42- MK	Mo:	6 Ta 36- AmK	Ma:	16 Le 21- PiK
Me:	26 Pi 18- PK	Ju:	18 Vi 38- GK	Ve:	12 Le 22- DK	Sa:	12 Cp 52- BK
Ra:	27 Le 60- AK	Ke:	27 Le 60	HL:	25 Cp 21	GL:	20 Aq 56

1904: Počeo je da proučava Sanskrit u Muti Lal školi

Jupiter pokazuje Sanskrit, a formalno obrazovanje se može videti iz četvrte kuće. Smeštenost Jupitera u četvrtoj kući u Devici u D-24 čartu, zajedno sa Suncem, u razmeni znakova sa Merkurom, vladarom četvrte, smatra se veoma povoljnom za formalno obrazovanje, kao i za učenje Veda i Sanskrita. Obe aruda pade, četvrte i pete kuće (A4 i A5), se nalaze u Blizancima.

Tabela 45: Čaturvimšamša Narajana daša

Snažnije planete i znaci: Rahu i Mars; Ov, Bi, Bl, Ja, La i De.

Daša	Period	God	Od			Do		
Devica	05	5	1896	09	01	1901	09	02
Jarac	12	17	1901	09	02	1913	09	02
Bik	03	20	1913	09	02	1916	09	02
Blizanci	08	28	1916	09	02	1924	09	02

Koledž u škotskim crkvama (1916-1920)

Daša Blizanaca, zajedno sa lagnom, matripadom (A4) i mantra padom (A5) u Blizancima, idealna je za obrazovanje. Ova daša ujedno pokriva i period njegovog višeg obrazovanja. Deveta kuća je Vodolija i njen suvladar, Rahu, se nalazi u Lavu u trećoj kući i pokazuje obrazovanje na stranom jeziku. Pošto je vladar treće Sunce koje aspektuje Blizance (daša raši), to donosi tendenciju ometanja obrazovanja zbog političkih aktivnosti. Na koledžu Prabhupada je uvučen u političke bitke i to na njegov, svetački, način. Bio je pokrenut patriotizmom starijeg kolege, a kasnije i borca za slobodu, Subaš Čandra Bose, i zbog toga dovodi u pitanje i sam nastavak obrazovanja.

Srila Prabhupada

Ipak, zahvaljujući aspektu velikog Brihaspatija (Jupiter je učitelj bogova) diplomirao je 1920. godine.

Čart 41: Ženska osoba rođena 27. jula 1964. godine, u 13.30h, u Bombaju, Indija.

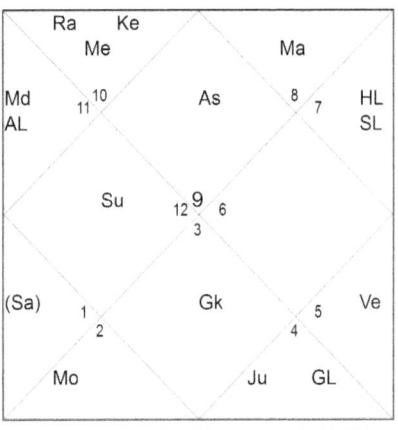

As:	29 Sg 27	Su:	22 Pi 48- MK	Mo:	8 Ta 43- BK	Ma:	14 Sc 11- GK
Me:	4 Cp 50- PK	Ju:	6 Cn 29- AK	Ve:	29 Le 48- DK	Sa (R):	7 Ar 31- PiK
Ra:	17 Cp 11- AmK	Ke:	17 Cp 11	HL:	29 Li 23	GL:	19 Cn 42

Tabela 46: Sidamša Narajana daša (čart 37)

Snažnije planete i znaci: Rahu i Ketu; Ov, Šk, St, Ja, La i Ri.

Daša	Period	Od			Do		
Ovan	07	1964	07	27	1971	07	28

Bik	03	1971	07	28	1974	07	27
Blizanci	07	1974	07	27	1981	07	27
Rak	03	1981	07	27	1984	07	27
Lav	05	1984	07	27	1989	07	27

U čartu 41. *vidješa*[26] raši čarta je Saturn koji se nalazi u Ovnu u sidamši (D-24 čart). Narajana dašu treba početi od Ovna i to redovnim brojanjem u pravcu Zodijaka, tim pre što se Saturn nalazi u početnom znaku. Tabela 32. pokazuje sidamša Narajana dašu za pomenuti čart.

Na prvi pogled, Mesec se nalazi u fiksnom znaku i u arta trikoni i pokazuje da se um lako koncentriše na zadatu temu, kao i to da će se fokusirati na svetovna pitanja. Jupiter je vladar lagne i četvrte kuće i egzaltiran je u Raku što pokazuje veliki potencijal čarta. Sunce u četvrtoj kući pokazuje državne obrazovne institucije[27]. Ona se školovala u državnoj opštinskoj školi u Bombaju, u Indiji. Budući da je tekla povoljna daša Bika, um se lako koncentrisao i postignuti su odlični rezultati.

Venera se nalazi u devetoj kući i pokazuje želju za studijama u vezi sa zdravljem i medicinom. Ipak, sidamša Narajana daša Raka koja je trajala tokom perioda njenih viših studija, ne ide u prilog tome, pošto Jupiter nije prijatelj Veneri. Budući da je u pitanju egzaltirani vladar četvrte, on joj osigurava upis na najskuplji i najbolji koledž za studije patologije, Sofija koledž na kome stiče i diplomu.

Trimšamša (D-30 čart)- zla

U trimšamša čartu (D-30) planete su raspoređene u svim znacima osim u znacima kojima vladaju svetla, Sunce i Mesec, i zbog toga on nagoveštava sve moguće vrste zla koje se mogu zamisliti u ljudskom životu. Šesta kuća je indikator šadripua (šest oblika slabosti) te je u pitanju viša podela šeste kuće koja pokazuje da su zla ništa drugo do manifestacija naših ličnih slabosti koje postoje u podsvesnom umu (treći nivo podele čartova). U dodatku,

---

26   Vidja se odnosi na obrazovanje i učenje, i analizira se iz četvrte kuće. Iša znači vladar. Dakle, vidješa je vladar četvrte kuće. Termin se koristi za definisanje pariđata joge "labeša, vidješa, daneša".

27   U čaturtamša čartu (D-4) Sunce u četvrtoj kući može da donese kraljevske palate (vladinu rezidenciju) date na raspolaganje kralju ili vladinim službenicima.

Narajana Daša

potrebno je obratiti pažnju na sledeće:

1) Lagna je indikator slabosti u telu i znak na lagni u D-30 čartu pokazuje indikaciju zla u najavi, a to se može analizirati ako tretiramo ovaj znak kao svamšu. Na primer, ukoliko je lagna znak Ovna, tada osoba može očekivati nevolje sa miševima, itd.

2) Sedma i dvanaesta kuća od Aruda lagne su znaci iz kojih mogu izbiti nevolje. Možemo primeniti i ostale rezultate date za procenu daša.

3) Znak u kom se nalaze čvorovi smatra se najvećim zlom.

4) Znaci pod aspektom šatrupade ponašaju se kao neprijatelji, dok se oni pod aspektima Aruda lagne ponašaju prijateljski.

Čart 42: Ženska osoba rođena 29. oktobra 1943. godine, u 5:30h, (1h, ratno vreme), (86E20', 20N51').

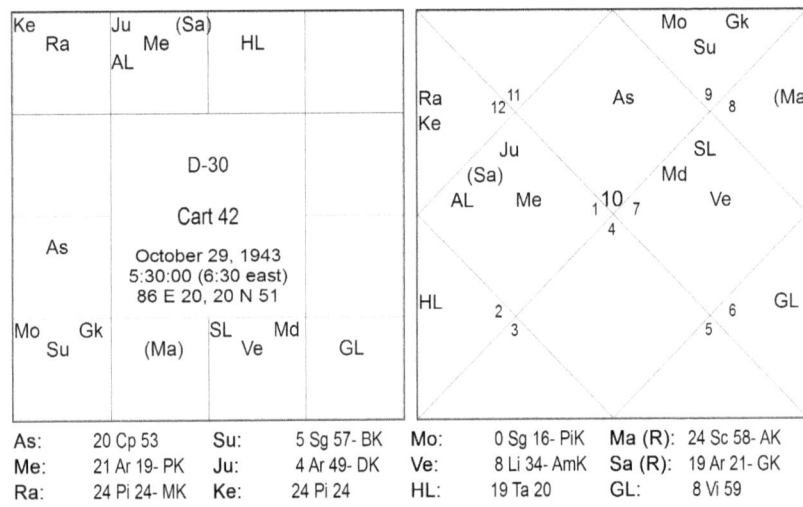

As:	20 Cp 53	Su:	5 Sg 57- BK	Mo:	0 Sg 16- PiK	Ma (R):	24 Sc 58- AK
Me:	21 Ar 19- PK	Ju:	4 Ar 49- DK	Ve:	8 Li 34- AmK	Sa (R):	19 Ar 21- GK
Ra:	24 Pi 24- MK	Ke:	24 Pi 24	HL:	19 Ta 20	GL:	8 Vi 59

Trimšamša Narajana daša

Snažnije planete i znaci: Saturn i Ketu; Ov, Šk, St, Ra, Vo i Ri.

Daša	Period	Od			Do		
Ovan	07	1943	10	29	1950	10	28
Bik	05	1950	10	28	1955	10	29
Blizanci	10	1955	10	29	1965	10	28

Rak	07	1965	10	28	1972	10	28
Lav	08	1972	10	28	1980	10	28
Devica	05	1980	10	28	1985	10	28
Vaga	12	1985	10	28	1997	10	28

U čartu 42. rođenje na amavasju daje um podložan svakodnevnim previranjima. Dalje, trimšamša lagna u Jarcu pokazuje probleme koji dolaze od žena, duhova i utvara, kao i od bića koji obitavaju u vodi. Debilitirani vladar lagne u Ovnu u jutiju sa Merkurom, vladarom šeste, pokazuje da je deo urođene slabosti bes. Sedma kuća od Aruda lagne je Vaga sa Venerom. Đaimini Mahariši govori da znanje o veštičarenju, prizivanju duhova i crnoj magiji takođe pripadaju Veneri (ako je pod aflikcijama), budući da je u pitanju asura guru (učitelj demona). Osoba je stekla naviku prizivanja duhova i koristila plančet za ličnu dobrobit. Čak je znala i ime svog budućeg supruga dugo pre stupanja u brak! Jedan od duhova ju je zaposeo. Bilo je to na kobnu subotu, kada je ponovo iskoristila plančet tablu[28] za prizivanje duhova. Zlo je odbilo da napusti njeno telo. Trimšamša daša koja je tada tekla je bila Vaga, antardaša Ribe. U Vagi je smeštena Venera, i u pitanju je znak crne boje, pored toga što je u pitanju sedma od AL, dok je znak Riba dvanaesta kuća od AL i u jutiju je sa čvorovima. Dakle, zlo je rešilo da je savlada na ovaj simboličan dan. Ipak, autor je vrlo brzo kontaktiran i uz pomoć kurkume i gajatri mantre, bio je u stanju da otera zlo i vrati sve u normalu. Konjukcija Jupitera, kao prirodnog predstavnika Boga, sa AL i vladarom lagne, je bez sumnje ogromna zaštita.

Sa ovim završavamo poglavlje o varga Narajana daši. Naveli smo brojne primere kako bismo što bolje ilustrovali tačnost i fleksibilnost ovog prefinjenog sistema za određivanje vremena događaja uz pomoć podelnih čartova.

OM TAT SAT

---

28   Metod prizivanja duhova uz pomoć kružne ploče ili diska na kome su ispisana slova alfabeta i brojevi, i koja je postavljena na tronošcu.

6

ॐ नमो नारायणाय।

Mundana astrologija

Mundana ili svetovna astrologija pokriva horoskope nacija, institucija i drugih ljudskih tvorevina stvorenih u svrhu vođenja i uređenja života. Formiranje nacije nije samo geografsko razgraničenje zemljišnih granica, već i definicija njenog osnivanja ili osnivanja bilo kog zakonskog tela koje predstavlja osnovu za realizaciju političkog, ekonomskog, društvenog i religioznog života ljudi. Zbog toga je ovo vema bitan čart. Klasici podučavaju da predikcije u individualnim horoskopima treba bazirati na "deša-kala-patra" podrazumevajući pod tim da dobro ili loše zavise od sreće nacije (deša), poznavanja vremena (kala – vreme – đotiš prinicipi horoskopa) i sposobnosti, snaga i slabosti pojedinca (patra). Od pomenutih, bavićemo se čartovima nacija i drugim svetovnim čartovima.

Đotiš principi mundane astrologije uključuju sledeća pitanja pod upravom različitih kuća u čartu:

Kuće	Aspekti koje pokrivaju
1.	Opšti državni poslovi, ustav, zdravstvo, titule, stanje vlade i državna politika.
2.	Prihodi i naplate, finansije, trgovina, uvoz i valuta, državne zalihe, saveznici, itd.
3.	Komunikacije, uključujući i telefon, poštu ili elektronsku poštu, internet; sve vrste transporta, uključujući i železnicu i vazdušni saobraćaj; mediji, uključujući i novine, magazine, žurnale, itd; susedne zemlje.
4.	Obrazovanje – škole, koledži i druge institucije za formalno i neformalno obrazovanje; učenici; zemljište i nekretnine; opšta sreća i mir; unutrašnja trgovina i ustanove; poljoprivreda, uključujući i svu poljoprivrednu industriju.
5.	Stanovništvo i natalitet; stav lidera; kriminal i kazna; zabava i razonoda.

6.	Krediti, avansi i generalni dug; bolesti naroda i lidera; prijateljski odnosi unutar naroda i inače; naoružane sile; kršenja granice i teritorijalne pretnje.
7.	Ženstvenost i zdravlje žena; koncept nemorala, stav i prevalencija; ratovi i spoljna politika.
8.	Smrtnost; garancije i osiguranja; državno blago u smislu garancija, itd.
9.	Religiozne institucije i građevine poput hramova, džamija i crkava; duhovnost i religioznost; sveštenici, astrolozi i propovednici; zakonodavstvo, zakonodavni sistem uključujući i sudove, sudije, advokate i zakone zemlje.
10.	Vladar ili glava, parlament, spoljna trgovina, izvoz; eksploatacija i zloupotreba moći; revolucionarne promene vladara/pobunjenici protiv eksploatacija i bezakonja; zakon i red, uključujući i policiju.
11.	Dobici i prihodi od svetske trgovine, međunarodna tela i prijatelji među drugim nacijama.
12.	Tajni zločini, tajne službe, smrtonosne zavere; bolnice i klinike uključujući i zdravstvenu administraciju, zdravstvene institucije, ajurvedu itd; ratovi i izvori gubitaka.

Možemo primetiti da je dugovečnost nacije duža od maksimalne dužine Narajana daša perioda koje čart pokazuje u vreme njegovog formiranja. U ovakvim slučajevima, crtamo novi čart za kraj poslednje daše i to predstavlja osnovu za Narajana dašu budućeg perioda.

U nastavku možete naći deo članka objavljenog 1997-98. godine, koji jednim delom koristi Narajana dašu čarta Indije. Komentari koji su nastali kasnije dati su ispod skorašnjih perioda. Ovim tačnost Narajana daše dobija na ceni kod preciziranja vremena događaja.

PRIMER

Nezavisnost - Indija

Demokratija Indije je svedok turbulentnih perioda sa parlamentom koji visi u vazduhu jer nijedna partija nije u stanju da dostigne apsolutnu većinu. Vlade se moraju formirati putem kompromisa i uz razumevanje među partijama. Imajući u vidu heterogeni karakter stanovništva Indije, kao i činjenicu da su gotovo sve partije eksploatisale slabosti glasača bilo putem kaste, vere ili feudalnih linija, ovo ne deluje kao svršen čin. Ipak, analiza čarta nezavisnosti Indije (čart I) ne pokazuje samo ovaj trend, već i period buduće stabilnosti koja deluje kao prirodna posledica.

Čart 43. je čart nezavisnosti Indije (15. avgust 1947. godine, u 0:00h, Delhi) ima Kala amrita jogu (KAJ). Primarno postoje dve varijacije kala sarpa ili amrita joge. Jedna ima Rahua na čelu i Ketua na repu, sa svim ostalim planetama smeštenim između, i druga koja ima Ketua na čelu i Rahua na repu, sa ostalim planetama smeštenim između. Poslednja je veoma opaka jer demonski Rahu odlučuje o pravcu života, dok je druga veoma povoljna jer mokšakaraka Ketu odlučuje o pravcu i postavlja duhovni cilj kao osnovnu temu čarta. U čartu Indije, Ketu se nalazi na čelu i može se očekivati rađanje ogromnih prepreka u Indiji sve do njene 43. godine tj. 1947-90. godine. Tokom ovog perioda, pozadinska tema duhovne realizacije nije ispunjena, jer će zemlja proći kroz nemoguće okolnosti poput unutrašnjih sukoba i spoljne agresije. Do samog rođenja indijske nezavinosti došlo je zbog puta Istine (Satjagraha) koji je Mahatma Gandhi pokazao i 'sekularizma' koji, u kontekstu Indije, nikad ne može podrazumevati ignorisanje religije. Tek posle 43. godine ropstvo Zlatnog Orla, kala amrita joge, biva prekinuto i od indijaca se očekuje da lično pronađu značenja sekularizma. Ovo podrazumeva puno duhovnog traženja. Narajana daša Indije pokazana je u tabeli 49.

1947-49: Prva daša Bika sa Rahuom predstavlja period pisanja ustava (Merkur pokazuje pisanje), budući da se Aruda lagna nalazi u Devici. Rahu na ascendentu pokazuje da će posao biti u vezi sa znanjima iz različitih stranih izvora, baš kao što je Durga, Rahuova Išta Devi, primila oružje od svih bogova. Ovaj period će biti jako težak i tron će podrhtavati usled unutrašnjih sukoba, zbog Rahua na tronu, i vatre , zbog Sunca koje aspektuje Rahua raši drištijem. Podela Indije i popratne pobune najbolje pokazuju tu situaciju.

1949-59: Sledeća daša Strelca trajala je deset godina i tada je počelo da nedostaje hrane zbog toga što je u pitanju osma kuća, koja je sedma od druge kuće, a druga kuća upravlja jelom i hranom. Ipak, Jupiter se nalazi u šestoj kući i delovanje viparita rađajoge pomaže Indiji u pronalaženju izlaza iz finansijske krize. Bio je ovo period Nehrua. Pandit Džavaharlal Nehru je imao Jupitera u Strelcu koji je uništavao kala jogu u njegovom ličnom čartu i tako mu donosio rezultate maha padma joge. Dakle, ova joga donela je odlične rezultate i pokazala sjajan ekonomski rast.

Čart 43: Nezavisnost Indije, 15. avgusta 1947. godine, u 00:00h, u Nju Delhiju.

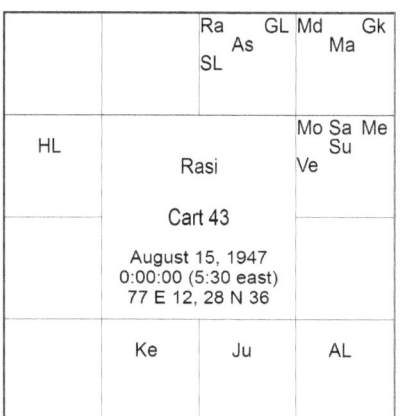 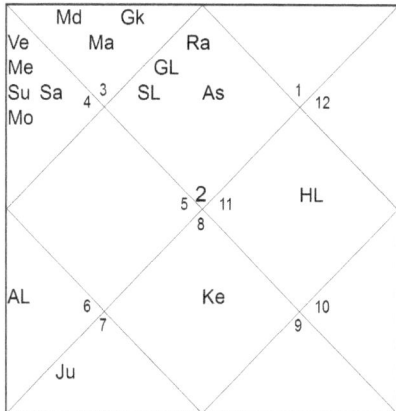

Tabela 47: Narajana daša za čart nezavisnosti Indije

Daša	Period	Od	Do	God
Bik	2	Avg'1947	1949	2
Strelac	10	1949	1959	12
Rak	12	1959	1971	24
Vodolija	7	1971	1978	31
Devica	2	1978	1980	33
Ovan	2	1980	1982	35
Škorpija	7	1982	1989	42
Blizanci	1	1989	1990	43
Jarac	6	1990	1996	49
Lav	1	1996	1997	50
Ribe	5	1997	2002	55
Vaga	9	2002	2011	64

1959–71: Sledeća je **daša Raka** u trećoj kući sa beneficima i maleficima. Malefici pokazuju uspeh u bitkama, dok benefične planete pokazuju poraz. Kombinacija Sunca i Saturna u daša znaku ne sluti dobro ni lideru ni naciji. Malefici u daša znaku, i u 2, 4, 5, 7, 8. i 12. mogu biti veoma nepovoljni za narod. Mars u dvanaestoj od daša znaka pokazuje poraz u ratu usled iznenadne agresije neprijatelja. Šatrupada (A6) čarta 1. je u Jarcu, koji je ujedno i ascendent Kine, dok je šesta kuća, Vaga, sa Marsom u trigonu. Šesta kuća sa prirodnim benefikom ponovo potvrđuje poraz u ratu. U oktobru 1962. godine, tokom daše Raka i antardaše Vage, Kina napada Indiju i Indija ostaje zatečena i pobeđena. [Rak u trećoj kući sa kombinacijom Sunca i Saturna pokazuje pogoršanje odnosa sa susedima.]

1971-78: Sledeća **daša Vodolije** nalazi se u desetoj kući. Ista kombinacija koja je donela poraz tokom daše Raka sada se našla u šestoj kući od daša znaka. Saturn je jogakaraka za Bik lagne i njegova pozicija u trećoj kući donosi moćnu rađa jogu i pokazuje parakramu (hrabrost). Jupiter u devetoj obećava dobru sreću dok Mars u petoj pokazuje spretna kretanja i odluke. Konjukciju Saturna i Meseca popularno nazivamo Šani Ćandra joga i ona se odnosi na glavno božanstvo Šakti kulta – Šri Maha Kali. Indira Gandhi je premijer tokom ovog perioda, a ona je rođena sa Rak lagnom sa Saturnom na lagni i Mesecom u sedmoj kući, u Jarcu. Ova parivartana joga između vladara ascendenta i sedme kuće, Meseca i Saturna, daje moćnu rađa jogu (Maha Kali). Dakle, joga u čartu nezavisnosti Indije automatski donosi Indiru Gandhi na presto kako bi ona povela naciju kao Maha Kali. Tokom ove faze vodila su se dva rata sa Pakistanom i oba su dobijena. Budući da je u pitanju malefičan znak, drugi deo daše će biti nepovoljan za ekonomski razvoj i stanje unutrašnje bezbednosti, i tada je i proglašeno unutrašnje vanredno stanje.

1978-80: Sledeća Narajana **daša je Devica** i Indija je svedok prve promene (Merkur) kada na vlast dolazi Đanata partija pod vođstvom Šri Morarđi Desaija. Rahu se nalazi u devetoj kući od Device i sistem petogodišnjih planova zamenjen je sistemom godišnjeg planiranja (Merkur veruje u brze poslove i kratkoročne planove). Pošto je deseta kuća od Device znak Blizanaca sa Merkurom (Šri Morarđi Desai) i u konjukciji je sa Marsom (Šri Devi Lal) i pod aspektom Jupitera (Čoundri Ćaran Sing, rođen sa Strelac ascendentom), partija ostaje na poziciji ali nacija je svedok promena premijera, kao i napetosti u obliku nestabilne vlade.

1980-82: Daša Ovna je nastavila ovu kratku čaroliju daše Device i Indira Gandhi se vraća na poziciju posle opštih izbora

1980. godine. Ovan je veoma malefičan znak u dvanaestoj kući, pod raši aspektom Ketua. Ovo pokazuje rađanje terorizma i pojavu poremećenih anti-nacionalnih snaga. U sledećoj daši, daši Škorpije, nalazi se Ketu koji pokazuje da će novine biti pune naslova o terorizmu i time će se narod ucenjivati. Mnogi životi su izgubljeni zbog Marsa u osmoj kući od daša znaka. Ketu na daša znaku i Jupiter u dvanaestoj kući pokazuju funkcionisanje pod ogromnim pritiskom, kao i neke veoma kratkovide odluke za koje je gospođa Sonja Gandhi nedavno ponudila izvinjenje zajednici Sika (sledbenicima Gurua – Jupiter). Ova nasilna daša Škorpije, koja je sedma kuća, maraka, svedok je i smrti Indire Gandhi. Ona je stradala od ruke terorista u oktobru 1984. godine, posle čega Šri Rađiv Gandhi, koji je rođen sa Lav ascendentom, a Lav je u desetoj kući od Škorpije, daša znaka, preuzima vlast i ostaje na vlasti do sledećih opštih izbora. Sledeća daša, daša Blizanaca, Merkurovog znaka, pokazuje povratak Đanata partije, ali prisustvo Marsa u daša znaku preti nevoljama sa vatrom, kao i unutrašnjim nemirima, pored toga što dovodi do smene premijera (Šri Ćandrašekar zamenjuje Šri V. P. Singa rođenog sa Ovan ascendentom). Na ovaj način se celokupna faza od Narajana daše Ovna do Narajana daše Blizanaca (1980-90) nalazi pod dominacijom Marsa.

1990-96: Sledeća Narajana **daša Jarca** je daša devete kuće i, baš kao i za Vodoliju, njen vladar, Saturn, snažan je u Raku i umešan je u jogu. Budući da je u pitanju daša devete kuće, ona obećava dobru sreću na početku, kao i tokom svog drugog dela, u kome istrajni krokodil predstavlja *Jama-darmarađa*[1] i donosi više politički motivisanih smrti kao i razotkrivanje političara i blaćenje njihove reputacije. Jarac donosi stabilnost i, pošto daša traje šest godina, Šri Narasimha Rao postaje premijer za celokupan taj period, a to je sve praćeno i atentatom na Rađiva Gandhija. Šri Narasimha Rao je rođen sa Devica ascendentom i Jarac dašamša lagnom. Mir se vraća u zemlju jer se razrešava pitanje terorizma u Pandžabu ali ne i na najdemokratskiji mogući način (Saturn), a odlična dugoročna liberalna politika (Jupiter u desetoj kući) utiče na ekonomiju (Jupiter) zbog čega se biznis i tržište pokreću (Vaga

---

1   Jama je Bog smrti i stariji Saturnov brat, predstavlja ga takođe Saturn, i vlada južnim pravcem (Jarac). Nosi ime Darmarađa koji, kako bi ispoštovao kaznu, preuzima oblik miša koji je Ganešino prevozno sredstvo. Dakle, Jama Darmarađa je mali miš koji prenosi Ganešu i simboliše ogromne promene. Znak na koji se odnosi je znak Jarca.

u desetoj kući).

1996–97: Sledeća Narajana daša je **daša Lava** sa Rahuom u desetoj kući, koji pokazuje da će upravljačka moć dolaziti iz više izvora, a narod ce biti svedok nestabilnosti vlade i delovanju sila koje su suprotne Jupiteru kao i njihovom pokušaju da oforme vladu (Rahu je uvek protiv Jupitera). Spletke (Rahu) su deo dnevnog reda i, pošto je Lav u badak znaku od šeste kuće, vladini službenici su nezadovoljni plaćenim preporukama. Paralaleno deluje i crna ekonomija koju donosi Mars, zajedno sa šemom oporezivanja koja je uvedena kako bi se crni novac pretvorio u beli kroz plaćanje nominalnih poreza. Prvog premijera donosi Venera, kao vladar desete kuće od Lava, dok sledećeg premijera donosi Rahu koji je egzaltiran i pokazuje veoma kulturnog intelektualca i diplomatu. Dakle, Šri I. K. Guđral zamenjuje Šri Devegovda.

1997–2002: Sledeća daša je daša Jupiterovog znaka, **Riba**. Ribe su predstavljene lotosom i BĐP, koji nosi lotos kao svoj simbol, postaje najveća partija tokom opštih izbora 1998. godine. Desetu kuću od Riba aspektuje Mars i Šri A. B. Vađpaje, koji je rođen sa Škorpija ascendentom i Škorpija dašamšom, postaje premijer u vreme kada je Mesec bio u Škorpiji. Deseta kuća od Riba je Strelac (darma) i zato je tokom ove faze je uspostavljen moralni kod. Narod postaje pobožniji i počinje da veliča tradicionalne vrednosti i kulturu Indije. Liberalne vrednosti koje su pokrenute tokom daše Jarca, kada se Jupiter nalazio u desetoj kući, počinju da daju plodove, kao i Ribe u jedanaestoj kući u čartu. U ovom periodu biće izgrađeni brojni **hramovi, crkve itd.** i postojaće komunalna harmonija, jer će dominantan uticaj Jupitera doneti zemlji mir. Rahu u trećoj od daša rašija pokazuje da će zemlja steći moćno naoružanje, poput **nuklearne bombe** ali i drugog arsenala za naoružanje. Svetla, Sunce i Mesec, u šestoj kući obećavaju prosvetljenje mladih, kao i to da će **obrazovni sistem proći kroz dramatične promene,** da će znanje početi da se vrednuje i da će se pismenost naroda višestruko uvećati. **Jupiter je u osmoj kući veoma dobar za finansije i nacija će se vremenom pokrenuti u pravcu oslobađanja od dugova.** Ipak, Saturn u petoj kući preti određenim zdravstvenim problemima i zato će biti uložen i dodatni trud za suzbijanje AIDS-a, hepatitisa i sl. Mars u četvrtoj kući (kuća koja pokazuje dom) je još jedna nepovoljna pozicija i biće neophodni dodatni napori. Planetarne pozicije pokazuju portfolio ministara. Premijer se vidi u desetoj kući, a ona je prazna i pod snažnim je aspektima Marsa (Šri Vađpaje). Četvrta kuća (unutrašnji poslovi) ima Marsa, a Šri L. K. Advani, koji je bio ministar unutrašnjih poslova, rođen je sa Škorpija ascendentom. Moćna Kali joga između Saturna i Meseca dominira u petoj kući koja je kuća obrazovanja, kulture i omladine. Šri Murli Manohar Đoši, rođen sa intelektualnim Vodolija ascendentom, ministar je za razvoj ljudskih resursa. **Budući da ova daša traje pet godina, uprkos svim izgledima, lotos (BĐP) će cvetati tokom ovog perioda. Aspekt Marsa na desetu kući i njegova pozicija u badak znaku od desete kuće, može biti nepovoljan za zdravlje visokih političara i lidera.**

Nekadašnji SSSR

Tokom 1917. godine Rusija je imala dve revolucije. Prva je postavila privremenu vladu, a druga je donela njeno povlačenje, što je kasnije dovelo do uspostavljanja komunizma po prvi put u svetu. Revolucija koju je Lenjin predvodio počela je u 2:00h, 7. novembra 1917. godine, a do proglašenja je došlo otprilike u 10:00h, u Lenjingradu. Posle toga, do proglašenja SSSR-a došlo je 30. decembra 1922. godine, u 20:00h, u Moskvi. Kao što je to objašnjeno ranije, politički pokreti podrazumevaju različite događaje i ono na šta đotiši treba da obrati pažnju jeste 'proglašenje' ili 'deklarisanje' nezavisnosti ili novog režima. Posle toga je novom režimu ili autoritetu neophodno određeno vreme da napravi zakone i druge alate za upravljanje zemljom. Ovaj naknadni datum treba tretirati kao *'početak novog zakona'*. U Indiji, on se odnosi na proglašenje nezavisnosti 15. avgusta 1947. godine i na prihvatanje novog ustava od strane Republike, 26. januara 1950. godine. Prvobitni datum je vitalan za određivanje snaga, slabosti i života novog poretka upravljanja.

Čart 44: Proglašenje SSSR-a, 7. novembra 1917. godine, u 10:00h u Lenjingradu, Rusija (30E15', 59N55').

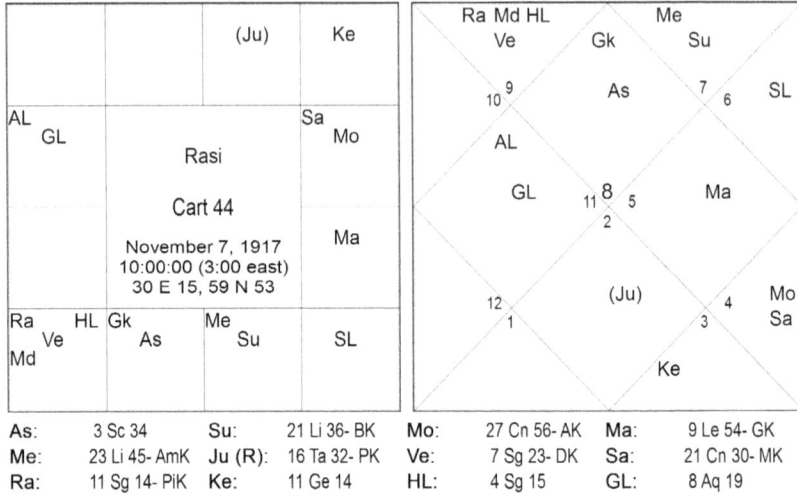

As:	3 Sc 34	Su:	21 Li 36- BK	Mo:	27 Cn 56- AK	Ma:	9 Le 54- GK
Me:	23 Li 45- AmK	Ju (R):	16 Ta 32- PK	Ve:	7 Sg 23- DK	Sa:	21 Cn 30- MK
Ra:	11 Sg 14- PiK	Ke:	11 Ge 14	HL:	4 Sg 15	GL:	8 Aq 19

U čartu 44. (SSSR) najinteresantnija pozicija je pozicija Saturna, vladara AL i GL, u devetoj kući, kući darme. Ovo pokazuje da je imidž novog režima (Aruda lagna) posle boljševičke revolucije snažno povezan sa radničkom snagom (Saturn) kao i da je njihov izvor moći (Gatika lagna) takođe u radničkoj snazi (Saturn) kao i da je predstavljen vođama poput V. Lenjina. Dalje, pošto se moćni Saturn nalazi u devetoj kući, u Raku, zajedno sa vladarom devete, Mesecom koji predstavlja javnost, on će pokazati i zakone zemlje koji upravljaju svakodnevnim životima ljudi(darma). Bio je ovo imidž, politika i praksa nekadašnjeg SSSR-om.

Tabela 48: Narajana daša SSSR-a

Snažnije planete i znaci: Saturn i Mars; Va, Bi, St, Ra, La i De.

Daša	Period	God	Od			Do		
Bik	07	07	1917	11	07	1924	11	07
Strelac	05	12	1924	11	07	1929	11	07
Rak	12	24	1929	11	07	1941	11	07
Vodolija	07	31	1941	11	07	1948	11	06
Devica	11	42	1948	11	06	1959	11	07

Ovan	04	46	1959	11	07	1963	11	07
Škorpija	09	55	1963	11	07	1972	11	06
Blizanci	04	59	1972	11	06	1976	11	06
Jarac	06	65	1976	11	06	1982	11	07
Lav	09	74	1982	11	07	1991	11	07
Ribe	10	84	1991	11	07	2001	11	06

U čartu pokretanja bilo koje nacije, atmakaraka ne bi trebala biti povezana sa 1, 3, 7. ili 9. kućom, budući da to preti preranim padom režima ili političkog sistema usled viparita ajur joge[2]. Dakle, dostignuta je srednja dugovečnost raspona 36-72 godine. Da bi stvari bile još gore, Sunce, koje je prirodni signifikator mundanih čartova u vezi sa politikom, nalazi se u dvanaestoj kući i postaje marana karaka[3] (signifikator smrti). Ovakvo Sunce uništava zdravlje vođa budući da je u pitanju vladar desete u čartu, a on pokazuje političke lidere. Prisustvo Saturna u devetoj dodaje nepovoljnost Suncu.

Narajana daša Lava (1982-91) pokazala se katastrofalnom za SSSR jer je na svega par dana od događaja 7. novembra 1982. godine, Brežnjev umro 10. novembra 1982. godine (Lav – Vaga – Strelac daša: Lavom vlada Sunce, Vaga je znak u kome se Sunce nalazi, dok je debilitirani Rahua u Strelcu, u drugoj kući od lagne). Dakle, marana karaka pozicija debilitiranog vladara desete kuće, Sunca, potvrđuje ubistveni potencijal od samog početka. Prehrambena industrija bila je na mrtvoj tački posle četiri uzastopne godine loše žetve. U dodatku svemu tome, Lav je sedma kuća od Aruda lagne koja je u Vodoliji, što vodi ka destrukciji arude, budući da je u pitanju malefičan znak.

Andropov dolazi na mesto Brežnjeva u novembru 1982. godine, ali ni on nije u stanju da donese snažno liderstvo zbog svog lošeg zdravlja. Veliku sramotu zemlji donosi i to što je 1.

2   Podrazumeva se da ukoliko čart pokazuje kratku dugovečnost, tada je ova joga povoljna, u suprotnom se ovo ne savetuje u mundanim čartovima. U takvim situacijama, analizira se dugovečnost pokazana metodom tri para:
Lagna + Hora lagna = fiksni (Škorpija) + dvojni (Strelac) = dug život
Raši + Saturn = pokretni (Rak) + pokretni (Rak) = dug život
Vladar lagne + vladar osme (Jupiter) = fiksni (Lav) + fiksni (Bik) = kratak život
Dakle, primarno je pokazan dug život sveden na madja ajus (srednju dugovečnost 36-72) usled viptarita ajus joge pošto je atmakaraka nalazi u devetoj kući.

3   Videti stranicu 77, Marana karaka u poglavlju Procena rezultata.

septembra 1983. godine srušen korejski putnički avion koji je leteo preko Sakalina. Godina 1983. je bila peta godina zaredom sa lošom žetvom zbog čega je došlo i do ekonomske krize. Posle toga, 9. februara 1984. godine, u daši *Lav – Škorpija – Lav*, oboleli Andropov umire. Marana karaka Sunca se ponovo aktivirala.

Posle toga, 13. februara 1984. godine, Černenko je izabran za generalnog sekretara. Uprkos programima za unapređenje prehrambene situacije, 1984. godina je šesta godina zaredom sa lošom žetvom i ekonomska kriza se dodatno produbljuje. Gorbačov postaje drugo-komandujući tokom ovog perioda, a 10. decembra 1984. godine (Lav – Strelac – Lav) on je i glavni govornik na konferenciji o ideologiji u Moskvi, na kojoj je dao slavnu izjavu *"glasnost je neophodan uslov društvene demokratije i norma javnog života"*. Tada, u *Lav – Jarac – Lav* periodu, 10. marta 1985. godine, Černenko umire.

Gorbačov je izabran za Generalnog sekretara Centralnog komiteta komunističke partije Sovjetske unije 11. marta 1985. godine. Narajana daša Lava traje devet godina i ovaj period ćemo podeliti na tri dela kako bismo mogli da ispitamo trend događaja. Gorbačov uvodi glavne reforme ekonomskog sistema koji su u osnovi suprotni ideologiji komunističkog režima. Stvari poput produktivnosti u vezi sa platama ili kvaliteta u vezi sa bonusima ispod 'Perestrojke[4] (1986)' bile su nezamislive u SSSR-u. Ipak, ovo su bili očajnički potezi da se sačuva ekonomija koju je Sunce uništilo.

Kao što je to napomenuto ranije, prvi deo daše, od 1982. do 1985. godine, pokazao se katastrofalnim sa tri uzastopne smrti vođa nacije, kao i sa uzastopnim godinama loših žetvi koje su oštetile ekonomiju, a sve to zbog debilitacije Sunca, vladara Lava, u dvanaestoj kući odakle opstruira argalu na drugu kuću. Druga kuća upravlja proizvodnjom hrane. Debilitirani Rahu i Venera pokazuju prehrambenu politiku i sreću SSSR-a u ovom aspektu, dok Sunce i Merkur u dvanaestoj kući opstruiraju argale Rahua i Venere u drugoj kući. Argala i njena opstrukcija jednako su snažne, poput nekadašnjeg SSSR-a i SAD-a. Ipak, Merkur je u

---

4   1986. godine Gorbačov uvodi radikalne političke reforme perestrojke (restrik-cija), demokratizacije i glasnosti (otvorenost). Perestrojka znači da više profita motiviše, kvalitet kontroliše, privatno vlasništvo u poljoprivredi, decentralizaciju, kao i izbore sa više kandidata.

jutiju sa Suncem i pod aspektom je Jupitera što čini jogu Sunce-Merkur snažnijom (Buda-Aditja joga). Osim toga, jednak broj planeta u drugoj i dvanaestoj kući donosi bandana jogu (koja pokazuje ropstvo). Potom, u drugom delu daše, od 1985. do 1988. godine, efekat Marsa u Lavu pod aspektom Merkura donosi nevolje pošto se nastavljaju efekti marana karaka priče. I konačno, u trećem delu daše, od 1988. do 1991. godine, rezultati Lava kao desete kuće prevladavaju i donose novo liderstvo.

Strašna nuklearna katastrofa u Černobilju dogodila se 25. aprila 1986. godine u Lav – Vodolija – Bik daši. Nesreće u vezi sa vatrom pokazuju Mars i malefičan Jupiter[5]. Rahu pokazuje nuklearne eksplozije. Mars je smešten u Lavu, a Vodolijom vlada Rahu koji je debilitiran u Jupiterovom znaku u dvanaestoj kući od Meseca; dok se u Biku se nalazi Jupiter, u sedmoj kući od lagne.

Zemljotres u Jermeniji dogodio se 7. decembra 1988. godine, tokom Lav – Blizanci – Ovan daše. Malefičan Merkur pokazuje prirodne katastrofe (ĐS), a u ovom slučaju Merkur je vladar Blizanaca u osmoj kući i u jutiju je sa debilitiranim Suncem u dvanaestoj kući. Mars u vezi sa zemljom određuje tip prirodnih nepogoda. Ovo pokazuje šesta kuća, Ovan. Kada daša pokazuje nevolju, tada sve ostalo samo doprinosi tome. Merkur ujedno pokazuje i sukobe i tužbe, i u tom periodu su među komšijskim zemljama koje sačinjavaju SSSR podignute nebrojene sudske tužbe.

Tokom poslednjeg perioda daše Lava, od 1988. do 1991. godine, trajale su demonstracije za nezavisnost baltičkih zemalja, zatim sukobi u pograničnim zemljama i teritorijama poput Nagorno-Karabaha, a i Ukrajina je zahtevala nezavisnost. Održavaju se različiti samiti sa Amerikom na teritoriji Malte itd, kako bi se rastavio čelični okvir i nuklearno naoružanje. Bilo je ovo ništa drugo do postepena destrukcija imidža 'super-sile' (Aruda lagna) SSSR-a predstavljene Vodolijom. Ovo je kasnije zaustavljeno u martu 1990. godine kada Litvanija proglašava nezavisnost (Lav – Rak). Neka vrsta dogovora je postignuta 23. aprila 1991. godine i Gorbačov tada potpisuje preliminarni ugovor (9+1) Unije sa devete republika koje su pokazale volju da ostanu zajedno sa SSSR-om (Lav – Devica – Jarac). I Devica i Jarac se nalaze u

---

5   Đaimini Sutra.

trigonima od vladara pete, Jupitera, i ovaj napor u pravcu mira je u datom momentu pomogao.

Daša Lava se privodi kraju, a istovremeno sa njom i Gorbačovljeva era. Posle toga, 12. juna 1991. godine, u daši Lav – Devica – Ribe, Boris Jeljcin postaje prvi demokratski izabran ruski predsednik. Ribe su druga kuća od Aruda lagne (Vodolija) i to SSSR koja se već teturala zadaje i konačni udarac. Ovo ujedno pokazuje efekte nastupajućeg perioda jer posle daše Lava sledi daša Riba.

Tokom pratianatar daše Blizanaca koji su osma kuća od lagne i peta od AL, ponovo je došlo do pokušaja preuzimanja vlasti uz kidnapovanje Gorbačova (19-21. avgust 1991. godine), ali je do toga došlo u nepovoljno vreme i Gorbačov biva oslobođen. Ono što je usledilo jeste potpuni slom komunizma do koga je došlo kada je, 24. avgusta 1991. godine, Gorbačov dao ostavku na mesto predsednika Komunističke partije, a Jeljcin je zatvorio *Pravdu*[6] i raspustio Komunističku partiju. Na svim poljima SSSR postaje mrtvi deo istorije, i to na dan kada je Sunce tranzitiralo sedmu kuću od mritjupade[7], ali je konačni udarac ipak morao da sačeka dašu Riba.

Sa dolaskom Narajana daše Riba (1991-2001), neminovno je došao i kraj SSSR-a, budući da je u pitanju druga kuća od Aruda lagne i da se njen vladar, Jupiter, nalazi u sedmoj kući u Biku. Ribe predstavljaju slobodu duše i oslobađanje od svih vrsta stega uključujući tu i ponovno rođenje. To je u suštoj suprotnosti sa komunizmom. Osim toga, filozofija komunizma je u svojoj osnovi protiv Boga, a poslednji lider SSSR-a, Gorbačov, je bio prvi predsednik SSSR-a u koji je posetio Papu što je bilo u suprotnosti sa standardnim komunističkim vrednostima. Ribe su znak Maharišija i učiniće sve kako bi se ponovo uspostavila vera u svetu. Čudna je podudarnost i to da je Gorbačov podneo svoju ostavku i da je SSSR prestao da postoji baš na Božić, 25. decembra 1991. godine. Na određeni način, ispostavilo se da je Gorbačov bio božiji poklon za Rusiju.

OM TAT SAT

6   Zvanične komunističke novine.
7   Videti: Ratova pravila u Osnovama Vedske astrologije.

7

ॐ नमो नारायणाय।

Izmenjena Narajana daša

Teorija kompresije i ekspanzije

Period Narajana daše zasnovan je na purna ajusu (celokupnoj dugovečnosti) koji iznosi 144 godine i u kome svaki znak doprinosi celokupnom periodu sa po 12 godina. Međutim, Mahariši Parašara navodi da je dugovečnosti ljudskog tela u toku Kali juge 120 godina i pet dana. Veoma često treba da predvidimo vreme događaja u mundanim, horarnim čartovima ili u čartovima životinja čija se dužina života razlikuje od ljudske. Na primer, horarni čart izrađen u vreme polaganja zakletve za premijera Indije nosi maksimalnu dugovečnost od 5 godina (a ona se može produžiti za par meseci ukoliko vlada završi svoj pun mandat i nastavi da deluje u istoj funkciji do sledećih izbora). Dakle, ukoliko Narajana dašu (ili bilo koji sličan daša period sa purna ajusom dužim od 120 godina) treba kompresovati ili proširiti, tada period svake daše treba podeliti sa purna ljudskim ajusom (punom dugovečnošću koja je 120 godina) ili ga pomnožiti sa purna ajusom horarnih/mundanih čartova ili sa čartom posmatrane životinje.

Ukoliko je kompresija ili ekspanzija urađena na pomenuti način, to će osigurati postojanje samo dva ciklusa ili ponavljanje daša u toku celokupnog života posmatranog čarta.

Za računanje antardaša (potperioda), pratiantar daša (pod-potperioda) itd, primenljivo je standardno pravilo podele perioda na dvanaest jednakih delova za svaki od dvanaest prihvaćenih znakova. Ostala pravila za iniciranje anatardaša ostaju nepromenjena.

Narajana Daša

Blic pravila

Jednostavno pravilo za kompresiju ili ekspanziju Narajana daše jeste množenje daša perioda (broj godina) sa purna ajusom (punim životnim vekom) a potom deljenje dobijenog rezultata sa deset (10) kako bi se kao rezultat dobila kompresovana Narajana daša izražena u mesecima.

Na primer, ukoliko je Merkur egzaltiran u čartu, tada standardna Narajana daša Device, prvi ciklus, traje dvanaest godina. Ako pretpostavimo da je u pitanju horarni

Atal Bihari Vajpayee

čart i čart polaganja zakletve indijske vlade, čija je maksimalna dugovečnost 5 godina, tada treba pomnožiti daša period (12) sa punom dugovečnošću (5) i podeliti sa 10 [tj. (12x5)/10=6], dobijamo da kompresovana Narajana daša Device traje 6 meseci.

Primeri

Čartovi polaganja zakletve

Vađpajeva vlada položila je zakletvu u četvrtak, 19. marta 1998. godine, u 9:32:33h, u Nju Delhiju. Muhurta za davanje zakletve pokazuje dobar odabir, pošto je u pitanju kendra od lagne i od dašamša lagne. U stvari, u pitanju je isti znak u kao i onaj u kome se nalazi vladar sedme, Venera, u dašamša čartu a istovremeno je tekla Venerina pratianatar daša u čartu Šri Vađpajia.

Čart 45: Polaganje zakletve Vađpaji vlade: 19. marta 1998. godine, u 9:32:33h, u Nju Delhiju.

Autorov epilog: (objavljen maja 1998. godine)

U narednim redovima čitaoci će primetiti moj optimizam, ja sam očekivao da će vlada Vađpajia u Indiji prevazići prve dve opasnosti i ostati sve do 2002. godine. Ipak, moj optimizam se pokazao netačnim i vlada je pala tokom najopasnijeg perioda (19. januar 1999. – 19. jun 1999). Za ovaj period je dato pravovremeno upozorenje, ali uprkos dobrom savetu nesrećni događaj se ipak desio. Narajana daše su prikazane u nastavku, a sam događaj se odigrao tokom Narajana daše Rahua koji se nalazi u Lavu. Nažalost,

Ma Me Su Sa	Md Gk As	HL	
Ke Ju	Rasi Cart 45		
Ve	March 19, 1998 9:32:33 (5:30 east) 77 E 12, 28 N 36	Ra	
	SL Mo GL	AL	

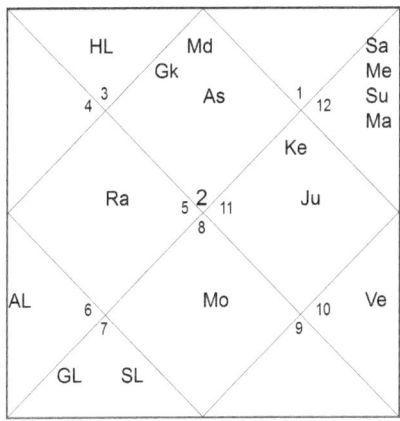

moje upozorenje je prošlo nezapaženo. Druga čainjenica je da sam tokom analize horoskopa Indije očekivao da će Šri Vađpaji ostati na mestu premijera sve do 2002. godine (ovo se pokazalo tačnim i on se vratio na vlast kasnije i ostao na mestu premijera).

Čitaoci mogu primetiti tačnost sa kojom su predskazani ostali događaji uz pomoć Narajana daše, poput:

„Nije isključena opasnost od rata ili sličnih incidenata u Severnoj Indiji." Ovo je prethodilo ratu u Kargilu.

„Treća šula daša, daša Jarca, između 19. januara 1999. i 19. juna 1999., donosi apamritju baja (strah od preranog kraha vlade) zbog prisustva Venere u Jarcu pod Mesečevim aspektom. Pošto je Venera u Jarcu, to pokazuje veoma hrabru i čvrstu ženu koja se uvek zalaže za siromašne. Pošto Rahu ujedno aspektuje znak šula daše, strah će biti daleko veći od prethodnog perioda i postojaće optužbe na račun proneverenog poverenja ili sličnih problema." Sudbina je htela da u pitanju bude gospođa Sonja Gandhi (Venera) koja je uživala podršku gospodina Đajalalita (Mesec). Nekoliko beskrupuloznih političara (Rahu) pokazali su se kao izdajnici.

"Pred ulazak u ovaj period se savetuje Maha Rudrabišek." Savet nažalost nije poslušan.

Analiza

Vladar ascendenta u devetoj kući pokazuje da će vlada uspostaviti darmu (poslovnu etiku). Hajde da ispitamo dugovečnost čarta na osnovu pravila u vezi sa ovom temom.

Vladar lagne + vladar osme = Venera (pokretni) + Merkur (dvojni) = kratak život

Lagna + Hora lagna = Bik (fiksni) + Blizanci (dvojni) = dug život

Mesec + Saturn = Škorpija (fiksni) + Ribe (dvojni) = dug život

Dakle, dominiraju dve sutre koje pokazuju dug život. Ukoliko je Mesec u prvoj ili sedmoj kući dugovečnost će biti određena na osnovu para Mesec i Saturn, koji u pokazanom primeru pokazuju dug život. Atmakaraka je Saturn i on se ne nalazi u 1, 3, 7. ili 9. kući i zato viparita ajur joga nije primenljiva u čartu. Maksimalna dugovečnost Lok Sabe je 5 godina i svaka šula daša trajaće pet meseci. Šula daše počinju od Škorpije u sedmoj kući, budući da je ona snažnija od lagne. Purna ajur kanda je od devete šula daše, daše Raka, do dvanaesta šula daše, daše Vage (tj. dugovečnost raspona od 40 do 60 meseci). Na osnovu prethodnog, možemo predskazati sledeće:

1) Dugovečnost trenutne vlade je između 40 i 60 meseci od dana polaganja zakletve.

2) Prva šula daša, daša Škorpije, između 19. marta 1998. do 19. avgusta 1998. nosi Rudra jogu zbog prisustva Meseca i aspekta Venere. Tako apamritju baju (strah od prerane smrti vlade) donosi Mesec (Mesec u znaku debilitacije pokazuje moćnu damu – gospođu Đajalalitu!). Ipak, vlada će opstati na određeno vreme zbog ajur joge. Mesec istovremeno pokazuje i prirodne katastrofe u severozapadnom pravcu (od Uđaina) kojim upravlja. Oluja u Guđaratu je istovremeno i astrološka stavka.

3) Treća šula daša, daša Jarca, između 19. januara 1999. i 19. juna 1999. ponovo donosi apamritja baju (strah od preranog kraja vlade) zbog pozicije Venere u Jarcu pod aspektom Meseca. Pošto je Venera u Jarcu, ona pokazuje veoma hrabru i jaku damu koja će se uvek zalagati za siromašne. Pošto i Rahu aspektuje šula daša znak, strah će biti snažniji od onog u pretodnom periodu, a doći će i do optužbi na račun proneverenog poverenja i sličnih nevolja. Ipak, ajur joga pokazuje blagoslove Šri Šankare i Bik

lagna opstaje. Pred ulazak u ovaj perion savetovano je da se uradi Maha Rudrabišek. Venera pokazuje nevolje koje dolaze iz jugoistočnog pravca i iz sličnih delova Indije.

4) U toku ajur kande (od Raka do Vage), Rak i Vaga primaju aspekte Jupitera i teško mogu prouzrokovati kraj. Devica prima aspekte atmakarakae te ni ona nije sklona da donese smrt. Lav sa Rahuom je najverovatniji znak za to i dugovečnost vlade se očekuje sve do desete šula daše (45 do 50 meseci, ili do 19. decembra 2001. do 19. maja 2002. godine).

Mritjupada (aruda pada osme kuće) je u Vodoliji, a Sunce je ušlo u Vodoliju između 14. februara 2002 i 15. marta 2002, i to donosi nepovoljnosti u vreme polaganja zakletve. U petoj kući nema planeta, a njen vladar je u jutiju sa više planeta uključujući tu i atamakaraku, Saturna. Dakle, mogući tithi je saptami ili purnima a na ascendentu je moguć zemljani znak.

Narajana daša čarta polaganja zakletve

Budući da je purna ajus čarta 5 godina, Narajana daša period je ekvivalentan vremenskom periodu od 15 dana za svaki znak, umesto perioda od jedne godine. Dakle, Narajana daša za čart polaganja zakletve izgleda ovako:

Tabela 49: Kompresovana Narajana daša

Daša	Znaci koje je vladar prešao	Period u dan-ima	Od	Do
Škorpija	4 (Mars 5-1)	60 = 2 meseca	19. mar 1998.	19. maj 1998.
Blizanci	8 (Merk 10-1-1 deb)	120 = 4 meseca	19. maj 1998.	19.sep 1998.
Jarac	10 (Sat 11-1)	150 = 5 meseci	19. sep 1998.	19. feb 1999.
Lav	5 (Sun 6-1)	75 = 2 ½ meseca	19. feb 1999.	4. maj 1999.
Ribe	1 (Jup 2-1)	15	4. maj 1999.	19. maj 1999.
Vaga	3 (Ven 4-1)	45 = 1 ½ mesec	19. maj 1999.	4. juli 1999.
Bik	8 (Ven 9-1)	120 = 4 meseca	4. juli 1999.	4. nov 1999.
Strelac	2 (Jup 3-1)	30 = 1 mesec	4. nov 1999.	4. dec 1999.

Rak	7 (Mes 9-1-1 Deb)	105 = 3 ½ meseca	4. dec 1999.	19. mar 2000.
Vodolija	11 (Sat 12-1)	165 = 5 ½ meseci	19. mar 2000.	4. sep 2000.
Devica	5 (Mer 7-1-1 deb)	75 = 2 ½ meseca	4. sep 2000.	19. nov 2000.
Ovan	11 (Mars 12-1)	165 = 5 ½ meseci	19. nov 2000.	4. maj 2001.
Škorpija	8 (12-4 drugi ciklus)	120 = 4 meseca	4. maj 2001.	4. sep 2001.
Blizanci	4 (12-8 drugi ciklus)	60 = 2 meseca	4. sep 2001.	4. nov 2001.
Jarac	2 (12-10 drugi ciklus)	30 = 1 mesec	4. nov 2001.	4. dec 2001.
Lav	7 (12-5)	105 = 3 ½ meseca	4. dec 2001.	19. mar 2002.

Rezultate Narajana daše treba razložiti na isti način kao i u slučaju ostalih raši daša. Neka od tumačenja Narajana daše (tabela 1) data su u nastavku:

Daša Škorpije pokazuje nepovoljnosti i puno nemira, kako zbog toga što je u pitanju nepovoljan znak, tako i zbog istovremeno nepovoljnog perioda Rudra joge u šula daši Škorpije.

Sledeća daša, daša Blizanaca, veoma je povoljna i u toku te daše vlada će privući dosta pažnje od strane SAD-a (Blizanac ascendent) i njoj sličnih nacija. Fokus razmatranja će biti na temu finansija, budući da su Blizanci u drugoj kući, koja je kuća bogatstva, a da je njihov vladar debilitiran. Jupiter u devetoj kući donosi mir i stabilnost i zato će se vlada kloniti situacija sa nemogućim šansama. Rahu u četvrtoj daje parakrama bala i u tom periodu se donose veoma konstruktivne odluke na temu naoružanja. Veliki broj planeta u desetoj kući obećava odlične rezultate u svim sferama. Mesec u šestoj kući pokazuje da će neki od kolega/partnera patiti zbog lošeg zdravstvenog stanja. Pošto Jupiter aspektuje znak iz desete kuće (lidera), ministarstva se proširuju i intelektualci će tu pronaći svoje mesto, kao i veliki lideri.

Sledeća daša, daša Jarca, je veoma povoljna tokom svoje prve polovine, ali se druga polovina, od početka 1999. godine, pokazala veoma nepovoljnom. Doći će do pretećih poteza, a pojaviće se i sile destabilizacije. Budući da je pod upravom pravične dame, to će doneti zapaženu štetu njenoj reputaciji kao i neometenom delovanju Centra. Srećom, Saturn je atmakaraka, i redovi oponenata bivaju oslabljeni u poslednjem trenutku, a njihovi savezi padaju u vodu. Centar će oživeti svoju snagu postepeno. Neki stariji političari će izgubiti obraz usled javnog razotkrivanja.

Sledeća daša, daša Lava, biće svedok neverovatnih mahinacija i politika će poprimiti čudne boje. Budući da je u pitanju osma od paka rašija, zdravlje vlade će biti oštećeno. Rahu u daša znaku preti gubicima i iznenadnim promenama u vrednosti akcija i sl. Postojaće opasnost od obmane od strane strane nacije. Jupiter u sedmoj je slamka spasa, dok Mesec u četvrtoj kući pokazuje da će se partneri u koaliciji prikazati pod maskom hrabrosti. Opasnost od rata ili sličnih incidenata na sevetu Indije nije isključena (što *se pokazalo tačnim*, prim.aut).

Sa dolaskom daše Riba, dolazi i mir, ali i kriticizam na temu finansijskih odluka. Dolazi do iznenadnog zaokreta sreće vlade i podrška ponovo ide u korist vladajuće koalicije zbog većeg broja prijateljskih odnosa. Rahu u šestoj i Mesec u devetoj su povoljne pozicije. Donose se pozitivne odluke u pravcu razvoja žena Indije i one od tada dobijaju više učešća u parlamentu kao i u drugim državnim institucijama.

Sveže razmišljanje na temu Ustava pojavljuje se tokom daše Vage. Jupiter u petoj pokazuje aktivaciju zakonodavnog ministarstva. Rahu u jedanaestoj, kao i puno planeta u šestoj kući, veoma su povoljni i pokazuju rast i prosperitet. Pravda je zadovoljena u velikom broju slučajeva i vera ljudi je u porastu. Ovo je početak nove faze u kojoj se definišu socijalizam i religioznost. Dolazi do uspeha u svim aktivnostima i neprijatelji postaju prijatelji.

Sledeća daša, daša Bika, je zlatni period u toku koga se u parlament uvode nove inicijative. Vlada dobija međunarodnu reputaciju i zemlja dobija primarno mesto u Ujedinjenim nacijama, kao i u drugim međunarodnim forumima. Pokazani su ogromni prihodi. Ministarstvo i druga tela koja se bave zemljom i stanovanjem su ustanovljena. Domaća politika će zahtevati strožije bdenje. Neke odluke u vezi sa obustavljanjem državne vlasti izložene su kritikama koje vremenom izumiru.

Sa dolaskom daše Strelca nastaće ozbiljni finansijski problemi. Pošto je u pitanju osma kuća, dugovanja će se uvećati, a krediti će se umnožiti. Moguć je uvoz prehrambenih proizvoda kako bi se zadovoljila domaća potražnja. Budući da je u pitanju kratka faza, negativni rezultati će biti zanemarljivi. Sledeća daša, daša Raka, će biti jednako nepovoljna, ali sa određenim poboljšanjima na polju prehrane i finansija.

Daša Vodolije donosi odlične efekte Jupitera u vezi sa reputacijom i tada su sa svih strana usledile čestitke premijeru za odličan doprinos. Dolazi do uspeha u svim aktivnostima. Donose se odlične dugoročne odluke u vezi sa finansijama. Domaća politika je u dobrom stanju a problematično područje je socijalna politika. Dolazi i do liberalizacije ekonomije uz ispravan stav.

Tokom daše Device vlada se uzdržavala od ulaska u bilo kakve bitke i zauzimala je defanzivan stav po mnogim pitanjima. Donešene su pozitivne odluke o osiguranju i trgovini, ali njih treba i promeniti posle daljnjih razmatranja.

Daša Ovna je u potpunosti nepovoljna i efekti Marsa će se snažno osetiti. Mesec započinje neke snažne pokrete koji mogu da pokrenu Centar u pravcu ubrzanog donošenja odluka. Gospođa Đajalalita može osetiti manje zdravstvene probleme, ali će se brzo i oporaviti. Planetarne pozicije nisu povoljne i mogu se očekivati brojni problemi.

Problemi iz daše Ovna proširili su se na sledeću fazu daše Škorpije i privremeno rešenje se nazire tek posle ulaska u dašu Blizanaca. Ipak, problemi koji su nastali tokom daše Jarca rezultiraju novim izborima u daši Lava. Ovo su opšta tumačenja čarta polaganja zakletve uz pomoć Narajana daša. Daleko više detalja je moguće predskazati tumačenjem tranzita u vreme ulaska u svaku od pomenutih daša. Sporna tačka za astrologe bila je zaključak određenih astrologa da će sama dugovečnost vlade trajati jako kratko. U stvari, jedan od njih je objavio predviđanje da će vlada opstati svega 2-3 meseca! Iz prethodno navedenog postaje evidentno da će vlada opstati otprilike četiri godine.

Izmenjena Narajana daša

Godišnji čartovi

Postoje različite vrste godišnjih čartova i oni uključuju godišnje čartove horoskopa pojedinca, mundanih čartova nacija i svetskih dešavanja. I dok se ne savetuje izrada godišnjih čartova za horoskope pojedinca, posebno zbog toga što je u pitanju veoma različit sistem, njihova izrada se savetuje za horoskope svetskih dešavanja i nacija.

OM TAT SAT

8

ॐ नमो नारायणाय।

Lagnamšaka i Padanadamša Daša

Uvod

Koncept reinkarnacije je ideja po kojoj posle smrti darma nastavlja putovanje sa dušom, atmom, u sledeći život. Svetlost darme u atmi prekrivena karmom, prošlim akcijama, oblikuje sudbinu sledećeg života. Ovo je ilustrovano u poslednjem delu Mahabarate u kome se verni pas Jama pridružuje Darmarađa Judištiri, najstarijem od Pandava, na njegovom poslednjem putovanju. Na sličan način, četiri psa koji simbolišu četiri Vede verno prate darma avatara Bhagavan Šri Datatreju. Podelni čart koji pokazuje detalje o prethodnom životu je šastijamša (D-60 čart) a to je ujedno i četvrti nivo dvanaeste kuće (12x5=60).

Narajana daša preferira fokus na darmi nasleđenoj iz prethodnog života, a ona se analizira iz navamša čarta[1]. Ovde postoje dva aspekta:

Prvi je svetlo darme koje usmerava trenutni život putem dhi šakti[2] (koja se okvirno prevodi kao inteligencija) a dhi šakti deluje kroz satju (sila istine koja je simbolično predstavljena lagnom).

1   D-9 čart koji pokazuje darma (9) amšu (podelu).
2   Dhi se okvirno odnosi na inteligenciju, a šakti na moć. Dakle, dhi šakti se odnosi na Božju moć da povede naše živote pružajući višu inteligenciju. Zapravo, termin DHI ima četiri značenja koja su navedena u sledećoj molitvi velikog Đotišija Harihare (Prašna Marga):
    "Madhyatavyadhipam dugdhasindhukanyadhwam Dhi-ya Dhi-ya-yami Sadhwaham Buddhi Suddhi Vriddhi cha Siddhaye."

Dhi se odnosi na Budhi (inteligenciju), Šudhi (čistotu, destrukciju greha), Vridhi (prosperitet i rast) i Sidhi (uspeh kroz znanje). Pobožni Hindui obožavaju Boga sa sledećim svetim Rikom (Rig Veda 3.62.10)

Signifikator za ovo svetlo istine je Sunce, koje ujedno postaje i signifikator za atmu (dušu i lagnu) i darmu (deveta kuća).

Drugi je efekat *Maje* (neistine ili iluzije predstavljene Aruda lagnom a koja je imidž osobe/životinje ili stvari na ovom svetu). Ova Maja je u skladu sa karmom iz prošlog života i ima veliki uticaj na um jer uzrokuje želje i sreću/tugu. Prirodni signifikator za ovo je Mesec (mana, um i Aruda lagna).

Na osnovu prethodnog, imamo dve izmenjene Narajana daše, poznatije kao **lagnamšaka daša** (na osnovu predhodne tačke 1) i **padanadamša dašu** (na osnovu predhodne tačke 2) koje određuju sile satje i *maje* u životu pojedinca.

Lagnamšaka daša

Reč lagnamšaka se sastoji od tri reči: 'lagna' što znači ascendent, 'amša' što znači podela i odnosi se konkretno na navamšu i 'ka' koja vraća uticaje u raši čart. Znak koji se nalazi na lagni u čartu nosi ime 'lagnamša' i isti znak u raši čartu zovemo 'lagnamšaka'[3]. Na primer, u prvobitnom primeru, navamša lagna (lagnamša) je Škorpija. Dakle, znak Škorpija u raši čartu je lagnamšaka. Narajana daša brojana od ovog znaka kao aramba rašija (početnog znaka) nosi ime lagnamšaka daša.

Neki astrolozi smatraju da se ova daša koristi u čartovima ljudi koji nemaju rađajogu tj. da tada treba preferirati lagnamšaka dašu umesto Narajana daše, ili drugih sličnih raši daša, za određivanje životnog pravca. I dok ovakva diferencijacija deluje logično ona ipak ostavlja i veliki prostor za nedoumice. Osim toga, sa uspostavljanjem demokratije u svetu, veoma je tčsko definisati plavu krv i kraljevske korene. Dakle, moj savet je da se Narajana daša koristi u svim čartovima, nezavisno od rađajoga. Lagnamšaka daša se može isprobati u kontekstu uticaja darme i kod određivanja snage ideala same osobe. Osoba može biti korumpirana u jednom momentu, ali se kasnije može promeniti. Dakle, u svakom trenutku određivanja snage dhi šaktija i sila istine kod pojedinca puno toga zavisi od lagnamšaka daše.

"Tat Savitur Varenyam Vargo devasya <u>Dhi</u>mahi <u>Dhi</u>yo Yo nah Prachodayat"

3   Na sličan način, znak u kom se nalazi atmakaraka u navamša čartu nosi ime karakamša, dok pomenuti znak u raši čartu nosi ime karakamšaka. Primetimo nastavak 'KA' na samom kraju reči.

Narajana Daša

Period lagnamšaka daša i redosled daša identičan je Narajana daši, te se za to možemo osvrnuti na prethodna poglavlja. Redosled će zavisiti od daša aramba rašija (početnog znaka) i devete kuće od njega, kao i od izuzetaka kao u slučaju prisustva Saturna i Ketua u početnom znaku.

Primer

Odredite lagnamšaka dašu za osobu iz narednog primera. Čart je dat u nastavku:

Čart 46: Muškarac rođen 7. avgusta 1963. godine, u 21:15h, u Sambalpuru, Indija.

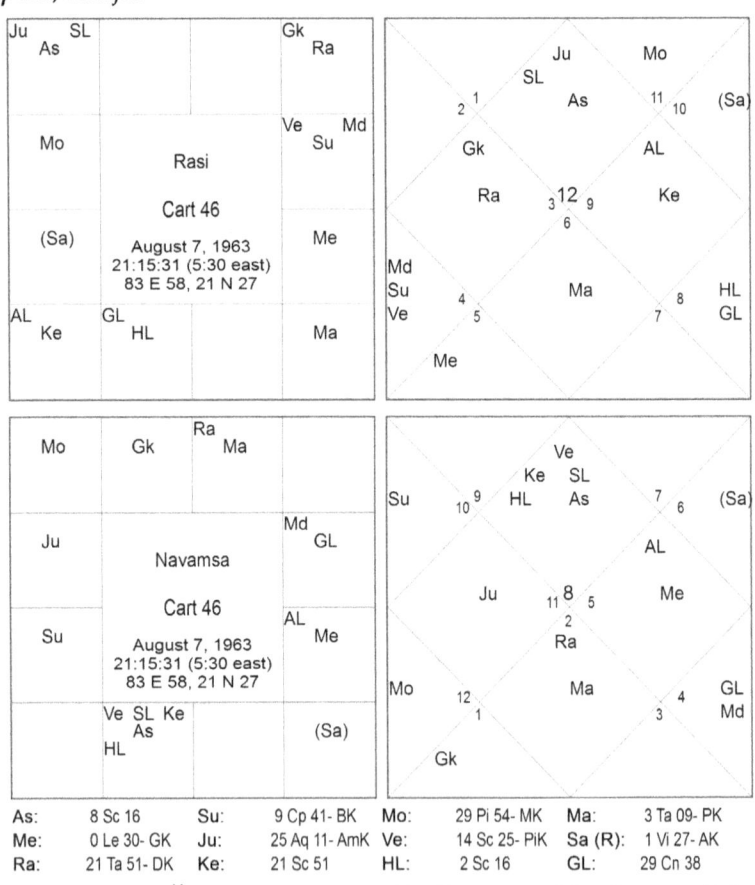

As:	8 Sc 16	Su:	9 Cp 41- BK	Mo:	29 Pi 54- MK	Ma:	3 Ta 09- PK
Me:	0 Le 30- GK	Ju:	25 Aq 11-AmK	Ve:	14 Sc 25- PiK	Sa (R):	1 Vi 27- AK
Ra:	21 Ta 51- DK	Ke:	21 Sc 51	HL:	2 Sc 16	GL:	29 Cn 38

Lagna je Škorpija u navamša čartu. Dakle, lagnamšaka raši je Škorpija u raši čartu i smatra se početnom dašom (arambom). Lagnamšaka daše su prikazane u tabeli ispod:

194

Lagnamšaka i Padanadamša Daša
Tabela 50: Lagnamšaka daša

Daša	God.	Od	Do	Napomene	Komentari
Škorpija	10	1963.	1973.	Mars i Ketu su jednako snažni na osnovu jutija i drištija, ali Mars daje 10 godina dok Ketu daje 1 godinu (pravilo – 8, prvi izvor snage).	Promenio mesto boravka 1973. godine; srećno detinjstvo.
Blizanci	2	1973.	1975.	Direktno brojanje; Merkur u Lavu; 3-1=2.	Četvrta kuća, kuća obrazovanja; najbolji u svom nivou i dobija duplo unapređenje.
Jarac	12	1975.	1987.	Saturn u Jarcu	Sastoji se iz tri faze: 1975-80. Bubanešvar; 1980-83 .Bangalore i 1983 –87. Madras za visoko obrazo-vanje; obrazovanje završeno 1987. godine.
Lav	1	1987.	1988.	Obrnuto brojanje od Lava do Raka; 2-1=1	
Ribe	12	1988.	2000.	Jupiter je u Ribama	Takmičenje na ispitu za civilnu službu 1989. go-dine, zapošljava se kao vladin službenik u Del-hiju.
Vaga	9	2000.	2009.	Direktno brojanje; Venera je u Raku 10-1=9	Napušta vladu u septembru kako bi započeo biznis
Bik	2	2009.	2011	Direktno brojanje; Venera u Raku, 3-1=2	
Strelac	3	2011.	2014.	Jupiter u Ribama; 4-1=3	
Rak	5	2014.	2019.	Obrnuto brojanje od Raka do Vodolije minus '1' tj. 6 – 1= 5	
Vodolija	8	2019.	2027.	Rahu je snažniji u dvojnom znaku dok je Saturn u pokret-nom znaku; obrnuto brojanje 9-8=8	
Devica	1	2027.	2028.	Obrnuto brojanje; Merkur u Lavu; 2-1=1	
Ovan	5	2028.	2033.	Mars u Devici; direktno bro-janje; 6-1=5	

195

Može se primetiti da je lagnamšaka daša pokazala tačne datume/godine u kontekstu životnih prekretnica. Važnost lagnamšaka daše jeste njena pomoć u postizanju tačnih predikcija u vezi sa glavnim promenama u životnom pravcu/darmi. Kao što i sva ostala bića privlači svetlo, tako je i čoveku privlačno njegovo unutrašnje svetlo.

Padanadamša Daša

Reč padanadamša se sastoji od tri reči: 'pada' koja se odnosi na Aruda lagnu ili pada lagnu (termin koji neki astrolozi koriste); 'amša' koja znači podela i odnosi se na navamšu konkretno. 'Nada' je verovatno greška i odnosi se na 'nava' a ime se može čitati i kao 'pada navamša daša'. Aruda lagna pokazuje društvenu lestvicu i imidž osobe, a vladar Aruda lagne je primarni kontrolor ovog imidža. Padanadamša daša pokazuje promene u imidžu i samim time i uticaj *maje* ovog sveta na život pojedinca. Da su ove promene uglavnom deo sudbine vidi se iz činjenice da ova daša pokušava da analizira promene na osnovu perioda u navamša čartu umesto u raši čartu.

(a)   Odredite Aruda lagnu (videti poglavlje - 1).

(b)   Uzmite u obzir vladara Aruda lagne, a ukoliko postoji više od jednog vladara, za Vodoliju i Škorpiju, treba uzeti u obzir oba vladara.

(c)   Odredite znak u kome se nalazi ovaj vladar(i) Aruda lagne u navamša čartu i, ukoliko su u pitanju dva vladara, odredite snažnijeg u navamši na osnovu izvora snage znakova. Za ove svrhe, navamšu treba posmatrati nezavisno.

(d)   Narajana daša navamša čarta počinje od znaka u kom se nalazi vladar Aruda lagne (ili sedme kuće od AL, koji god da je snažniji) naziva se padanadamša daša.

(e)   Periodi Narajana daša su identični navamša Narajana dašama i sva standardna pravila za računanje Narajana daša, kao i za njihovo tumačenje, su u potpunosti primenljiva.

(f)   U dodatku, bitan je i uticaj padanadamša daša znaka u raši čartu. Na primer, ukoliko osoba prolazi kroz padanadamša dašu Riba, tada treba uzeti u obzir efekte ovog znaka na Aruda lagnu u raši čartu.

Primer

Čart 47: Bil Klinton, 42. Predsednik SAD-a, rođen: 19. avgusta 1946. godine u 3:44h u mestu Houp, Akanzas, SAD (33N40', 93W35').

Registrovano vreme rođenja predsednika Klintona je 3:47h ali je korigovano na 3:44h.

Lagna u raši čartu je Rak sa Aruda lagnom u Vagi. Venera, vladar Aruda lagne, debilitirana je u Devici u raši čartu i nalazi se u Blizancima u navamša čartu.

Snažniji između Blizanaca i Strelca u navamši određuje početni znak za padanadamša dašu. Strelac je bez planeta i zato je znak Blizanaca sa Venerom snažniji i može inicirati dašu.

Padanadamša daša je poput Narajana daše navamša čarta i prikazana je u tabeli 37. Rezultati padanadamša daše obeleženi su u narednim pasusima.

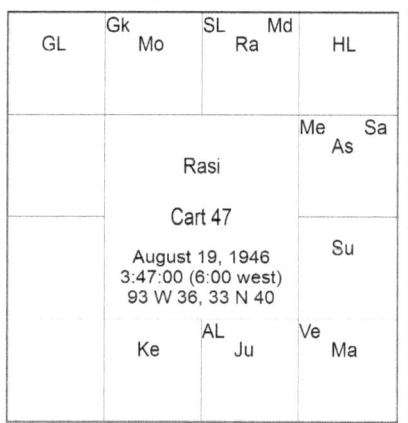
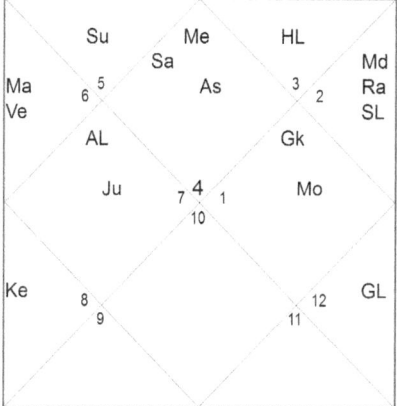

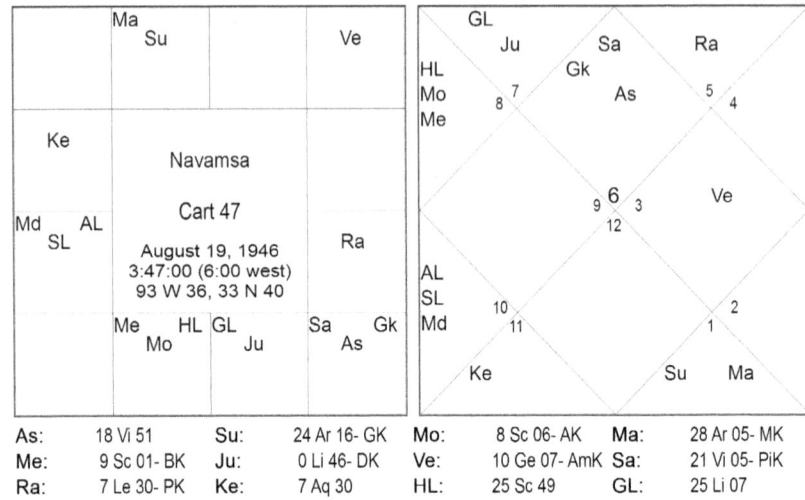

Ma Su		Ve
Ke	Navamsa	
Md AL SL	Cart 47 August 19, 1946 3:47:00 (6:00 west) 93 W 36, 33 N 40	Ra
	Me HL GL Mo Ju	Sa Gk As

As:	18 Vi 51	Su:	24 Ar 16- GK	Mo:	8 Sc 06- AK	Ma:	28 Ar 05- MK
Me:	9 Sc 01- BK	Ju:	0 Li 46- DK	Ve:	10 Ge 07- AmK	Sa:	21 Vi 05- PiK
Ra:	7 Le 30- PK	Ke:	7 Aq 30	HL:	25 Sc 49	GL:	25 Li 07

Tabela 51: Padanadamša daša

Snažnije planete i znaci: Rahu i Mars; Ov, Šk, Bl, Ra, La i De.

Daša	Period	God	Od			Do		
Blizanci	05	05	1946.	08.	19.	1951.	08.	19.
Vodolija	06	11	1951.	08.	19.	1957.	08.	18.
Vaga	08	19	1957.	08.	18.	1965.	08.	18.
Devica	10	29	1965.	08.	18.	1975.	08.	19.
Bik	01	30	1975.	08.	19.	1976.	08.	18.
Jarac	04	34	1976.	08.	18.	1980.	08.	18.
Strelac	10	44	1980.	08.	18.	1990.	08.	18.
Lav	05	49	1990.	08.	18.	1995.	08.	19.
Ovan	12	61	1995.	08.	19.	2007.	08.	18.

Blizanci padanadamša daša

Predsednik Klinton, na rođenju Viljam Džeferson Blit IV, rodio se 19. avgusta 1946. godine u mestu Houp, Arkanzas, tri meseca nakon očeve tragične smrti u saobraćajnoj nesreći. [**Raši:** Sunce u drugoj kući je u dvanaestoj u dvadašamši (D-12 čartu) i osmoj kući u navamši zajedno sa vladarom osme, Marsom.]

Kada je napunio četiri godine, njegova majka se udala za Rodžera Klintona iz Hot Springsa, Arkanzas. U toku srednje škole, mladi Vilijam uzima porodično ime. [**Raši čart:** promenu prezimena u 'Klinton' pokazuje Merkur (prirodni signifikator) a Merkur se nalazi u desetoj kući od Aruda lagne sa Saturnom u Raku u raši čartu. Dakle, uzroci za promenu imena nastaju tokom padanadamša daše Blizanaca, a njen uticaj je počeo sa dašom Vodolije.]

Padanadamša daša Device (1965-75)

Klinton je pohađao Džordžtaun univerzitet i 1968. godine je diplomirao u Spoljnoj službi. Kao stipendista Rhodsa, studirao je dve godine na Oksford univerzitetu. Nakon što je diplomirao prava na Jejl univerzitetu, 1973. godine, vraća se u Arkanzas kako bi podučavao prava na Arkanzas univerzitetu i pripremio se za politiku. [**Raši čart:** Devica je u trećoj kući i aspektuje devetu kuću koja pokazuje visoko obrazovanje. Ona je zajedno sa Marsom i Venerom, koji su ujedno i vladari četvrte i pete kuće i pokazuju brilijantnost u školovanju. Kao vladar desete, Mars mu daje političko vizionarstvo i pravac u karijeri tokom ovog perioda.]

Ostao je poražen u kampanji za Kongres u trećem distriktu Arkanzasa 1974. godine. Sledeće godine se ženi sa Hilari Rodam, koja je tada bila diplomac Veleslej koledža. Upoznali su se u vreme kada su oboje studirali prava na Jejlu. [**Raši čart**: Devica je dvanaesta kuća od Aruda lagne i vodi ka porazu i gubicima u političkom imidžu. Budući da je u jutiju sa Venerom, donosi brak. Venera i Mars je kombinacija koja može da pokaže brak sa osobom koja nam je poznata tokom dužeg vremenskog perioda, poput braka iz ljubavi.]

Padanadamša daša Jarca

Klinton je izabran na mesto državnog tužilaca Arkanzasa 1976. godine, posle čega dobija namesništvo 1978. godine. Gubi tokom pokušaja za drugi mandat. [**Raši čart:** Jarac je malefičan znak i pokazuje malefične rezultate prema samom kraju perioda i zato donosi poraz na izborima za drugi namesnički mandat. Saturn, kao vladar Jarca, pokazuje rezultate na samom ulasku u period. Saturn se nalazi u Raku na lagni a to je posebna kombinacija za veoma moćnu rađajogu koja se može pronaći i kod Indire Gandhi, Hitlera itd. Dakle, Saturn će sigurno doneti rađajogu i sa njom poziciju guvernera Arkanzasa 1978. godine.]

Padanadamša daša Strelca (1980-90)

Narajana Daša

On ponovo dobija poziciju guvernera na kojoj i ostaje sve do 1992. godine. Njihova ćerka Čelzi je rođena 1980. godine. [**Raši čart:** Strelac je šesta kuća i donosi rezultate u vidu poraza na početku perioda. Međutim, Jupiter je vladar Strelca i nalazi se u Vagi u četvrtoj kući na Aruda lagni što obećava odličnu reputaciju i uspon u kasnijem delu perioda. U dodatku tome, Đaimini Mahariši navodi veoma retku rađajogu: ukoliko se jednak broj benefičnih planeta nalazi u drugoj ili četvrtoj kući, tada rađajoga postoji od ranog doba. U ovom čartu, u drugoj kući se nalazi vladar druge, Sunce, dok je u četvrtoj kući smešten vladar devete, Jupiter. Ove planete formiraju pomenutu rađajogu. Dakle, kasniji deo padanadamša daše Strelca mu donosi ključni drugi mandat na mestu guvernera Arkanzasa, a to će mu uvećati šanse za predsedničko mesto. Vladar pete, Mars, je u jutiju sa Venerom i pokazuje ćerku. Strelac prima aspekte pomenutih planeta – vladara pete i Venere iz Device a to sve pokazuju rođenje ćerke.]

Padanadamša daša Lava(1990-95)

Izabran je na mesto 42. Predsednika SAD-a u novembru 1992. godine, a na funkciju je stupio u januaru 1993. godine. [**Raši čart:** Lav je znak u drugoj kući od lagne gde se nalazi i njegov vladar, Sunce. Kao što je to pomenuto u prethodnom pasusu, Sunce i Jupiter formiraju retku rađajogu, budući da se nalaze u drugoj i četvrtoj kući. Dakle, on postaje predsednik tokom daše Lava.]

Padanadamša daša Ovna (1995-2007)

Dobija i drugi mandat na izborima za predsednika SAD-a u novembru 1996. godine, kada je dokazao svojim kritičarima da će mu poći za rukom preokret Američke ekonomije. [**Raši čart:** Ovan je deseta kuća i u jutiju je sa vladarom lagne Mesecom, i tako formira kombinaciju za uspeh. Mesec prima aspekte Jupitera (graha drišti) i Sunca (raši drišti). Nalazi se u sedmoj od Aruda lagne i Mesec tako formira jogu za ogromnu popularnost i slavu. Dakle, njegov povratak u Belu kuću bio je neminovan, i zato pobeđuje na predsedničkim izborima za drugi mandat 1996. godine.]

Do skandala koji je zapretio njegovim opozivom iz kancelarije predsednika došlo je tokom 1998. godine. Ipak, mi smo očekivali da će on preživeti problematičan period. [**Raši čart:** Ovan je malefičan znak i iako donosi rađajogu, njegov vladar Mars je u jutiju sa Venerom u debilitaciji i pokazuje da se priroda skandala odnosila na nezakonit seks sa podređenom službenicom (Mars je ujedno vladar pete i pokazuje podređene). Ove planete se ujedno nalaze u dvanaestoj kući od Aruda lagne i pokazuju tajne zavere i neprijatelje. Ipak, pozicija Meseca na daša rašiju, i Jupitera u sedmoj odatle, pokazaće se kao verna zaštita. Tome će uslediti i Božanska milost koja će ga učiniti religioznim čovekom.]

Čart 48: Dinanat Das rođen: 15. aprila 1974. godine u 3:16:22h u Splitu, Hrvatska (bivša Jugoslavija) (16E27', 43N13').

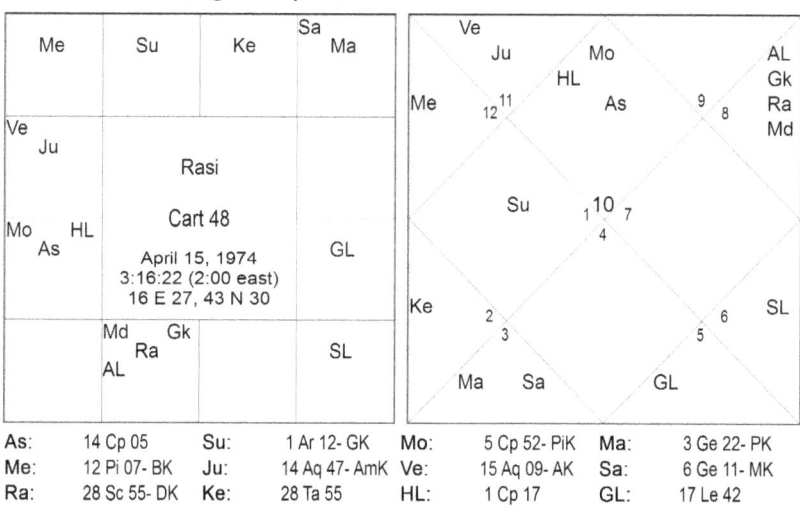

As:	14 Cp 05	Su:	1 Ar 12- GK	Mo:	5 Cp 52- PiK	Ma:	3 Ge 22- PK
Me:	12 Pi 07- BK	Ju:	14 Aq 47- AmK	Ve:	15 Aq 09- AK	Sa:	6 Ge 11- MK
Ra:	28 Sc 55- DK	Ke:	28 Ta 55	HL:	1 Cp 17	GL:	17 Le 42

U pitanju je Vodolija lagna koja ima dva vladara, Saturna i Rahua. Aruda lagna koju definiše Rahu nalazi se u Biku, dok je ona koju definiše Saturn u Vagi. U Biku se nalazi Ketu, dok Vaga nema juti drugih planeta. Dakle, osoba ima Aruda lagnu u Biku. U oba slučaja, vladar Aruda lagne je i dalje Venera, koja je ujedno i atmakaraka.

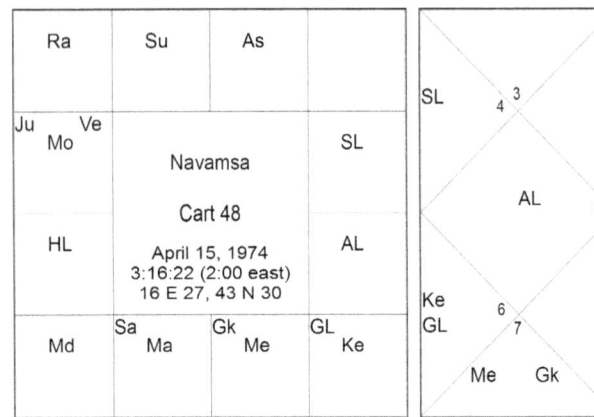 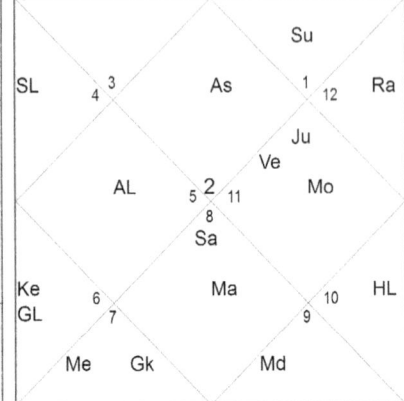

Venera kao vladar AL je u Vodoliji i vargotama[4] te padanadamša počinje u Vodoliji u navamši. Daša periode znakova treba odrediti na osnovu pozicija njihovih vladara u samom navamša čartu.

Tabela 52: Padanadamša daša – Dinanat Das

Snažnije planete i znaci: Saturn i Ketu; Va, Šk, St, Ra, Vo i Ri.

Daša	Period	God	Od			Do		
Vodolija	03	03	1974	04	15	1977	04	14
Rak	05	08	1977	04	14	1982	04	15
Strelac	02	10	1982	04	15	1984	04	14
Bik	09	19	1984	04	14	1993	04	14
Vaga	04	23	1993	04	14	1997	04	14
Ribe	01	24	1997	04	14	1998	04	14
Lav	05	29	1998	04	14	2003	04	15
Jarac	02	31	2003	04	15	2005	04	14
Blizanci	04	35	2005	04	14	2009	04	14
Škorpija	10	45	2009	04	14	2019	04	15
Ovan	07	52	2019	04	15	2026	04	14

Vodolija padanadamša daša (1974-77): Vodolija lagna sa malefičnim aspektom Sunca koje je ujedno i vladar sedme kuće i smešteno je u gandanti[5] u Ovnu. Budući da se nalazi u trećoj kući koja predstavlja ruke, može da ukaže na opasnost za ruke.

---

4   Planeta koja se nalazi u istom znaku u raši i navamša čartu nosi naziv vargotama.

5   Gandanta je prva navamša vatrenih i poslednja vodenih znakova. Detalji se mogu prostudirati iz knjige *Vedske remedijalne mere* istog autora.

Lagnamšaka i Padanadamša Daša

U vreme rođenja mu je slomljeno rame. Usled pozicije Venere i Jupitera[6] na lagni, oporavak je bio brz i prirodan uz pomoć običnog gipsa. Jupiter i Venera su dva velika učitelja Zodijaka i njihova konjukcija obećava period mira i prosperiteta. Kao vladari druge (daneša – Jupiter), četvrte (vidješa – Venera) i jedanaeste (labeša – Jupiter) kuće, zajedno formiraju retku Pariđata[7] jogu. Jupiter koji je vladar navamša lagne je u jutiju sa atmakarakom Venerom u Vodoliji, i oboje su vargotama. Ovo je još jedna velika rađajoga koja će mu doneti veze sa kraljevima i vladarima i koja će ga učiniti velikim čovekom u životu (primetimo istu jogu prisutnu u čartu Bila Klintona koja ga je uzdigla na mesto predsednika Amerike).

Rak padanadamša daša (1977-82): Rak je plodan znak u trećoj kući od Aruda lagne. Aspekt Venere, vladara četvrte, i gjana karake Jupitera, ga šalje u dobru školu u njegovoj šestoj godini.

Strelac padanadamša daša (1982-84): Školovanje se nastavlja.

Bik padanadamša daša (1984-93): Bik je Aruda lagna (imidž na ovom svetu) zajedno sa Ketuom (Ganita, kompjuteri i računanja) i nije iznenađenje da se već jako rano, sa deset godina (1985. godine) počeo interesovati za računare. Savladao je kompjutersko programiranje na Bejzik i Paskel jezicima i postao stručan u njima. Uvek je posedovao najnoviji hardver i softver. Predstavljao je školu na nekoliko takmičenja na temu kompjutera i programiranja. Venera, koja je vladar četvrte – kuće obrazovanja, u desetoj kući od daša rašija i Bik, kao četvrta kuća, donose mu odlično školovanje i on je i bio među najboljim učenicima u školi. Godine 1988. u daši Vodolije i antardaši Vodolije kreće u srednju školu na četiri godine, smer nauke i tehnologije. Pariđata joga ga je ponovo obasula blagoslovima i u junu 1992. godine, na kraju daše Bika, završava srednju školu.

Sa dolaskom antardaše Lava, postaje razočaran modernim zapadnim društvom i počinje da traži svoj životni pravac. Aspekt svetala, Sunca i Meseca, na daša raši nosi sa sobom tendenciju usmeravanja u pravcu prosvetljenja. Na kraju krajeva, moramo pronaći svetlo u ovom svetu punom iluzija i maje koju

---

6   Jupiter na lagni je bez sumnje veliki blagoslov.

7   Pariđata je drugo ime za Kalpavrikšu, ili božansko stablo koje ispunjava sve želje, sa korenima na nebu a plodovima i cvećem na ovom svetu. To je kanal ili veza putem koje Bhagavan (Bog) obasipa svoje blagoslove. Krišna u obliku Bal-Gopala se obožava ispod Kalpavrikše sa mantrom *"Klim Krišna Klim"*.

padanadamša daša pokazuje. Sunce u gandanti pokazuje kraj jednog puta i početak drugog. Mesec dana kasnije Krišna šalje glasnika u vidu njegovog prijatelja i on tada po prvi put saznaje za Svest o Krišni i ISKON. Otprilike u avgustu 1992. godine u daši Bika, antardaši Lava i pratiantardaši Vage on odlazi u Krišnin hram u Splitu po prvi put. Jedna od prvih stvari koju je naučio bila je vegetarijanstvo. Trajala je daša Aruda lagne koja menja njegov imidž tj. ovo je period izgradnje imidža kroz pronalaženje ličnog pravca. Antardaša Lava je veoma bitna jer nosi aspekte svetala, a Sunce je egzaltirano i u gandanti što i pokazuje novi početak i potpuni mentalni preokret. Pratiantar daša Vage je deveta kuća (darma, religija, čistota, itd) i prima aspekte planeta iz pariđata joge (božanski blagoslovi) u dodatku činjenici da je Venera atmakaraka (predstavlja Boga).

Od tad počinje redovno da posećuje hramove i u januaru 1993. godine, u vreme Jupiterovog tranzita preko mantrapade u Devici, počinje redovno da praktikuje Maha mantru sa brojanicom. Ovo se sve dogodilo tokom **pratiantar daše Riba** sa Merkurom koji je vladar pete kuće i mantrapade (A5) i koji aspektuje A5 u Devici.

Na ovaj način padanadamša daša Bika je uspešno i u potpunosti promenila njegov životni pravac, njegov imidž na ovom svetu kao i njegov pogled na svet, pored toga što ga je pripremila za budućnost u svetu kompjutera. Obratimo pažnju na efekte pratiantar daše kako bismo jasnije videli njihovu ulogu u budućim periodima.

Vaga padanadamša daša (1993-97): Vaga je deveta kuća, kuća visokog obrazovanja, i pod aspektom je Jupitera koji je signifikator za više obrazovanje. U leto 1993. godine, u antardaši Vodolije, upisuje se na studije arhitekture u Splitu. Vodolija nosi pariđata jogu i ujedno je i paka raši. Ipak, uticaj devete kuće koja predstavlja hramove, a koja je pod aspektom atmakarake, Venere[8], dovodi do toga da nije prisustvovao predavanjima već je provodio vreme služeći u hramu. Organizovao je uspešan radio program na lokalnoj radio stanici, pokrivajući duhovne teme, vegetarijanstvo i duhovnu muziku i kroz to je pokazao i svoje liderske kvalitete.

U nemogućnosti da se dalje suzdrži, u **antardaši Bika** odlazi u

---

8   Venera u tamas znacima, ali u konjukciji sa planetama koje pokazuju Višnua (Merkur ili Jupiter), pokazuju Nila Šakti 'Radika' ili Radha, onu koji uklanja sva zla i grehe.

London pod izgovorom viših studija, ali u stvarnosti, pridružuje se ISKON hramu 25. juna 1994. godine. Deveta kuća ujedno pokazuje i putovanja u inostrantvo, posebno pod aspektima Venere, signifikatora za putovanja. Aspekt Jupitera na daša raši kao i njegova konjukcija sa paka rašijem pokazuju hram. Ipak, ono što dobija u Londonu možemo videti iz boga[9] rašija, Blizanaca. Ovde su Saturn i Mars u konjukciji i pokazuju ogroman fizički napor i neprestano služenje, koje je na neki način bio njegov put ka uništenju 'ahamkara[10]'. U dodatku tome, budući da je ovo ujedno i điva[11] raši, koji je zajedno sa dve malefične planete, njegovo zdravlje biva bitno narušeno.

Posle dve godine čistog fizičkog služenja i mantranja, u julu 1996. godine (**antardaša Škorpije**) on napušta London i dolazi u Bombaj na Bhaktivedanta institut (naučno krilo ISKONA) na studije Svesnosti. Kurs je odložen pošto mu Rahu u debilitaciji na daša rašiju i konjukcija Saturna sa paka rašijem ne mogu doneti znanje. Sa druge strane, aspekt Sunca, koje je prirodni signifikator za lagnu, na Rahua, koji je suvladar lagne, mu donosi susret sa odličnim vaidjom[12] posle čega se njegovo zdravstveno stanje bitno popravlja.

Sa početkom antardaše Strelca, posle otprilike tri meseca, pridružuje se Animatronik projektu. Strelac aspektuje jedanaestu kuću od Aruda lagne i daje mu nove izvore prihoda. Pošto je vladar Jupiter umešan u pariđata jogu sa atmakarakom Venerom, ova daša ujedno donosi i bitne veze sa uticajnim ličnostima.

Ribe padanadamša daša (1997-98): za razliku od drugih znakova, znak Riba je striktno fokusiran na njegovu mantru, pošto se ovde nalazi Merkur, vladar pete kuće i mantrapade, koji ujedno i aspektuje mantrapadu (A5). Njega je 20. februara 1997. godine, u antardaši Vodolije, njegov dikša guru HH Šri Saćinandana Svami zvanično inicirao u mahamantru (Harinama dikša) po Vedskim principima. Pariđata joga je još jednom isporučila svoje blagoslove.

U maju 1997. godine na Narasimha čaturdaši (**antardaša Riba**)

---

9   Boga raši za Vagu je aruda pada znaka i ovde je to znak Blizanci.

10   Super ego.

11   Điva raši za Vaga dašu dobijamo kada izbrojimo jednak broj znakova od Vage, kao što je to slučaj od Vodolija lagne do Vage. Dakle, izbrojite devet od Vodolije do Vage i ponovo devet znakova od Vage kada dobijamo Blizance.

12   Ekspert u Ajurvedi ili Vedskoj medicine.

seli se u Delhi. Uskoro potom sreće i svog đotiš gurua (Sanđaj Ratha[13]) koji ga savetuje da počne sa ozbiljnijim učenjem đotiša.

Lav padanadamša daša (1998-2003): uložio je ogroman napor kako bi Animatroniks bio spreman za otvaranje ISKON hrama u Delhiju. Premijer Indije, Šri A. B. Vađpaje, započeo je novo poglavlje u istoriji time što je postao prvi premijer Indije koji je učestvovao na inauguraciji hrama, i to kao prvo javno pojavljivanje 5. aprila 1998. godine (Ramnavami). Dinanat Das je upoznao premijera[14] od koga je dobio ohrabrenje i koji je pokazao da vrednuje njegove napore na polju Animatroniksa i robotike (**daša Škorpije**). Posle toga upoznaje gotovo sve ministre i razne druge visoke velikodostojnike u Delhiju. Deha raši je Lav i điva raši je Vodolija što pokazuje veoma povoljne plodove u toku ove daše.

Druga bitna odlika jeste i to što je Lav u sedmoj kući u vezi sa putovanjima u inostranstvom dok se njegov vladar, Sunce, nalazi u trećoj kući i pokazuje kratka putovanja u pokretnom znaku (kratko trajanje i velike razdaljine). Leteo je po celom svetu i u proseku imao oko 40-50 letova godišnje! *Dakle, paka raši pokazuje ono što osoba radi ili pravac u kom je inteligencija usmerena.*

Na ovaj način lagnamšaka daša i padanadamša daša igraju ključnu ulogu u određivanju sreće osobe, kao dve interaktivne sile Istine i Iluzije (satja i maja) koje su nastale interakcijom lagne i Aruda lagne.

OM TAT SAT

---

13   Primetimo da je lagna Đotiš gurua Ribe, koja je ujedno i PND-antardaša.
14   Primetimo da je lagna premijera A. B. Vađpaja Škorpija, i da je tekla antardaša Škorpije u vreme kad su se njih dvojica upoznali.

ॐ नमो नारायणाय।

Prilog 1

Pačakadi Sambanda

Šri Venkateša Šarma u svom monumentalnom klasiku Sarvarta Čintamani objašnjava pačakadi sambandu u sledećoj strofi:

क्रमाद्ग्रहः पाचकबोधकश्च सकारको वेधकसंकिश्च ।

मंदारजीवामरशत्रुपूज्याः शुक्रार्सूर्यात्मजवासरेशाः । । 119

रवीन्दुसूर्यात्मजचन्द्रपुत्राः शशांकजीवाच्छधरासुत श्च ।

सूर्यात्मजारेंदुदिनाथाः सौम्येंदुपुत्रार्कदिनेशपुत्राः । ।120

शुक्रेदुदेवेज्यधरासुताश्च भवंति

तत्पाकमुखा ग्रहेद्राः । । 121

Pačak, Bodak, Karaka i Vedak su četiri bitna odnosa koja svaka od planeta ima sa ostalim planetama. Pačak doslovno znači 'onaj koji probavlja' i odnosi se na sposobnost suočavanja sa planetom. Na primer, Sunce je puno vatre i niko se sa njim ne može suočiti osim Saturna. Dakle, Saturn je prirodni pačak za Sunce. Bodak doslovno znači 'informator' ili 'onaj koji poznaje razloge njegovog postojanja'. Ovakva planeta koja je puna znanja i razumevanja će bez sumnje biti od velike pomoći za postizanje svrhe (ili će sve to sprečiti ukoliko svrha nije povoljna). Na primer, za Sunce je bodak Mars i Mars pomaže Suncu da postigne svoj cilj, vladavinu, kao što vojska pomaže kralju. Karaka[1] znači 'signifikator ili akter' i razlikuje se od bodaka u tom smislu što dok bodak ima znanje o ciljevima, karaka ne mora posedovati znanje o ciljevima već je samo od pomoći u postizanju tih ciljeva. Jupiter, kao prirodna karaka za Sunce, na kraju odradi sav posao za njega, baš kao što sposoban ministar uradi sav posao u ime kralja. Vedhak znači 'bušenje' ili 'onaj koji donosi opstrukciju' kao veda. Ovo je planeta

---

1   Ovu Karaku ne treba mešati sa naisargika, čara ili stira karakama.

koja može 'videti slabosti'. Dakle, Venera postaje vedhak za Sunce baš kao što plesačice i preterana zabava mogu skrenuti pažnju sposobnog kralja i povesti ga u propast. Na ovaj način treba razumeti prirodne pačak, bodak, karaka i vedha za ostale planete (videti tabelu 54).

Tabela 53: Prirodni pačak-adi odnosi

GRAHA	PACHAK	BODHAK	KARAKA	VEDHAK
Sunce	Saturn	Mars	Jupiter	Venera
Mesec	Venera	Mars	Saturn	Sunce
Mars	Sunce	Mesec	Saturn	Merkur
Merkur	Mesec	Jupiter	Venera	Mars
Jupiter	Saturn	Mars	Mesec	Sunce
Venera	Mesec	Merkur	Saturn	Sunce
Saturn	Venera	Mesec	Jupiter	Mars

Ovi prirodni odnosi među planetama modifikovani su njihovim uzajamnim pozicijama, baš kao što je to slučaj sa naisargika i čara karakama. Ovo je objašnjeno u narednoj strofi:

स्थानानि वक्ष्ये क्रमशो ग्रहाणां षट्सप्तधर्मायगताः क्रमेण ।

भानोः शशांकान्मदभाग्यलाभयुक्तास्तृतीयेन धरासुताच्च । । **122**

धनारिलाभांतयगताब्जसूनोर्द्वितीयवध्वात्मजसोदराश्च ।

गुरोस्तु षष्ठात्मजकामरिष्फाः शुक्राद्धनारिव्ययबंधुयुक्ता । । **123**

तृतीयलाभारिकलत्रगास्तु दिनेशसुनोः प्रबदंति तज्ञी । । **124**

Kuće i planete u njima koje formiraju privremeni pačak, bodak, karaka i vedhak navedene su u prethodnoj strofi i sumirane su u tabeli 55. Planete se u pomenutim kućama ponašaju kao pačak, bodak, karaka i vedhak datim redom. U prvom primeru, Ketu je u šestoj kući od Sunca i ponaša se kao njegov pačak dok je Jupiter smešten u devetoj kući od Sunca i ponaša se kao njegova karaka. Tako Jupiter postaje karaka za Sunce, kako prirodna (videti tabelu 15) tako i po svojoj poziciji (tabela 16). Dakle, tokom Narajana daše znaka u kom se Jupiter nalazi, otac će imati prosperitet (Sunce). Na ovaj način možemo analizirati rezultate daša uz pomoć pačakadi sambanda[2]. Ova sambanda je korisna i kod Vimšotari i svih ostalih falita daša, jer daje indikacije o skrivenim povoljnim i nepovoljnim rezultatima koje planeta nosi.

Tabela 54: Pačak-Adi odnosi na osnovu pozicija

GRAHA	PAČAK KUĆA	BODAK KUĆA	KARAKA KUĆA	VEDHAK KUĆA
Sunce	6	7	9	11
Mesec	7	9	11	3
Mars	2	6	11	12
Merkur	2	4	5	3
Jupiter	6	5	7	12
Venera	2	6	12	4
Saturn	3	11	6	7

Strofe 125. i 126. istog klasika, objašnjavaju neprijateljske aktivnosti planeta na osnovu pačak-adi odnosa. Ovo je sumirano u tabeli 56, i u pitanju je veoma koristan alat za određivanje rezultata potperioda.

Tabela 55: Neprijateljski pačak-adi odnosi

Graha	Neprijatelj	Prirodni (tabela 54)	Na osnovu pozicije (tabela-55)
Sunce	Pačak	Saturn	6. kuća
Mesec	Vjaja*	-	12. kuća
Mars	Vedhak	Merkur	12. kuća
Merkur	Vedhak	Mars	3. kuća
Jupiter	Pačak	Saturn	6. kuća
Venera	Vedhak	Sunce	4. kuća
Saturn	Karaka	Jupiter	6. kuća

* Termin korišten u strofi jeste Vjaja i odnosi se na dvanaestu kuću. Ovo je u saglasju sa prirodnim karakteristikama Meseca koji nikog ne vidi kao svog prirodnog neprijatelja.

OM TAT SAT

---

2   Sambanda znači odnosi.

ॐ नमो नारायणाय।

Prilog 2

Gatak Raši

Gatak znači "nanositi bol" i zato gatak raši može biti veoma malefičan, pored toga što može doneti i smrt. Svaki znak ima svoj gatak raši (znak), gatak varu (dan), gatak nakšatru i gatak tithi. Tranzit Meseca preko gatak rašija može doneti nezgode i nasilne nesreće. Narajana daša gatak rašija od čara karake može se pokazati opasnom po zdravlje i sreću pomenute karake. Šesta kuća je kuća neprijatelja.

Tabela 56: Gatak znak itd.

	Gatak			
Znak	Raši[1]	Dan	Nakšatra	Tithi
Ovan	Ovan	Nedelja	Makha	Šasti
Bik	Devica	Subota	Hasta	Čaturti
Blizanci	Škorpija	Ponedeljak	Svati	Navami
Rak	Lav	Sreda	Anurada	Šasti
Lav	Jarac	Subota	Mula	Navami
Devica	Blizanci	Subota	Šravana	Aštami
Vaga	Strelac	Četvrtak	Satabišađ	Dvadaši
Škorpija	Bik	Petak	Revati	Navami
Strelac	Ribe	Ponedeljak	Barani	Saptami
Jarac	Lav	Utorak	Rohini	Dvadasi
Vodolija	Strelac	Četvrtak	Ardra	Čaturti
Ribe	Vodolija	Petak	Ašleša	Dvadaši

OM TAT SAT

ॐ नमो नारायणाय।

Prilog 3

Često postavljana pitanja

Razjašnjenja na temu početnog znaka

1. U knjizi Sanđaj Ratha KOVA (*Osnove Vedske astrologije*), dat je primer Narajana daše koji je u suprotnosti sa osnovnim pravilima računanja ove daše objašnjenim u maju mesecu. Ovo se odnosi na stranicu 393. pomenute knjige, gde Sanđaj govori o čartu Šrimata Šarade, supruge Šri Ramakrišna Paramahamse. U poslednjem paragrafu pomenute stranice, navodi sledeće:

"VREME SKLAPANJA BRAKA: sedma kuća u kojoj se nalazi znak Jarac snažnija je od ascendenta. Dakle, Narajana dašu počinjemo iz sedme kuće. Antardaša (prva) počinje od Bika u kom se nalazi Saturn, vladar Jarca, i kretanje treba da je direktno zbog Saturna. Direktno se ovde odnosi na zodijački pravac kretanja.

Da bi Saturn ili Ketu promenili redosled antardaša, oni treba da se nađu u snažnijem znaku u prvoj ili sedmoj kući od glavnog perioda, a NE u samom antardaša znaku. U prethodnom primeru za određivanje daše ulaska u brak Šarada Mate, Saturn ne može da promeni redosled potperioda jer se ne nalazi u snažnijem znaku od prve ili sedme. On se nalazi na početnom antardaša znaku (Biku). Zašto je onda Sanđaj rekao da antardaše treba nastaviti zodijačkim redom?

Odgovor: "Sanau Che Tyeke" je šloka koja govori o ovom izuzetku. Na osnovu mog shvatanja ove šloke, ukoliko Saturn dominira odlukom o redosledu kretanja, tada je on redovan ili zodijački. Ovo se može dogoditi bilo da se Saturn nalazi u (a) aramba rašiju ili (b) na daša rašiju. Oba znaka su bitna jer je jedan poput paka lagne a drugi poput lagne. U ranije navedenom primeru, Saturn se nalazi na aramba rašiju za antardaše i u Biku će dominirati prirodom znaka (Bik-parni raši-obrnuto brojanje). Dakle, antardaše treba da su redovnog/zodijačkog kretanja.

Slično je i za Ketua, obrnuto je primenljivo.

U slučaju kada Ketu i Saturn zajedno utiču na znak, situacija je komplikovanija. Ako se oba nalaze u istom znaku, tada dominira planeta na višem stepenu. Ako se nalaze u različitim znacima, na primer jedan je na daša rašiju a drugi na aramba rašiju, trada treba uraditi procenu njihovih snaga na osnovu snage znakova u kojima su smešteni.

2. U Sanđajevoj knjizi *Osnove Vedske astrologije*, on navodi da znak u kom se nalazi vladar četvrte kuće u raši čartu, treba da inicira D-4 Narajana dašu. Da li ovaj metod koristimo i za druge varga Narajana daše, tako što (1) uzimamo znak u kom se nalazi vladar posmatrane kuće u raši čartu; i tada (2) posmatramo taj znak kao prvu dašu u relevantnom podelnom čartu? Ili možemo jednostavno izračunati varga Narajana dašu na isti način kao što bismo to uradili sa raši Narajana dašom?

(Odgovor P. V. R. Narasaimha Rao): Prvi predlog je približan onome što bih ja uradio. Ipak, ja ne uzimam u obzir "posmatranu kuću". Ukoliko posmatram podelni čart D-n, tada je "n" kuća. Pogledam n-tu kuću u raši čartu, odredim njenog vladara i nađem znak u kom se taj vladar nalazi u D-n (beleška: ukoliko je n 12 tada broj treba podeliti sa 12 i uzeti u obzir ostatak). Ja uzimam taj raši kao lagnu i potom odredim Narajana dašu baš kao što bih to uradio u raši čartu. Na primer, za D-24 Narajana dašu, uzimam 24-og vladara (tj. vladara dvanaeste) iz raši čarta – Merkura. Nađem raši u kom se Merkur nalazi u D-24 čartu – Devica. Nađem snažnijeg između Device i Riba (Devica) i iniciram D-24 Narajana dašu odavde (beleška: u tvom čartu je Devica ujedno i lagna u D-24 čartu! Posmatrajući prethodnu kalkulaciju za D-24 čart, može se zaključiti da sam koristio drugi pristup odozgo. Zato ovaj primer može navesti na pogrešne zaključke ukoliko se pokušaju izvesti pravila samo na osnovu prikazane kalkulacije). Gore objašnjeno me je poučio Sanđaj. On me je takođe posavetovao da eksperimentišem sa pristupom "posmatrane kuće" (npr. uzeti u obzir vladara četvrte umesto vladara dvanaeste kuće kod pronalaženja D-24 Narajana daše). I iako sledim ovaj savet za određene svrhe, u normali uzimam n-tog vladara kada analiziram D-n. Najpre mi nije imalo mnogo smisla, ali nalazim da je daleko tačnije u većem broju primera. Pitanje n-tog (gde je n broj podelnog čarta) pokazuje blisku i suptilnu vezu sa n-tom kućom i ovo pravilo pokriva ovu vezu. Mi razumemo veoma malo o suptilnim nivoima ovih pitanja da nema smisla reći: "deluje logičnije da uzimamo...". Šta god da je naše mišljenje i dalje je u pitanju mišljenje a ne logika. Ono što nama ima smisla nije bitno. Ne postoji logika. Možemo jedino pokušati oboje i odatle izvući zaključke.

Odgovor (Sanđaj Rath): Oba metoda su bitna kao što je to i objašnjeno u poglavlju Varga Narajana daša. Kao primer, pokušajmo da razumemo proces učenja kod ljudi i životinja. Kod svih bića prisutan je proces neformalnog učenja gde deca uče da jedu i prihvataju navike, uče društveno prihvatljivo ponašanje itd, od roditelja i starijih. Znamo da su svi stariji zapravo preci i, baš kao što je dvanaesta kuća prethodnik lagni, tako i podela na dvanaest pokazuje detalje u vezi sa starijima uključujući i roditelje kao i babe i dede. Dakle, i ljudi kao i životinje prolaze kroz prirodan proces učenja na temu ishrane, navika, društvenog ponašanja, itd. od svojih starijih. Sa ovim ciljem, mudraci poput Parašare, preporučuju čaturvimšamšu (D-24 čart), koji je podelni čart višeg ranga (mentalni nivo) D-12 čarta, koji pokazuje prirodan proces učenja svih živih bića. Dakle, čatuvimšamša Narajana daša pokrenuta od znaka u kom se nalazi vladar dvanaeste (D-n) raši čarta u D-24 čartu pokazaće prirodan proces učenja prisutan kod svih živih bića.

Kod ljudi, kao i drugih bića relativno više inteligencije, postoji i formalno obrazovanje koje se odvija u školama, univerzitetima, čak se i profesionalnih treninzi koje prolaze policijski psi mogu posmatrati kao formalno obrazovanje. Ovo se može videti iz četvrte kuće u raši čartu, i otuda se čaturvimšamša Narajana daša može inicirati od znaka u kom se nalazi vladar četvrte u raši čartu u D-24 čartu koji pokazuje proces formalnog obrazovanja. Primer je dat u nastavku:

Čaturvimšamša Narajana daša – formalno obrazovanje

Čart 49: Muškarac rođen 7. avgusta 1963. godine, 21:15h na 21N28´, 84E01´.

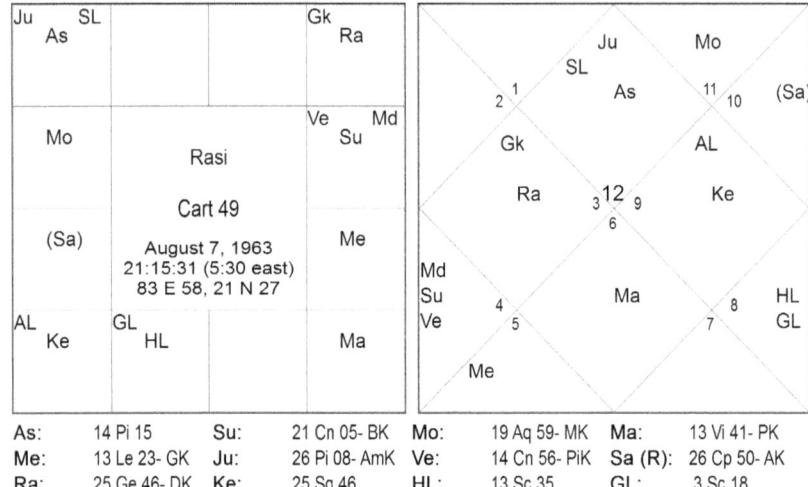

As:	14 Pi 15	Su:	21 Cn 05- BK	Mo:	19 Aq 59- MK	Ma:	13 Vi 41- PK
Me:	13 Le 23- GK	Ju:	26 Pi 08- AmK	Ve:	14 Cn 56- PiK	Sa (R):	26 Cp 50- AK
Ra:	25 Ge 46- DK	Ke:	25 Sg 46	HL:	13 Sc 35	GL:	3 Sc 18

Čaturvimšamša Narajana daša – drugi metod.

Vladar četvrte kuće u raši čartu je Merkur koji se nalazi u Blizancima u D.24 čartu. Dakle, Narajana daša počinje sa znakom Blizanaca. Vladari četvrte i pete kuće, Venera i Merkur, nalaze se zajedno na lagni što donosi rađa jogu u vezi sa učenjem i znanjem. Aspekt Jupitera iz Riba u desetoj kući ukazuje na određenu slavu zbog izvrsnih rezultata. Ova joga će delovati u ranom detinjstvu tokom daše Blizanaca. Dvanaestogodišnja daša Blizanaca od rođenja, može biti podeljena na tri perioda od po četiri godine. Prva daša je daša Blizanaca od 1963-67. godine, i u tome periodu je dete bilo premalo za bilo koji vid formalnog obrazovanja. U drugoj fazi od 1967-71. godine, aspekt Jupitera daje odlične rezultate tokom primarnog obrazovanja. Ipak, rezultati rađa joge Merkura i Venere će se osetiti u trećoj fazi od 1971-75. godine, tokom koje je on bio prvi u svom razredu te dobio duplo unapređenje sa trećeg na peti standard a potom ponovo došao na mesto prvog u svom razredu. Na ovaj način se mogu vremenski odrediti rezultati formalnog obrazovanja uz pomoć varga Narajana daše koja je inicirana u odnosu na vladara četvrte (raši čarta).

3. Da li možete elaborirati na temu: prva kuća darma i sedma odatle – kama kao i njihov uticaj na snage, bilo darme ili kame.

Odgovor: Izlazak Sunca, koji simboliše prva kuća, ili zalazak. koji je simbolično predstavljen sedmom kućom, su dve kuće Satja pite budući da one predstavljaju Sunce ili kuću koju Sunce aspektuje a to je sedma kuća od njega. Ovo je osnova za odabir snažnije između prve i sedme kuće za početak različitih vrsta raši daša. Pomenute dve kuće postaju Satja pite i Maja pada (aruda pada) se ne može zateći u ovim kućama. Dakle, ovo ujedno znači i da aruda pada bilo koje kuće ne može upasti u istu kuću ili sedmu od nje.

4. Da li možete dodatno objasniti pojam privremene lagne u Narajana daši?

Odgovor: Pre svega, neophodno je razumeti satja pitu. Lagna i sedma kuća su satja pita kuće. Lagna (ili ascendent) koja pokazuje izlazak (ili početak) pod kontrolom je Brahme, Kreatora, dok sedma kuće (ili descedent) pokazuje zalazak (ili završetak) i pod kontrolom je Šive, Uništitelja. Kod određivanja snaga dva pomenuta znaka, mi zapravo određujemo da li su Brahma ili Šiva snažniji, u bilo kom čartu, između dve suprotne kuće. Kaže se da je snažniji znak zapravo znak u kom se nalazi Narajana. Ovo je razlog zašto Višnu (ili Narajana) nosi ime nepobedivog Gospoda jer se On uvek nalazi na strani pobednika ili snažnijeg. Ovaj znak pokreće Narajana dašu.

Narajana dašu možemo gledati kao kretanje ili progresiju lagne tokom vremena. Ako daša počinje iz prve kuće, tada se sledeća Narajana daša može posmatrati kao 'privremena lagna' tokom perioda te daše. Ipak, ukoliko Narajana daša počinje od sedme kuće, tada se lagna nalazi u suprotnom znaku (ili sedmoj kući od daša rašija). Dakle, kako Narajana daša prolazi kroz različite znakove, sedma kuća od ovih znakova tretira se kao privremena lagna.

Bitno je naglasiti da je ovo primenljivo samo na daše unutar Narajana daše raši čarta. U antardašama, ovo nije primenljivo budući da antardaše ne pokazuju progresiju lagne. Zapravo, one nisu ni progresija prve ili sedme kuće, već progresija znaka u kom se nalazi vladar te nosi ime Paka raši. Slično tome, Narajana daša podelnog čarta ne pokazuje progresiju lagne budući da se daša ne pokreću uvek od znaka na lagni u D-čartu. Dakle, pravilo je selektivno primenljivo samo na raši čart.

5. Kod računanja D-7 Narajana daše, da li se daša pokreće iz znaka u kom se nalazi vladar pete iz raši čarta u D-7 ili znaka u kom se nalazi vladar sedme iz rašija u D-7 čartu?

Odgovor: Zavisi od toga za šta se koristi daša. Budući da se saptamša (D-7 čart) bavi pitanjem dece, njihova sreća se može analizirati primenom saptamša Narajana daše od znaka u kom se nalazi vladar pete kuće iz raši čarta u D-7 čartu (ili sedme odatle, u zavisnosti od snage znakova). Ipak, ono što nas zanima jesu rezultati ovog podelnog čarta za samu osobu. Dakle, savetuje se upotreba vladara sedme kuće iz raši čarta umesto vladara pete kuće. Nas obično interesuje rođenje dece kao i dužnosti osobe prema svojoj deci. Nađite vladara sedme kuće u raši čartu. Nađite znak u kom se taj vladar nalazi u D-7 čartu. Odredite snažnijeg između tog znaka i sedmog znaka odatle. Započnite Narajana dašu odatle. Ostatak pravila je identičan ostalim pravilima u vezi sa Narajana dašom raši čarta. Za više detalja, pogledajte tabelu 1: Kontrolišuća kuća za varga Narajana dašu.

6. Šta je spona između D-7 (saptamše) i sedme kuće? Mislio sam da je sedma kuća isključivo povezana sa D-9 (navamša) čartom.

Odgovor: (Narasimha) Pitanje povezanosti različitih zivotnih aspekata sa različitim kućama je pitanje koje i dalje ne razumemo u potpunosti.

OM TAT SAT

www.ingramcontent.com/pod-product-compliance
Lightning Source LLC
LaVergne TN
LVHW051627080426

835511LV00016B/2222